国家自然科学基金项目(71901130，72141304，717...
山东省社会科学规划研究项目(19CJRJ21)
中国博士后科学基金项目(2018M641653)
山东省金融应用重点研究项目(2020-JRZZ-04)
青岛市社会科学规划研究项目(QDSKL2001065)

期权定价与尾部风险管理研究

☆

RESEARCH ON OPTION PRICING AND
TAIL RISK MANAGEMENT

■■■■■■■

宫晓莉　熊　熊◎著

经济管理出版社
ECONOMY & MANAGEMENT PUBLISHING HOUSE

图书在版编目（CIP）数据

期权定价与尾部风险管理研究/宫晓莉，熊熊著 . —北京：经济管理出版社，2022.4
ISBN 978 - 7 - 5096 - 8411 - 5

Ⅰ.①期… Ⅱ.①宫… ②熊… Ⅲ.①期权定价—研究 ②期权交易—风险管理—研究
Ⅳ.①F830.9

中国版本图书馆 CIP 数据核字（2022）第 066475 号

组稿编辑：申桂萍
责任编辑：王虹茜
责任印制：黄章平
责任校对：王淑卿

出版发行：经济管理出版社
　　　　　（北京市海淀区北蜂窝 8 号中雅大厦 A 座 11 层　100038）
网　　　址：www. E - mp. com. cn
电　　　话：（010）51915602
印　　　刷：北京晨旭印刷厂
经　　　销：新华书店
开　　　本：720mm×1000mm/16
印　　　张：13.5
字　　　数：220 千字
版　　　次：2022 年 7 月第 1 版　　2022 年 7 月第 1 次印刷
书　　　号：ISBN 978 - 7 - 5096 - 8411 - 5
定　　　价：68.00 元

前 言

自 B – S 期权定价模型提出以来，如何提高期权定价的精确性成为了学者们日益关注的问题。该模型假设资产收益率服从正态分布，并通过连续交易来对冲期权风险。而大量的金融市场实证研究均发现，金融时间序列数据表现出强烈的非正态特性，金融资产收益率并不服从正态分布，相较于正态分布，其存在尖峰厚尾特性。证券市场存在着多项 B – S 期权定价模型无法解释的金融异象，如期权波动率微笑之谜，金融资产收益率和波动率之间具有非对称的相关性，即杠杆效应，以及金融资产收益波动率呈集聚性等异象。如何合理地刻画基础资产的动态特征，构建模型从而为期权准确地定价，既具有实际背景又具有理论意义。近年来期权定价的研究均致力于构建克服 B – S 期权定价模型缺陷的替代模型。学者们尝试构建具有独立同分布增量的 Lévy 过程来替换传统的布朗运动过程。使用 Lévy 族分布函数能有效地捕获金融资产收益分布的尖峰厚尾特征，尤其是股指收益的跳跃特征和收益率分布的非对称效应。为了刻画资产收益率的随机波动特征，本书将均值回复的平方根过程嵌入到 Lévy 跳跃模型中，同时引入了调和稳定 Lévy 分布模型，进而构建起调和稳定 Lévy 分布下的随机波动模型。调和稳定 Lévy 分布下的随机波动模型拓展了原有的随机波动模型框架，可以为衍生品定价和风险管理提供更广泛的建模思路。

同时，金融自由化背景下的股票市场风险管理研究成为实务界、学术界和监管机构的关注对象。金融衍生品市场环境的变化、波动等因素，会导致衍生品价值的波动，进而引起股市发生剧烈波动。因此，使用所构建的新模型对金融市场进行风险评估具有现实意义。本书进一步将所重构的调和稳定 Lévy 分布下的随机波动模型应用到极端风险管理领域。针对股指收益率时间序列的尖峰厚尾特征和收益率的异方差现象，在风险价值（Value at Risk，VaR）与条件风险价值（Conditional Value at Risk，CVaR）的实证研究中，先后引入了调和稳定 Lévy 分布与随机波动模型进行极端风险测度，在此基础上结合 copula 连接函数讨论了 Lévy - copula 模型下的多目标投资组合优化问题。

随着信息技术的快速发展和经济全球化的不断深入，以互联网通信技术为基础的电子化交易市场已成为金融市场的主要组织形式，分析高频数据中包含的证券价格短期行为和动态特征对投资者改进期权交易策略、提高风险管理能力至关重要。本书将同时利用低频数据与高频数据，研究标的资产价格过程服从调和稳定 Lévy 分布下随机波动过程的期权定价和风险管理问题。考虑到股指收益率时间序列的跳跃、波动特征分析对股指期权定价、极端风险测度的研究至关重要，先采用非参数检验方法对资产价格过程的动态路径特征展开分析，提取出跳跃成分和随机波动成分。然后分别基于离散时间框架和连续时间框架下的 Lévy 跳跃随机波动模型进行欧式期权定价和美式期权定价的实证研究。在此基础上利用调和稳定 Lévy 跳跃随机波动模型进行极端风险测度和多目标投资组合优化研究。本书的具体内容包括以下几个方面：

（1）基于非参数统计检验方法，利用考虑金融资产价格跳跃和杠杆效应的时点波动估计方法修正已实现阈值幂变差，构造甄别资产收益跳跃的检验统计量，对金融资产价格过程中的随机波动、有限活跃跳跃和无限活跃跳跃等跳跃活动率问题进行综合研究。为同时吸收波动率的异方差集聚效应和收益与波动间的非对称效应，对原有的已实现波动率异质自回归预测模型（HAR - RV）进行拓展，将非对称的异质性自回归模型的误差项设定为 GARCH 模型形式，以考察跳跃式波动序列与连续性波动序列之间的复杂关系。利用沪深股指高频数据进行实证研究，包括进行跳跃成分的识别、跳跃活动程度的检验和波动率预测效果的对比。研究发现：股指同时存在跳跃成分、随机波动成分和布朗运动成分，连续性波动在股指波动中占据了主体地位，突发性跳跃成分占比较小。其中，跳跃构成成分中无限活跃的小型跳跃居多，有限活跃的大型跳跃较少。

（2）假设资产收益过程的信息随机因子服从非高斯的 Lévy 分布，将反映金融资产高阶矩偏度和峰度特征的 NGARCHSK 模型与刻画金融资产价格变化纯跳跃现象的 Lévy 过程相结合，描述了资产收益率无限跳跃情形下的时变性，以有效地捕获金融资产收益率的尖峰有偏性和杠杆效应。收益率时间序列分析验证了 Lévy 分布刻画尖峰厚尾能力的优越性。结合波动率的高阶矩特征进行等价鞅测度变化，对我国内地首只股票期权进行定价，对比了采用数值积分的 cosine 定价方法与采用从属过程蒙特卡洛模拟定价方法的效率。研究发现：非高斯 Lévy 分布恰当地刻画了金融收益数据尖峰有偏的统计特性。其中，调和稳定模型拟合的效果最佳，准确地捕捉了金融数据的尖峰和肥尾程度。

（3）为同时捕获金融收益率分布的尖峰、厚尾、有偏特性及波动率扩散中的异方差效应、集聚效应，联合刻画股价动态演变中的无限跳跃变化，将无限活跃纯跳跃 Lévy 分布中的经典调和稳定分布（CTS）引入到以平方根 CIR 模型为基础的随机波动率（SV）过程中，建立了经典调和稳定分布下的随机波动（CTSSV）模型，重构了纯跳跃 Lévy 分布驱动的随机波动（LVSV）模型框架。利用 LVSV 模型的特征函数表达式，采用分数阶快速傅里叶变换（FRFT）方法推导了欧式期权定价公式。由于模型参数众多和目标函数高维积分困难，采用多区域自适应粒子群优化算法（MAPSO）来估计 LVSV 模型的参数。利用 FRFT 技术和 MAPSO 参数估计结果，使用 CTSSV 模型和方差伽马随机波动（VGSV）模型对恒生指数期权数据进行欧式期权定价和方差—最优期权套期保值。研究发现，相比于 VGSV 模型，CTSSV 模型的期权定价和套期保值误差更小，用于衍生品建模和套期保值效果时更稳健。MAPSO 算法增加了粒子多样性，用于参数估计时精度得到提高。

（4）假设股票价格过程服从时变的调和稳定 Lévy 过程，使用美式期权定价的新方法，将随机时间变化嵌入到正态调和稳定分布中，构建了调和稳定 Lévy 跳跃过程驱动的随机波动模型。新模型在允许基础资产价格无限活跃跳跃的同时能捕获随机波动率的随机时变性，因此适合于反映金融资产收益率的实证现象，如尖峰厚尾性、有偏性和波动率集聚效应等。其中，利用傅里叶 - cosine 技术计算美式期权，使用改进的粒子群优化算法进行参数校正。为论证所构建模型的有效性，使用金融市场美式期权实际数据进行了实证研究。实证研究表明，时变的调和稳定过程在美式期权定价拟合中具有灵活的结构，既包含跳跃成分又允许波动率动态的存在。将平方根时间变化引入到调和稳定分布中能有效地提高美式期权定价的效果。

（5）金融市场基础资产收益率时间序列呈现出尖峰厚尾性、非对称性、集聚效应和异方差属性，应用调和稳定 Lévy 过程驱动的随机波动模型构建起时变的调和稳定 Lévy 过程（TSSV）进行金融极端风险测度和投资组合调整。利用解析的特征函数和快速傅里叶变换（FFT）技术，得到了收益率概率密度函数的解析形式，进而推导出了 TSSV 模型下的风险价值 VaR 和条件风险价值 CVaR 的计算公式。为预测极值事件和证券市场的波动性，对恒生指数进行实证研究，利用 TSSV 模型测度尾部风险，并基于风险调整的收益风险股票选择准则构建投资组合。对恒生指数 VaR 和 CVaR 尾部风险预测进行后验分析后发现，TSSV 模型在尾部风险度量中具有良好的预测能力，适合于进行金融尾部风险测算。

（6）考虑到证券投资组合优化中金融资产收益率分布的尖峰厚尾特性和多项基础资产变量之间非线性的相依结构，以调和稳定分布为边际分布，以 copula 函数描述变量间的非线性相关性，在投资组合优化的背景下提出了调和稳定分布下带 copula 相依结构的多目标投资组合优化模型，进而研究 TS 分布与不同 copula 函数耦合下的建模能力。所提出的多目标投资组合优化旨在最大化收益的同时最小化风险，寻找非占优的 Pareto 前沿。其中，使用三种多目标优化算法，即 NS-GA – Ⅱ算法、SPEA – Ⅱ算法和 MOPSO 算法，来求解带约束的 TS – copula 多目标投资优化问题，并对我国沪市股指成份股和沪深股指收益率进行了实证应用分析。实证研究发现，金融资产收益率不符合正态分布，风险相依性呈现出非对称的结构，基于粒子群的多目标智能优化算法适合于求解 TS – copula 类型的多目标投资组合优化问题。

最后，总结了全书的结论，指出了研究的局限和未来的研究方向。

本书的主要内容系国家自然科学基金项目（71901130、72141304、71790594）、山东省社会科学规划研究项目（19CJRJ21）、中国博士后科学基金项目（2018M641653）、山东省金融应用重点研究项目（2020 – JRZZ –04）和青岛市社会科学规划研究项目（QDSKL2001065）资助的研究成果。上述一些研究成果已发表于 *North American Journal of Economics and Finance*、*Chaos Solitons & Fractals*、《系统工程理论与实践》、《系统管理学报》等国内外重要学术期刊上。在本书的写作过程中，参考和引用了大量国内外学者的文献和研究成果，在此一并表示诚挚的感谢。特别感谢东北大学工商管理学院庄新田教授对本书研究内容所提出的宝贵修改意见。对于本书存在的不足和缺陷，敬请各位读者不吝指正。

宫晓莉　熊熊

2019 年 11 月

目　录

第一章　绪论 ………………………………………………………………… 1

　　第一节　研究背景和意义 ……………………………………………… 1

　　第二节　研究内容和研究方法 ………………………………………… 7

　　第三节　可能的创新点 ………………………………………………… 9

　　第四节　结构框架 ……………………………………………………… 10

第二章　相关文献综述和理论基础 ……………………………………… 13

　　第一节　国内外相关文献综述 ………………………………………… 13

　　第二节　相关理论基础 ………………………………………………… 32

第三章　基于修正的已实现阈值幂变差的股市跳跃、波动行为研究 ………… 50

　　第一节　问题提出 ……………………………………………………… 50

　　第二节　基于修正的已实现阈值幂变差的股市跳跃甄别方法 ……… 52

　　第三节　扩展的已实现波动率预测模型 ……………………………… 60

　　第四节　实证研究 ……………………………………………………… 61

　　第五节　本章小结 ……………………………………………………… 70

第四章　基于 Lévy 过程高阶矩波动模型的期权定价 …………………… 72

　　第一节　问题提出 ……………………………………………………… 72

第二节　Lévy 过程时变高阶矩波动模型 ……………………… 74

第三节　Lévy – NGARCHSK 期权定价的 cosine 方法和蒙特卡洛模拟 …… 81

第四节　实证研究 …………………………………………… 84

第五节　本章小结 …………………………………………… 91

第五章　基于改进 PSO 算法的调和稳定 Lévy 跳跃下随机波动

　　　　模型期权定价 ……………………………………… 93

第一节　问题提出 …………………………………………… 93

第二节　无限活跃纯跳跃 Lévy 过程驱动的随机波动模型 …… 95

第三节　LVSV 模型期权定价的分数阶 FFT 方法 ………… 101

第四节　改进的粒子群优化算法 …………………………… 104

第五节　实证研究 …………………………………………… 108

第六节　本章小结 …………………………………………… 117

第六章　基于改进 PSO 算法的调和稳定 Lévy 跳跃随机波动

　　　　过程美式期权定价 ………………………………… 119

第一节　问题提出 …………………………………………… 119

第二节　时变调和稳定 Lévy 过程 ………………………… 121

第三节　Fourier – cosine 方法基础的 TSSV 美式期权定价 … 126

第四节　参数估计的改进 PSO 算法 ……………………… 131

第五节　实证结果 …………………………………………… 134

第六节　本章小结 …………………………………………… 140

第七章　基于调和稳定 Lévy 跳跃随机波动过程的风险测度和投资

　　　　组合策略 …………………………………………… 141

第一节　问题提出 …………………………………………… 141

第二节　时变调和稳定 Lévy 过程 ………………………… 143

第三节　时变调和稳定 Lévy 过程的 FFT ………………… 143

第四节　投资组合策略中的风险调整准则 ………………… 146

第五节　实证研究 ……………………………………………………… 148

第六节　本章小结 ……………………………………………………… 156

第八章　基于调和稳定 Lévy 跳跃下 copula 模型的多目标投资组合优化 …… 157

第一节　问题提出 ……………………………………………………… 157

第二节　TS copula 函数 ……………………………………………… 159

第三节　TS copula 多目标投资组合优化 …………………………… 164

第四节　多目标投资组合优化算法 …………………………………… 166

第五节　实证检验 ……………………………………………………… 170

第六节　本章小结 ……………………………………………………… 174

第九章　研究结论与展望 ……………………………………………… 175

第一节　主要成果及研究结论 ………………………………………… 175

第二节　研究不足与展望 ……………………………………………… 177

参考文献 ………………………………………………………………… 179

第一章　绪论

本章的主要目的是阐述研究的相关问题和本书的框架。首先，介绍了研究的背景和意义，包括股指跳跃、波动成分识别的研究背景和意义；基于 Lévy 过程、随机波动的期权定价的研究背景与意义；基于 Lévy 过程、随机波动的风险管理的研究背景与意义。其次，概括了研究内容和所用到的研究方法，进而梳理了本书理论和方法中的创新点。最后，给出了本书的结构框架。

第一节　研究背景和意义

一、股指跳跃、波动成分识别的研究背景和意义

随着信息技术的发展，金融市场日内高频数据信息的可得性提高，随着大量高频数据的获得，短时间内的高频交易行为变为现实，并且投资活动间隔频率更高。股票市场和债券市场等原生金融市场以及金融期货与期权等衍生品市场的信息化程度越来越高。金融高频数据能完整地记录证券交易过程，提供低频数据容易忽略的重要细节，是探索资产价格动态特征和投资者交易行为特征的重要数据。使用高频数据方法对资产价格过程的波动和跳跃特征进行定量刻画，能为后面的收益时间序列建模分析提供实证依据，而资产价格过程的波动和跳跃特征是衍生品定价、风险管理和投资组合优化等定量金融分析的基础。

当前我国金融基础资产规模庞大而衍生品市场也在不断壮大，新兴复杂的衍生工具层出不穷。相应地，投资者的风险暴露程度也增加。风险管理和套利活动等都要求对金融高频数据中隐含的规律性进行研究。金融市场的长期稳定发展需要强大的风险控制能力，准确地测度、规避和管理金融风险成为金融研究的重要领域。准确地识别出金融资产价格跳跃发生的时间和大小对风险管理、资产组合选择以及衍生品定价有着深远的意义。

研究中常使用波动率指标度量风险，在金融时间序列分析中 GARCH 模型和随机波动模型能很好地刻画波动率典型特征，但两者都是利用低频数据建模，忽视了日内交易所包含的有用信息。不同于以往的参数模型，Andersen 和 Boller-slev[1]最早使用日收益序列平方并构造了已实现波动非参数统计量，该方法很好地利用了高频数据中隐含的波动信息。随着大数据时代的到来，基于高频数据的非参数估计方法分析股市隐含的风险信息的方式吸引了越来越多的学者。利用日内高频数据研究金融资产收益率的分布特点，特别是收益率分布的尾部特点，成为新的热点。

金融资产价格在短时间内出现的大幅波动，如股价和期货等衍生品价格的快速上升和下跌，被视为资产价格过程中的跳跃。大部分经典计量模型无法有效刻画高频数据的复杂特征，处理高频数据的新型模型和实证分析成为近年来的研究热点。基于高频数据的非参数方法的迅速发展，为金融资产价格的跳跃检验分析提供了便利。本书在使用 Lévy 过程、随机波动模型进行期权定价和风险管理之前，根据我国股市特点改进跳跃检验统计量对股指基础资产进行了跳跃成分识别，能直观地得到股指跳跃、波动大小，以及跳跃活跃性的相关结论，从而为选用合适的随机过程为基础资产建模提供依据。

二、基于 Lévy 过程、随机波动的期权定价的研究背景与意义

（一）期权市场的发展

期权是交易双方关于未来买卖权利达成的合约，是交易所内高度标准化的合约。就个股期权来说，期权的权利方通过向义务方支付一定的费用，获得一种权利，即有权在约定的时间以约定的价格向期权卖方买入或卖出约定数量的特定股票。当然，权利方也可以选择放弃行使权利。如果买方决定行使权利，卖方就有

义务配合。由于期权允许卖空，这在很大程度上避免了期权的过度投机。

在我国内地推出期权合约之前，权证作为与期权功能和定价机制类似的有价证券，曾成为我国期权类衍生品交易的先行方式。权证本身具有高杠杆、高风险、高收益、T+0交易的特点，吸引了大量投资者参与。历史上，证券监管部门与交易所曾两次放开了权证交易：1992年首次探索权证交易，但由于当时的金融市场不成熟，投机氛围浓厚，权证价格波动剧烈，市场价格严重偏离真实价值而使得权证的套期保值作用没有发挥。2005年到2008年期间，为配合股权分置改革，共上市58只权证进行交易，其中第一只上市的权证是宝钢JTB1，最后一只退市的权证为长虹CWB1。虽然内地权证探索都以失败告终，但是为期权的推出积累了经验。

2018年国际金融危机过后，各国金融市场复苏，我国金融市场环境也趋于稳定。随着经济全球化的发展，无论是金融机构对冲风险，还是投资者的套期保值需求，都需要重启期权交易。当前的金融市场结构发生了显著变化，机构投资者包括基金、证券、期货等比例明显上升，量化分析、高频交易、大数据等手段广泛应用，监管部门的风险处理能力不断提升。2015年上海证券交易所推出内地首只股票期权——上证50ETF期权，内地期权市场逐渐活跃。各类商品期权逐渐上市，如2017年大连商品期货交易所的豆粕期权，郑州商品交易所的白糖期权，从此内地期权市场发展迈入了新的发展阶段。

当前国外期权交易的品种主要有股指期权、个股期权、商品期权、利率期权和外汇期权等。2011年，全球期权合约交易量中，34%是股指期权，28%是个股期权。2016年，股指及个股期权成交量在期权总成交量中占比为83.4%，但外汇、利率期权分别增长了39.1%和11.5%。股指期权之所以成为最活跃的期权，主要是因为其套期保值的作用明显，投资者不仅可以在合约中加入投资组合规避风险，期权行权还可获得收益。同时，股指衍生品合约有大量的套利机会，随着程序化交易的发展，对冲基金参与交易，使得期权流动性好。

就全球范围来看，期权交易上升曲线稳步增长。1973年，芝加哥期权交易所（CBOE）推出了第一个场内交易的期权产品，掀开了期权市场快速发展的序幕，期权随后从美国市场逐步扩展到其他成熟市场和新兴市场。目前，期权已经成为一个种类繁多、功能强大、应用广泛的风险管理工具，并和期货一起成为现代金融体系的有机组成部分。而现在芝加哥期权交易所拥有美国上市股票期权30%的交易量和美国上市指数期权55%的交易量。总的来说,CBOE 占有由五大交易所组成的美国上市金融产品交易 35%的市场份额,实行独立的会员警戒成交机制。据美国期货业协会统计,2016 年全球场内期货及期权成交量达 252.2 亿手,开创了衍生品交易的年度新纪录。分区域来看,2016 年,北美地区成交量增长了 4.8%,欧洲地区增长了 8%,拉丁美洲地区增长了 11.3%。相比之下,亚太地区下降了 5.3%,即使如此,亚太地区的成交量仍然大于全球其他地区。而作为后起之秀的韩国股票交易所在成交量上增长迅速。据统计,美国五大交易所的日交易量总和为 300 万张,而韩国每日期权成交量有 800 万张。

同时,近年来,场外期权交易规模发展迅速,其交易规模甚至大于场内交易的标准化合约。传统的场内交易具有违约性小、流动性高的优点,有大量的投资者可进行市场间和品种间的套利。而场外交易可以灵活地调整保证金制度、交割制度等,满足了投资者的个性化需求,但其缺陷是合约的透明度低、不易流动、交易分散等。

(二) 基于 Lévy 过程、随机波动的期权定价理论价值和意义

自上证 50ETF 期权上市以来,期权等金融衍生品在证券市场上表现得尤为活跃,期权合约在衍生品交易量中的比重越来越高,更多的投资者选择使用期权进行风险的套期保值。[2-3]与股票价格主要反映了股票历史信息不同,期权价格包含了投资者对市场未来的投资预期,即期权价格包含了更多的不确定性。对期权的研究包含了对金融市场相关性、有效性的研究。期权定价理论是金融学的基础理论,理论界在探讨适合金融市场实际需求的定价模型研究上日新月异,并且基础金融资产的收益率分布特点对期权定价的准确性至关重要。期权定价研究的不仅仅是衍生品的价格计算,更重要的是通过探讨标的指数和期权价格间的关系来研究整体市场的有效性。衍生品的价格不仅与标的有关,而且和标的资产的波动也息息相关。研究现货股票指数数据的统计分布特征进而分析信息在市场间如何进行传递,才能从整体上把握金融市场间的联动性。

金融时间序列数据表现出强烈的非正态性。以 Lévy 过程等非正态分布为代表的金融资产建模方法得到了迅速发展。金融数据的记忆性,特别是波动率数据表现出的时变性表明金融市场是不完备的。[4]以 GARCH 和随机波动模型为代表

的模型被用来研究金融资产定价和风险管理问题。本书将研究非正态跳跃的 Lévy 过程和随机波动模型相结合，检验在我国期权市场的适用性和有效性。

资产价格过程既包含跳跃成分又包含随机波动连续成分，跳跃过程中伴随着大量的无限活跃小幅跳跃和少量的有限活跃大幅跳跃。准确地分析基础资产的动态特性，使用统计学方法对股票指数的波动成分进行识别，能为我国股票市场金融模型的选择提供依据。对股票指数跳跃、波动特征的分析为探索金融市场间的整体关联性、溢出效应提供了基础。在此基础上，考虑股指的 Lévy 跳跃、随机波动，进而为股指期权进行定价。采用合理的定价技术，分析模型的定价效果，为投资者在我国的金融环境下进行风险投资提供依据。使用国内外期权交易历史数据进行实证研究，不仅有助于金融市场的平稳运行，还能为我国金融衍生品交易和监管提供参考。

三、基于 Lévy 过程、随机波动的风险管理的研究背景与意义

（一）风险管理的研究背景

全球金融危机的发生频率呈加快趋势，金融资产价格波动频繁、剧烈，说明金融系统风险发生了重大变化，市场风险越来越成为金融风险中的重要形式，金融机构在进行风险管理时面临着巨大挑战。1996 年，巴塞尔委员会将 VaR 模型纳入到监管框架。2006 年修订的新资本协议（Basel Ⅱ），把市场风险内部模型方法列为重要的内容，并规定了 VaR 回溯检验的要求。金融创新不断深入发展，金融衍生品种层出不穷，金融工具价格波动具有不确切性，这种不确定因素造成的市场风险不断累积和放大。市场风险的成因与形成机理相对复杂，包括经济周期、货币政策、财政政策、利率、汇率、股价波动和其他金融工具的联动作用等，并且引起市场风险波动的因素之间密切相关、相互影响，相互之间会进行风险传导，或者进行风险转化、抵消。准确识别和测量这些风险，是管理金融风险的前提。越来越深入的金融创新也使金融风险识别、风险度量和风险规避与控制问题显得愈发重要。

风险来源于不确定信息的传导。市场因子变动以及相互关系的不确定性引起了基础资产价格、收益率的波动，从而造成金融市场风险。在现代风险管控体系中，风险识别是进行风险管理的前提，风险控制是风险管理的必要手段，而风险

度量则是整个风险管理体系的基础与核心，对其他金融市场风险的研究和管理起到了借鉴的作用。调整金融市场风险敞口与风险资本的头寸，首先需要对金融风险的可能性进行定量研究。可以说，风险度量技术的发展水平，以及风险度量的准确性，决定了金融市场风险管理的有效性，如何对金融风险进行有效地度量成为理论界和实务界关注的焦点。

（二）基于 Lévy 过程、随机波动的风险管理的理论价值和意义

随着传统风险度量方法难以适应金融市场的发展需要，风险价值 VaR 的风险度量方法应运而生，成为近年来广泛运用的风险管理方法，其度量的准确性很大程度上依赖于金融资产收益的分布形式假定。VaR 表示暴露在风险中的价值，因其直观有效的特点，成为金融市场和金融机构统一的风险测量工具。然而，深入研究发现，VaR 对尾部风险的测量常常不准确。金融风险研究中，各类改进 VaR 的方法与模型逐渐增多，如 CVaR 测量方法的提出。条件风险价值 CVaR，是指一定条件（损失大于给定 VaR）下的期望损失。由于 CVaR 必须考虑到所有超过 VaR 数值的损失，因此其将尾部损失的测量也考虑在内。

对 VaR 和 CVaR 基本研究方法是以金融资产收益服从正态分布为假设前提来进行计算，越来越多的研究发现，资产的收益率时间序列与正态分布假设不符，呈现出明显的厚尾、非对称、非线性的特性。收益波动具有集聚性、异方差性。风险的叠加、资产组合的复合风险管理，以及不同金融资产间的相依关系成为研究的焦点。如何合理拟合收益时间序列，表现和衡量金融资产收益序列的分布特征和波动性，成了正确测量 VaR 和 CVaR 风险价值、投资组合优化的关键。针对收益序列的分布特征，为了改进正态分布对厚尾性估计的缺陷，学者们分别引入了 t 分布、混合正态分布以及广义误差分布等厚尾分布方法，以更好地捕获这些特性。但这些分布大多仍属于对称分布，仍不能有效刻画数据的有偏特征。

而 Lévy 过程在拟合金融时间序列数据的尖峰厚尾、有偏属性中具有显著的优势，能够较准确地反映资产收益率时间序列的动态特点，被广泛地应用于金融资产收益建模中。此外，随机波动模型能刻画收益波动的集聚效应，因此本书将 Lévy 过程驱动的随机波动模型引入到风险测算中，并比较不同模型下的风险预测效果，以期提高测算风险时对基础资产的拟合精确度。

第二节　研究内容和研究方法

一、研究内容

在进行基于调和稳定 Lévy 过程驱动的随机波动模型期权定价和风险管理研究之前，先对标的资产股票指数本身的跳跃、波动特性进行甄别。在此基础上，考虑到资产收益分布的尖峰厚尾性、波动率的异方差和集聚效应，分别在离散时间和连续时间背景下，将调和稳定 Lévy 分布引入到 NGARCHSK 模型和随机波动率模型进行期权定价，进而使用所构建的 TSSV 新模型进行风险度量，进行多维变量过程下的多目标投资组合优化问题研究。具体内容如下：

（1）利用考虑跳跃和金融市场杠杆效应的时点波动估计法对已实现阈值幂变差跳跃统计量进行修正，构造新的跳跃检验统计量对跳跃进行识别，并结合阈值截断法甄别我国股市跳跃的活动性。分析得到的我国股市跳跃大小、跳跃频率等检验结果为选取期权定价和风险管理模型提供了依据。为考察跳跃和波动率间的相互作用，建立了考虑杠杆效应和波动率聚集效应的波动率预测模型并考察了不同模型的预测性能。

（2）期权定价是无套利定价的重要内容，对套期保值、风险管理具有重要意义。构建金融资产价格随机过程是期权定价的基础。传统的 B－S 期权定价模型假设股价过程服从几何布朗运动，扰动项为正态分布。[5-6] 然而，实证研究发现，市场不满足高斯理想假设，资产收益率新息因子分布具有非对称、尖峰、厚尾等非高斯统计特性，波动率聚集存在条件异方差、集聚效应和持续效应，收益与波动间存在杠杆效应。跳跃是金融资产价格变化的固有现象，跳跃波动由无限小规模跳跃组成，并且金融资产收益过程与波动过程均存在随机跳变。因此，期权定价模型要结合股票收益率的非高斯分布和收益与波动过程的双重跳跃效应，构建贴近实际的资产价格动态模型。

Bollerslev 等[7]对股票波动率的研究发现，金融数据不仅具有非正态特征，尾部跳跃明显，而且资产间的相关性也很明显。股指期权与其标的股票指数关系显著。在进行股指期权定价之前，先从股指数据的统计特征出发，采用非参数统计方法，构建修正的统计量对股指的跳跃成分、波动成分进行识别，进而进一步识别区分了跳跃成分中的大型跳跃和无限小跳。

在此基础上进行进一步的拓展，分别在两类最为经典的随机波动模型基础上进行扩展。首先，将刻画资产价格高阶矩特征的非对称时变高阶矩模型与刻画收益率纯跳跃现象的 Lévy 过程相结合，描述股价无限跳跃情形下的收益率时变波动性，多维度反映金融资产价格路径持续有偏和杠杆效应。同时，给出不同 Lévy 模型参数符合现实的经济意义，探讨了参数变化对收益率概率密度分布的影响，以及参数与高阶矩特征的关系。其中，参数估计采用智能优化方法求解模型参数。先确定初始值，然后采用智能优化算法一直搜索参数直到损失函数达到最小。其次，将经典调和稳定分布引入随机波动模型，重构了无限活跃纯跳跃 Lévy 过程驱动的随机波动模型，推导了相应的特征函数式，分析了期权定价的分数阶傅里叶变换技术。针对高维模型参数估计，提出了多区域自适应 PSO 算法，进而实证分析了指数期权数据欧式期权定价和方差－最优套期保值效果。最后，在正态调和稳定随机波动过程下，采用傅里叶－cosine 方法为美式期权定价，并进行金融数据实证研究。

（3）通过将无限活跃调和稳定 Lévy 过程引入到可积的平方根 CIR 过程中，构建了时变的调和稳定 Lévy 过程框架；利用时变的调和稳定过程的相应特征函数的傅里叶变换，推导了模型概率密度函数的解析表达式，计算了 VaR_δ 风险值和 $CVaR_\delta$ 风险值，给出了所选用的进行股票投资策略风险调整的准则，进而采用 Christoffersen 似然比检验和 Berkowitz 似然比检验对不同的模型进行后验检验以考察预测的准确性。然后使用不同的比率和不同的模型研究了股票指数成分股的投资组合策略，进而进行了调和稳定随机波动模型下的投资组合的分布特征分析。

前述内容均是在一维 Lévy 过程下进行的。将调和稳定 Lévy 过程用于高维随机过程建模。在使用 copula 函数对多维资产跳跃的关联性进行分析时，采用调和稳定分布的边缘概率密度分布刻画基础金融资产动态分布，进而使用调和稳定 Lévy－copula 框架对证券资产投资组合建模，扩展了原有的 Lévy－copula 模型框架。与以往研究不同的是，采用调和稳定 copula 过程突出了基础资产的跳跃和跳跃动态间的关联结构，能有效地捕捉到资产收益率分布的非高斯特性，使模型更贴合实际。基于调和稳定 copula 模型，研究带有约束条件的多目标投资组合优化问题，对比分析了多种多目标优化算法在证券投资组合优化中的表现。

二、研究方法

本书采取金融理论研究和实证分析相结合的方法，遵循从简单到复杂的研究策略，以定量研究为主要手段，以定性分析为补充。在采用非参数跳跃检验方法分析收益路径基本特征时，用到了连续时间半鞅理论以及高频数据的建模与统计推断方法；在研究 Lévy 跳跃过程、随机波动模型的期权定价时，涉及数值积分 cosine 方法与蒙特卡洛模拟方法、傅里叶变换技术和粒子群智能优化算法；在基于调和稳定 Lévy 跳跃过程、随机波动模型的风险管理中，需要用到多目标智能优化算法。从建模的角度看，基于调和稳定 Lévy 跳跃过程、随机波动模型的期权定价和风险度量均是一维调和稳定 Lévy 跳跃过程在金融市场中的应用，而基于调和稳定 Lévy 跳跃过程的多目标投资优化则是多维 Lévy 过程在金融中的应用，遵循了从低维到高维的研究原则。

第三节　可能的创新点

本书可能的创新点有以下五个方面。

（1）已有的跳跃甄别方法和已实现波动率预测研究并未全面考虑跳跃的存在、波动的集聚和杠杆效应等问题，本书利用考虑跳跃和金融市场杠杆效应的时点波动估计法对已实现阈值幂变差进行修正，构造新的跳跃检验统计量对跳跃进行识别，并结合阈值截断法甄别我国股市跳跃的活动性。

（2）考虑到收益率分布的高阶矩特征，在 Lévy - GARCH 框架基础上结合 Lévy 的非对称广义自回归条件异方差 - 偏度 - 峰度模型，引入条件偏度和峰度，分析在股价无限跳跃情形下价格高阶矩时变波动率变化。使用数值积分 cosine 方法与蒙特卡洛模拟进行期权定价，对比两种期权定价方法适用性和误差。

（3）将调和稳定分布引入随机波动模型，重构了调和稳定 Lévy 过程驱动的随机波动模型。分析了欧式期权定价的分数阶傅里叶变换技术和美式期权定价的傅里叶 – cosine 方法。针对高维模型参数估计，提出了两类改进的 PSO 算法进行参数优化。

（4）将正态调和稳定过程从属于时变的随机波动过程以构建起时变的调和稳定模型框架，捕获实际金融数据的分布特征。通过在概率计算时利用傅里叶变换技术，推导了时变调和稳定过程的概率密度函数的闭形解，累积密度函数和 VaR 风险价值以及 CVaR 风险价值的表达公式。

（5）在使用多维 Lévy 过程为投资组合建模时，考虑到单项资产的尖峰厚尾特性和多项资产变量之间非线性的相依结构，以调和稳定分布为边际分布，以 copula 函数描述变量间相关性，提出了调和稳定分布下带 copula 相依结构的多目标投资组合优化模型，研究 TS 分布与不同 copula 函数耦合下的建模能力，并寻找非占优 Pareto 前沿。

第四节　结构框架

本书的主要技术路线图如图 1 – 1 所示。针对图 1 – 1 和本书的研究内容，对本书的技术路线图做简单介绍：

（1）针对金融资产收益分布呈现出的尖峰、厚尾等非高斯属性，收益波动过程表现出的集聚性和异方差效应，以及金融资产价格过程同时存在大型跳跃和小型波动等特征，分析了选题的研究背景和研究意义，提炼出了具有科学价值的研究问题。

（2）针对所研究的内容，对国内外的相关研究成果进行了梳理，分析了已有研究的不足，为后续的研究奠定了基础。在文献研究的基础上，对本书所涉及的相关基础理论进行了简单介绍。

（3）考虑到对金融资产收益分布的非高斯属性和波动率集聚效应的刻画影响到期权定价和尾部风险管理的精确性，本书使用 Lévy 跳跃过程、随机波动模型

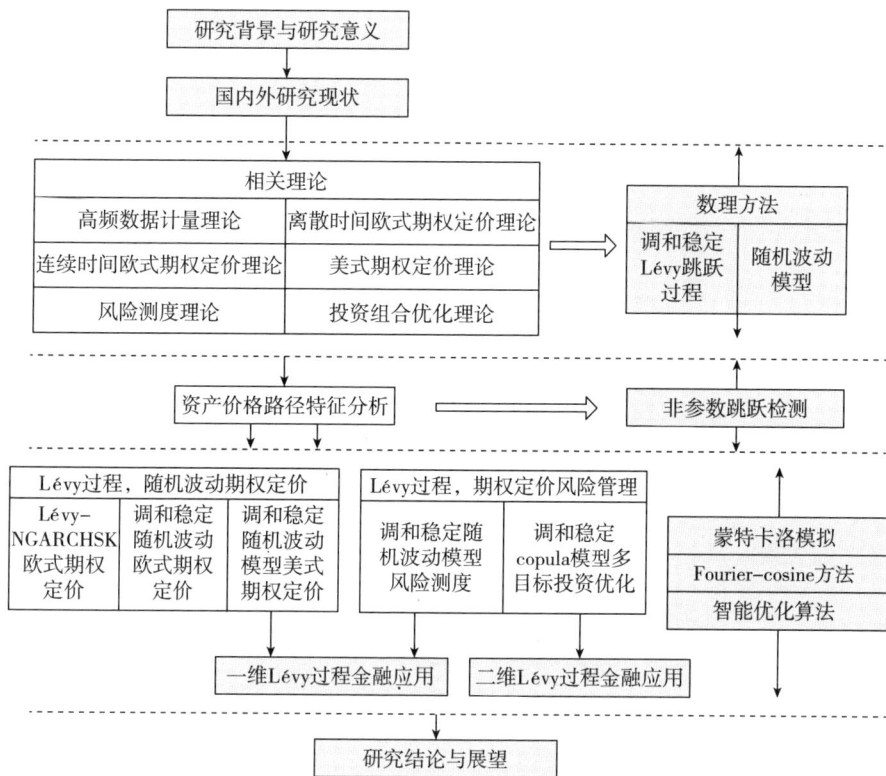

图1-1　本书的技术路线图

展开研究。涉及的相关理论包括：高频数据计量理论、欧式期权定价理论、美式期权定价理论、尾部风险测度理论和投资组合优化理论。

（4）在方法上首先使用非参数跳跃检测方法，对标的资产的资产价格路径特征进行分析，提取出资产价格过程中的跳跃成分和波动成分。研究发现，股指既包含布朗运动成分又包含有限活跃跳跃成分和无限活跃跳跃成分，适合使用 Lévy 跳跃过程、随机波动模型进行建模。

（5）在此基础上，进行基于 Lévy 跳跃过程、随机波动模型的欧式期权定价和美式期权定价以及尾部风险管理研究。具体研究内容包括：在离散时间背景下的 Lévy – NGARCHSK 模型的欧式期权定价，在连续时间背景下的调和稳定 Lévy 跳跃下随机波动模型的欧式期权定价和美式期权定价，以及采用调和稳定 Lévy

跳跃下随机波动模型的尾部风险测度。在上述一维 Lévy 过程应用的基础上，基于调和稳定 copula 模型的多目标投资优化属于 Lévy 过程在多维变量中的应用。由于涉及的高维度变量众多，计算复杂，在参数估计和相关计算中，涉及 Fourier - cosine 方法、蒙特卡洛模拟方法以及群智能优化算法等技术手段。

（6）总结了全书的研究成果和主要贡献，并指出了未来的研究方向。

第二章　相关文献综述和理论基础

本章介绍了相关研究文献和理论基础。相关研究文献的内容包括股指跳跃、波动成分识别相关文献；Lévy 过程以及随机波动模型相关文献；期权定价的相关文献介绍；使用群智能优化算法进行参数估计的相关文献。相关研究理论基础的内容分别为跳跃、波动甄别检验理论基础；相关的随机过程理论基础，包括随机分析基础和 Lévy 过程基本概念；期权定价基础模型，包括 B－S 经典期权定价模型、跳跃扩散基本模型和经典的美式期权定价理论模型。

第一节　国内外相关文献综述

本书研究以 Lévy 跳跃过程、随机波动模型的期权定价与尾部风险管理问题为基础，国内外相关文献内容包括股指跳跃、波动成分识别的相关文献，采用 Lévy 跳跃过程与随机波动模型刻画金融资产基础动态的相关文献，基于 Lévy 过程与随机波动模型的期权定价（包括欧式期权和美式期权）的相关文献，以及采用 Lévy 跳跃过程、随机波动模型进行金融尾部风险管理的相关文献。由于所构建的调和稳定 Lévy 分布下的随机波动模型具有高维复杂的特性，这使得传统求解方法失效，在本章中单独增加了采用智能优化算法解决 Lévy 过程跳跃、随机波动模型参数的相关文献。

一、股指跳跃、波动成分识别相关文献

通常情形下，股价过程是连续的扩散过程，可以用布朗运动过程表示。但在金融市场受到重大或者异常信息等外界冲击时，股价会发生大规模异常行为，除剧烈波动之外，还会产生跳跃现象。股票价格过程在运行中存在跳跃行为已成为共识。股价的小幅波动可能是投资组合的重新调整或者是投资的流动性需要，但大幅的跳跃很可能是新的冲击信息的反映。股价的跳跃行为受到越来越多的关注，是因为跳跃的引入能够更好地捕捉收益序列的分布特征。股票指数是股指期权的标的物，当标的资产受到刺激出现跳跃时，股指期权的价值必然也会受到影响，而衍生品价值的改变又会对股票市场造成反馈波动，对整个金融市场带来风险。因而研究股指的跳跃行为，是研究衍生品定价的前提，也是进行风险评估和尾部风险管理的基础。

国内外对波动率跳跃特征的估计和研究方法主要有两类，分别是基于离散低频数据的参数方法和基于高频数据的非参数方法。参数方法主要是传统的跳跃－扩散模型和连续时间随机波动模型。这类模型需要估计众多未知参数，并且无封闭形式的似然函数，同时其所使用的低频数据难以反映价格变化的日内信息。参数估计法和非参数估计法本质的差别在于，参数估计法假定构造的统计量分布能通过有限个参数得以确定，而非参数估计法则不能根据参数值来推断统计量的分布情况。基于高频数据的非参数化方法，借助计算机的高效数据处理能力，避免了这些困难。国内外非参数跳跃甄别方法一般将波动率分解为跳跃部分和连续部分，进而甄别波动率的跳跃情况。

基于高频数据的积分波动率的估计量构造方法主要有两种：一种为已实现波动率形式，用资产价格的日收益序列的平方和来表示；另一种为已实现极差波动，采用日内极差序列的平方和表示。由于资产价格跳跃的存在，已实现波动率与已实现极差波动便不再是潜在波动的无偏、一致估计量。本书中主要涉及已实现波动率的计算方法。Andersen 等[8]利用日内高频数据给出了已实现波动率（RV）的测量方式，并指出已实现波动率分别由连续变差部分和跳跃变差部分构成，同时给出了检验资产收益跳跃成分的 Z 统计量，为后来的跳跃特征研究奠定了基础。在使用高频数据获取跳跃变差的计算中，上述方法已成为经典框架。计

算步骤为先得到连续变差的估计值，再从总方差中减去连续部分估计值以得到跳跃部分的估计值，进而使用跳跃检验统计量判别跳跃发生的真实性。

Barndorff – Nielsen 和 Shephard[9-10] 指出，当不存在跳跃时，二次幂变差（BV）是连续变差部分的积分波动（IV）的一致估计量，并在此基础上提出了基于双幂变差的跳跃检验渐进统计量，进而甄别出了资产价格过程的跳跃成分。虽然 BN – S 检验只能判断某天是否发生了跳跃，不能确定跳跃发生的具体时间和次数，但是 BN – S 检验仍为非参数跳跃检验研究的发展奠定了基石。之后的一系列研究都是基于已实现双幂变差的概念将连续路径变差和非连续路径变差进行分离的，如 Bollerslev 等[11]、Corsi 和 Reno[12]。特别地，Mancini[13] 提出了以阈值幂变差估计量来估计积分方差的方法。相比于参数化的方法，该类方法有效地挖掘了高频数据中包含的各类信息，识别效果更好。金融资产价格中广泛存在着杠杆效应，利空消息引起的负向冲击强于利好消息引起的正向冲击。沈根祥[14] 采用核平滑技术和跳消除方法对带跳和杠杆效应的时点波动进行估计。Aït – Sahalia 和 Jacod[15] 使用阈值截断方法并利用不同抽样频率的幂变差之比构造了 A – J 统计量，发展了伊藤半鞅框架下的跳跃检验的非参数方法，将识别出的跳跃甄别为大幅度的有限活跃跳跃和小幅度的无限活跃跳跃，并识别了跳跃方差的贡献。A – J 统计量所需的假设条件少，对不同类型的跳跃成分都有效。刘志东和严冠[16] 借鉴该方法对我国上证 50 指数的成份股分行业进行了跳跃分析。杨文昱等[17] 利用 A – J 统计量研究了沪深 300 股指期货超高频数据的跳跃活动程度。虽然各种跳跃检验统计量的构造思想不同，但其构造原理基本类似，都是构造非参数跳跃检验统计量，使其在存在跳跃成分的集合和不存在跳跃成分的集合中的取值显著不同。我国沪深股市作为新兴资本市场，市场跳跃波动状况不同于发达资本市场，日内高频数据中连续出现跳跃的频率非常高。而已有文献的跳跃识别统计量多是基于国外发达资本市场数据得来的，会低估我国市场波动中的跳跃成分。为此，需要改进已有统计量使其符合我国股市波动行情的跳跃成分。

为考察金融资产收益率波动中的长记忆性、多标度行为，考虑到实证分析中高阶自回归模型在刻画长记忆性中的复杂性，Andersen 等[18] 将跳跃纳入到波动率建模中，使用带跳的异质性自回归 RV（HAR – CJ）模型为波动率建模。Corsi 等[19] 采用多次幂变差统计方法改进了 Z 检验，提高了跳跃连续发生时检验的有效性，同时提出了使用 HAR‑RV‑TJ 模型进行波动率的预测。田凤平等[20]考虑到收益与波动的不对称性，将标准化收益率引入预测模型，使用非对称带跳的 AHAR‑C_TCJ 模型研究沪深 300 股指期货中跳跃成分对股指期货未来波动率的影响。孙洁[21]在考虑了跳跃和隔夜波动后，使用 HAR 类模型对股市波动率进行建模，同时考虑到误差项的厚尾属性，将误差项设定为 GARCH 形式。王天一和黄卓[22]则直接采用已实现的 GARCH 模型对高频数据进行建模以分析数据中透露的厚尾分布信息。杨科和陈浪南[23]采用阈值双幂变差（TBPV）对上证综指高频数据的跳跃存在性进行了检验，并利用 ACD 和 ARCH 模型对收益波动率建模。唐勇和张伯新[24]结合 A‑J 跳跃识别统计量，使用 ARFIMA 类模型对有限活跃的跳跃动态进行单独建模，发现跳跃方差呈现出尖峰厚尾性，波动率呈现出集聚性，进一步验证了金融市场波动存在着分形特征和非线性特征。柳会珍等[25]基于跳跃扩散理论研究了股市跳跃动态演变规律，验证了含跳的 HAR 族波动率预测模型比传统的 EGARCH 模型更加具有预测准确性优势。然而，较少有文献综合全面地考虑到收益率、波动和跳跃成分之间的复杂关系，这说明当前的波动率预测建模框架仍然有很大的改进空间。

二、Lévy 过程、随机波动理论与相关文献综述

（一）Lévy 过程相关文献

布朗运动过程和泊松过程是两类基本的连续时间随机过程。布朗运动过程被用来描述股票价格的动态过程。由泊松分布产生的泊松过程构成了研究纯跳跃随机过程的基础。这两类考虑不同路径属性的过程均属于 Lévy 随机过程的范畴。

资产收益跳跃波动研究是金融领域的关键问题之一。外界扰动造成金融资产价格频繁出现异常波动和跳跃突变。金融资产波动存在着波动集聚和异方差效应。对资产价格跳跃行为建模，学者们提出很多方法。例如，将泊松跳跃引进金融领域，假设资产价格过程的跳跃强度服从泊松分布，跳跃的幅度服从正态分布。黄苒和唐齐鸣[26]使用广义自回归条件异方差（GARCH）模型描述价格波动率，在自回归泊松跳跃强度下，加入了状态变量门限效应，描述资产价格过程随时间波动的特点。为刻画金融资产价格过程的非高斯性和跳跃性，Kim 等[27]在调和稳态尾部分布下对收益率建立了 ARMA‑GARCH 模型。Smith[28]在波动率扩

散过程中引入了门限自回归（AR）模型，以刻画正负收益率对波动率的非对称影响。以上研究均只是分别单独地考虑了资产价格跳跃动态或者收益波动的扩散过程。对资产价格跳跃行为和波动过程之间关系的研究，Daal 等[29]在服从自回归结构的跳跃强度中加入了波动过程的反馈机制。为捕获市场利好消息和利空消息的非对称冲击，吴鑫育等[30]构建了双杠杆门限随机波动率模型以反映收益率和波动率间的杠杆效应。考虑到跳跃强度与波动率两者在建模中的相互反馈机制，宫晓莉等[31]将 Yang 和 Yin[32]的非线性门限模型以及 Douc 等[33]的门限自回归模型引入自回归泊松跳跃强度中，以反映跳跃强度的结构性突变，并以受到波动率影响的跳跃强度控制跳跃行为，再以受到跳跃行为影响的 GARCH 模型来控制相对平稳的扩散过程，通过跳跃和波动之间的相互反馈作用测度了股指跳跃变化的形态特征。

金融资产价格波动的形态兼具小规模连续波动和突发性的离散式跳跃两种形式。在金融资产价格基础模型中引入跳跃成分能够使模型得到优化[34-35]。针对突发式跳变，Merton[36]、Duffie 等[37]、Kou 和 Wang[38]等在价格动态模型中加入了跳跃成分以捕获价格行为中的大规模跳跃，并建立了有限跳扩散模型，提高了定价表现能力；针对小规模连续跳变，学者们提出了无限活动率的纯跳跃 Lévy 模型取代连续的扩散成分，比如 NIG 模型[39]、VG 模型[40]、CGMY 模型[41]等。无限活跃 Lévy 模型能在有限时间间隔内发生无穷次的跳跃。Li 等[42]验证了 Lévy 模型能更好地刻画标普 500 指数的特点。Kim 等[43]和 Rachev 等[44]实证发现，金融数据噪音的尾部分布处于正态分布和稳定分布间，以此提出了满足此条件的形式丰富的调和稳定 Lévy 过程（Tempered Stable Process，简称 TS 过程）。其中，经典的调和稳定分布（CTS）和速降调和稳定分布在拟合证券价格波动噪音分布的程式化现象上具有显著的优势，能很好地拟合金融资产回报的尖峰、厚尾以及有偏特性，其跳跃特征具有无穷到达率，能刻画无限活跃程度的小规模跳跃。Kim 等[45]和 Zaevski 等[46]通过对标普 500 指数期权定价证明了调和稳定过程具有更精确的衍生品定价能力。吴恒煜等[47]在 NGARCH 模型基础上建立了动态调和稳定过程，进而对标普 500 指数期权进行定价计算，结果发现通过速降调和稳定分布过程计算的期权定价误差最小。

Lévy 过程作为高斯随机过程的拓展，具有统计上的平稳独立增量性，能够灵活地反映跳跃结构，描述金融资产收益率的分布特征。Mandelbrot[48]提出了首个 α 平稳 Lévy 过程，在此基础上，更多的纯跳跃 Lévy 过程模型被构建出来。此类随机过程具体包括了两类构造过程。一是将严格递增的从属过程耦合到布朗运动过程中，以构造时变的布朗运动过程；二是直接为 Lévy 过程指定新的 Lévy 测度。无限活跃程度的调和稳定过程作为 Lévy 过程的一类，在捕获密度分布的尖峰厚尾属性上优势明显。实证研究发现，调和稳定过程与随机波动过程相结合，在欧式期权定价上的表现要好于其他模型[49]，能灵活地反映金融时间序列的跳跃强度、跳跃结构等跳跃类型。Rosinski[50]的调和稳定过程包括了经典调和稳定过程（CTS），正态调和稳定过程（NTS）[51]，以及速降调和稳定过程[52]等。调和稳定（TS）分布可由 α 稳定律乘以相应的矩函数产生相应的 Lévy 测度。调和稳定分布具有比正态分布更高的峰度和更厚的尾部，在刻画金融资产收益率的程式化现象上具有优良属性，并且调和稳定过程的无限活跃特性适合于刻画收益率的无限波动情形[53-54]。

双指数分布属于 Lévy 分布的一个特例，Kou[55]证明了双指数分布在尖峰、厚尾拟合上更符合金融理论建模和实际需要。同时，该类 Lévy 过程能同时反映市场上涨和下跌跳跃的不同情况，更符合真实金融市场情形。由于双指数分布具有无记忆性，在跳跃扩散期权定价模型中加入双指数分布模型，使各类期权定价结果的解析解变得可能[56]，而正态分布下的跳跃扩散模型却得不到解析解。该模型在金融风险识别与管理上有很大的应用优势。向华和杨招军[57]使用双指数跳扩散过程描述资产价值的动态过程，研究了时齐滚动债券的均衡定价问题，给出了公司最优结构的计算式。罗长青等[58]建立了行业信用风险指数，利用双指数跳扩散模型鉴别出了企业信用风险的跳跃点，为企业信用风险管理提供了借鉴。杨瑞成等[59]运用该模型对汇率进行了跳变识别，丰富了汇率风险管理的相关研究。周伟等[60]结合胡素华[61]的指数分布形态，构建了能够同时满足有偏、反对称和尖峰厚尾特性的广义双指数分布，在对比了正态分布、普通双指数分布和广义双指数分布的双重跳跃模型之后，发现采用广义双指数分布灵活地捕获了金融资产价格的波动特征，具备拟合上的优越性。杨招军等[62]假设债务企业的现金流服从双指数跳跃随机过程，给出了企业资本和混合担保成本的均衡价格和混合担保下的企业最优资本结构的计算表达式，为使用跳跃扩散过程分析企业融资结构优化问题提供了理论依据。谢赤等[63]假设人民币短期汇率跳跃幅度服从双指数分布，构建了能刻画利率波动聚类特性、均值回复特征和跳跃行为的双指数 Jump – GARCH – Vasicek 模型以刻画人民币短期汇率的跳跃行为，将微观随机分析方法应用到了宏观风险管理中。

（二）随机波动模型相关文献

金融收益序列的波动率往往存在条件异方差、集聚效应和持续效应，收益与波动率之间存在着杠杆效应，并且金融资产收益过程与波动过程均存在着随机跳变。仅有跳跃成分并不足以复制证券价格过程中的峰度水平。金融资产价格波动率也会随着时间变化，它本身也是均值回复过程。对波动率的集聚性、异方差效应建模多采用异方差模型和随机波动率（SV）模型。假设资产价格收益的噪音分布结构为正态分布，GARCH 模型能用来解释波动率微笑现象，刻画金融数据的集群效应[64]。刘建桥和孙文全[65]构建了 EGARCH（1，1）– CJI 和 EGARCH（1，1）– ARJI 模型来研究股指期货收益的不对称现象和跳跃波动行为。赵华和王一鸣[66]采用 ARMAJI – GARCH 模型进行实证研究发现，期货的跳跃强度对现货的收益和波动率均有影响。然而，GARCH 模型属于离散时间背景下的单因子波动率模型。采用连续时间随机波动模型相较于采用离散框架下的 GARCH 类模型更易于刻画金融随机变量的随机游走状态。

连续时间框架下的随机波动模型弥补了 GARCH 类模型假设收益和方差具有共同的扰动项，或者收益和方程受到共同的信息流冲击具有共同的噪音因子，存在着波动的不确定性仅来自收益的不确定性的缺陷。Heston[67]最早进行了随机波动率的研究，在 Cox、Ingersoll 和 Ross[68]的均值回复平方根的基础上提出了 Heston 模型。连续时间随机波动模型能分别假设收益和波动扰动的来源不同，将波动率看作是潜在的变量，尤其擅长捕捉跳跃扩散模型中价格突变的情形。张金锁等[69]基于跳跃扩散模型对石油价格进行了长期趋势分析。Yu 和 Xu[70]使用混合指数跳扩散模型对认股权证进行障碍期权定价。Chiang 等[71]在马尔科夫区制转换背景下使用了双指数跳扩散模型对外汇期权进行定价，发现跳跃扩散模型能有效地提高价内期权的精确性。然而，上述模型均为单层的跳跃扩散模型，没有考虑到收益与波动存在着双层跳跃的情形。收益的波动往往会引起波动率的随机变化，波动率的随机跳变能捕获比收益率的随机跳变更多的信息。因此，兼顾收益和波动两个过程同时存在随机跳跃的随机波动（SV）模型更适合于定价研究。Bates[72]在收益率 SV 模型中引进了跳跃因子进而对美式期权进行定价。Eraker 等[73]在收益和波动方程中同时添加了跳跃因子，构建起连续时间下的双层跳跃随机波动模型。该模型下资产价格路径与波动过程可分别表示为布朗运动过程和离散跳跃过程之和，并假设跳跃强度为正态分布，跳跃时间服从泊松分布。收益和波动序列两个过程同时包含了随机波动、杠杆效应和跳跃成分。收益和波动双层跳跃的这类模型又包括了收益序列和波动序列跳跃相关的随机波动模型与收益序列和波动序列跳跃独立的随机波动模型。Bollerslev 等[74]在此基础上加入收益序列和波动序列的杠杆效应，使用标普 500 数据和高频数据验证了模型的优越性。Asgharian 等[75-76]采用随机波动跳跃相关（SVCJ）模型刻画了国际股票市场的跳跃概率和跳跃强度，分别使用均值方程和方差方程刻画不同的风险传染过程，使用证券市场数据证明了 SVCJ 双层跳跃扩散模型更适合建立风险传染模型。乔高秀等[77]使用 SVCJ 模型分析了我国股指期货上市对现货市场的连续性波动和跳跃性波动的影响后发现，股指期货对现货指数的稳定效果主要体现在连续波动的部分，而对跳跃部分的影响则不明显。虽然收益跳跃和波动跳跃在本质上属于两类不同形式的跳跃，但笔者认为金融系统的外部冲击同时影响收益和波动层面的假设比起外部冲击仅影响收益或波动的单个层面的假设更贴合金融市场实际情况。因此，在本书的模型中仍然继续假设资产价格收益序列和波动序列受到共同的市场外部冲击，面临着共同的信息流。

对上述连续时间框架下的随机波动建模文献进行分类。在反映波动率的集聚性和持续性的同时考虑跳跃现象，对 Heston 随机波动模型进行拓展的文献可分为三个流派。第一流派主要关注跳跃扩散模型。最初的跳跃扩散模型一般在漂移项的基础上，以正态分布反映其扩散性，再使用复合泊松过程刻画收益率的跳跃特征，对几何布朗运动进行补充。近些年的跳跃扩散模型研究在 Heston 模型的基础上增加复合泊松过程并结合不同的随机跳跃幅度分布对跳跃建模，将 CIR 平方根过程嵌入到扩散项中以反映随机波动。代表性的研究有 Bakshi 等[78]、Pillay 和 O'Hara[79]、Kaeck 和 Alexander[80]、Bao 等[81]。第二流派以 Barndorff - Nielsen 和 Shephard 等[82]为主，提出了 BNS 模型，将 Ornstein - Uhlenbeck 均值回复过程增加到扩散项中以刻画随机波动率。在这类 OU 过程类型的随机波动研究基础上，Nicolato 和 Venardos[83]、Muhle - Karbe 等使用随机波动过程[84]研究了期权定价问题；Bannor 和 Scherer[85]提出带有双向跳跃的 OU 型随机波动模型。而大部分的 OU 型随机波动模型特征函数不存在闭合解，因而相关的研究文献并不多。第三流派的研究关注于纯跳跃过程驱动的随机波动模型。这类过程可表述的数学特征较为丰富，但函数的生成过程较为特殊和复杂。例如，Carr 和 Wu[86]提出的 Lévy 过程驱动的随机波动模型。此类模型被看作是跳扩散模型的升级，将 CIR 平方根过程作为时间变量嵌入到纯跳跃的 Lévy 跳跃过程中以反映资产收益的随机波动。由于 Lévy 跳跃过程的无限活跃性类似于跳跃扩散模型中的连续扩散项，同时有限数目的大型跳跃又类似跳跃扩散模型中的跳跃项，与实际交易价格事实较为贴近，对此进行扩展和数值研究的文献较为丰富，例如 Figueroa - Lopez[87]、Yamazaki[88]、Liang 和 Li[89]等的研究。一系列的研究发现，Lévy 跳跃过程驱动的随机波动模型相比于单纯的 OU 型随机波动模型更易于统计上的计算，特别是对于资产价格收益过程的跳跃成分的捕捉。

在这里我们重点考虑第三类拓展的随机波动模型，即关注于非高斯分布下的纯跳跃过程驱动的随机波动模型。在这方面的应用研究中，Huang 和 Wu[90]研究了一系列的相关期权定价方法，并通过实证研究发现，结合跳跃项和随机扩散的金融模型适合于进行欧式期权定价。Carr 等[91]指出，将随机波动率引入到 Lévy 过程中，允许产生各个到期时间的隐含波动率行为，而不需要设定相关的动态参数。由于股票价格过程的非高斯特征和增量独立性，波动率的微笑现象等金融异象持续存在，在添加进跳跃项后允许在基础资产价格过程中产生三阶矩偏度，以刻画期权波动率微笑特征。为了反映出波动率的微笑特征，Schoutens 和 Symens[92]提出了 Lévy 随机跳跃驱动的随机波动模型框架，将 CIR 平方根随机嵌入到 Lévy 跳跃过程中。这一类的随机过程包括了方差伽马随机波动（VG - CIR）模型、正态逆高斯随机波动（NIG - CIR）模型等。通过加速或者降低经济活动消耗的时间的变化率来增加或降低经济活动的不确定性。关于金融市场中时变的 Lévy 过程的衍生品定价和风险管理应用研究日益增多。Yamazaki[93]在时变的 Lévy 模型下采用 VG - CIR 和 NIG - CIR 模型以及 Gram - Charlier 展开技术进行欧式期权定价。Itkin 和 Carr[94]将时变的 Lévy 跳跃过程应用到波动率衍生品的应用中。Bianchi 和 Fabozzi[95]假设违约强度服从随机非高斯 Lévy 过程动态，研究了信用违约互换价差的定价表现。Kim 等[96]在正态调和稳定 NTS 模型背景下推导了联动期权定价的解析解。可见，和标准的欧式期权定价相比，基于时变的调和稳定 Lévy 跳跃过程的其他类型的金融衍生品定价和风险管理的研究相对较少。

三、期权定价模型文献综述

（一）Lévy 过程期权定价相关文献

使用 Lévy 跳跃过程进行资产收益率分布建模能够很好地拟合金融时间序列的尖峰厚尾性。跳跃性是金融资产价格变化的固有现象，金融资产收益价格过程中的跳跃过程呈现出尖峰厚尾的非高斯属性。Lévy 随机过程丰富的子族能有效地反映资产收益率的非高斯分布属性和资产价格过程中的无限跳跃行为，在金融衍生品定价中应用广泛。在跳跃行为方面，广义 Lévy 族跳跃过程包括了有限活动率的 Lévy 跳跃模型和无限活动率的 Lévy 纯跳跃模型。有限跳跃模型的代表性模型有 Merton 跳跃模型以及双指数跳跃扩散模型；无限活动率跳跃模型包括了两类分布函数：一类分布函数是广义双曲线分布族模型，其代表性分布有方差伽马（VG）分布与正态逆高斯（NIG）分布；另一类分布函数是调和稳定（TS）过程，其代表性分布有 CGMY 分布和传统调和稳定（CTS）分布。无限活跃纯跳跃模型的优点是在有限的时间间隔内会产生无数次跳跃。

Lévy 跳跃过程由丰富的子族构成，能够准确地刻画金融时间序列的统计特性和高阶矩特性，尤其是金融资产价格变化中的无限活跃程度跳跃和尖峰厚尾性及有偏等程式化现象，Lévy 分布在期权定价中得到最广泛的应用。Lévy 跳跃过程相比于高斯过程在表现金融序列的跳跃上更具优势，能同时反映价格过程中的无限次小型跳跃和大型稀疏跳跃，用于模拟衍生品定价时精确性更高。[97-98]吴恒煜等[99]采用无穷纯跳跃的 Lévy 跳跃过程拟合随机新息因子，并考虑了收益率与波动率之间的杠杆效应，进行欧式期权定价后发现，速降调和稳定过程的综合定价能力最稳健。调和稳定分布由 α 稳定分布的 Lévy 测度与不同的调和函数相乘得到。α 稳定分布在刻画金融数据的尖峰、厚尾、非对称特性上具备灵活性和便利性，其幂尾衰减属性意味着能捕捉到金融尾部极端事件，然而其尾部分布过于肥厚，需要进行一定程度的调和。而调和稳定分布通过添加调和函数控制了尾部跳跃形态，使得尾部分布介于正态分布和稳定分布之间，恰好地捕获了金融时间序列的厚尾行为。因此，我们将继续采用 Lévy 跳跃过程刻画金融时间序列的无限程度活动率跳跃情形。

（二）随机波动模型期权定价相关文献

离散时间框架的金融时变波动率建模中，GARCH 模型最为经典。随着波动率时间序列分析的发展，GARCH 模型的缺陷逐渐凸显。资产收益率经验密度分布与正态分布显著不同，这表明分布中的高阶矩特征会通过常数高阶矩传导对收益率的影响。相同的市场水平下，收益率偏度与收益概率正相关，峰度与收益风险正相关，收益率偏度与峰度是时变的。而 GARCH 模型的缺点是未将偏度三阶矩与峰度四阶矩纳进波动率建模框架。学者们[100-103]将条件偏度和条件峰度纳入广义自回归条件异方差模型中，证明了偏度与峰度对期权定价的重要作用，将GARCH 模型扩展到了高阶矩 GARCH 模型。持续性和非对称性是波动率的两个突出特点，非对称性意味着同样强度的负向冲击会比正向冲击引起更大的方差波动。为反映波动率与收益间的非对称杠杆效应，León 等[104]提出了非对称的广义自回归条件异方差 - 偏度 - 峰度（NGARCHSK）模型。该模型恰当地刻画了波动的长相依性和持久性。波动率自回归异方差分析应加入高阶矩的传导作用，建立波动率 - 偏度 - 峰度高阶矩模型。Klar 等[105]验证了引入非高斯分布信息项的正确性，以及 Lévy 分布拟合非高斯性具有优越性，并将 Lévy 分布引入到 GARCH 新息项中，构建了 Lévy - GARCH 模型。Ornthanalai[106]在此框架内用 Merton 跳跃扩散模型和 VG 模型、NIG 模型、CGMY 模型分析股票溢价跳跃风险，对标普500 指数期权定价，发现无限纯跳跃过程更能解释收益率的不确定性，期权定价误差更小。使用同样的分析框架，吴恒煜等[107]对恒生指数期权和结构性理财产品进行定价，得出了同样结论。但是，上述 Lévy - GARCH 框架未将偏度三阶矩与峰度四阶矩等高阶矩特征纳进建模体系，未考虑资产收益率的高阶矩变化特征。

经典文献中对波动率的集聚性、异方差效应建模多采用 GARCH 模型和随机波动率模型。而 GARCH 模型假设噪音分布结构为正态分布，且属于离散情形下的单因子波动率模型，无法全面刻画期权的隐含波动率。随机波动率跳跃扩散模型同时吸收了收益和波动过程中的随机波动和跳跃成分，更适合于金融建模。带跳跃的随机波动率跳扩散模型可分为有限活动率活跃程度的 Lévy 跳跃驱动的随机波动过程和无限活动率活跃程度的 Lévy 跳跃驱动的随机波动过程。Bates[72] 在 Heston 随机波动率中引入了复合泊松跳跃因子，构建了跳扩散模型。Kaeck 和 Alexander[80] 则采用有限跳跃扩散模型研究股指收益动态过程。周伟等[60] 和 Huang 等[108] 使用双指数分布跳扩散模型为金融序列建模。Kim 等[52] 指出，有限跳扩散模型假设跳跃现象的发生是稀有事件，而真实股票市场价格瞬时变化，将有限活跃 Lévy 跳跃分布替换为无限活跃纯跳跃分布更贴合实际。无限活跃纯跳跃分布驱动的随机波动模型能同时反映资产收益率无穷跳变行为和时变波动率的聚集性特点，用于期权定价，能较好地刻画期权波动率微笑现象。Schoutens 和 Symens[92] 将无限活动率 Lévy 跳跃过程从属于随机波动过程，最早提出纯跳跃 Lévy 过程驱动的随机波动模型（LVSV）。Creal[109] 使用滤波算法检验了 LVSV 模型的有效性，Bianchi 和 Fabozzi[95] 采用 LVSV 模型对信用违约互换定价，Sun 和 Xu[110] 采用 LVSV 模型对外汇股权期权定价，均验证了模型的优越性。

期权定价思想运用到实物期权领域的一个重要方面是公司违约风险的测度。KMV 公司基于 Merton 期权定价思想研发出测算上市公司信用违约风险的 KMV 模型，KMV 方程利用 Merton 的期权定价公式测算公司的信用风险，假设公司的资产价值动态过程遵循几何布朗运动，研究公司的最优资本结构问题。[111-112] 资产收益波动是一系列离散跳跃的结果，Hilberink 和 Rogers[113] 在公司资产价值变动过程中引入跳跃成分，采用时变的 Lévy 模型分析公司资本结构，研究企业内在破产机理，但所假设的 Lévy 模型仅有向下的跳跃过程，不能刻画资产价值升值跳跃现象。Huang 和 Tang[114] 在 KMV 方程中增加了复合泊松过程，刻画突发因素引起的突发式跳跃，通过金融数据的波动特征探究公司资产价值的跳跃变化，进而测算企业的违约概率。其中，复合事件模型假设跳跃次数服从泊松分布，随机跳跃幅度服从正态分布。但是，正态分布跳幅不能捕获收益率分布的尖峰、厚尾性。

（三）美式期权定价相关文献

美式期权定价作为无边界问题，一般较难获取闭形解。大部分研究均是基于二叉树模型和蒙特卡洛模拟方法。使用二叉树进行美式期权定价，需要在每个执行节点重新进行计算，因而会使得计算量过大。借助于计算机性能的提升，蒙特卡洛方法得到了发展。最经典的方法当属 Longstaff 和 Schwartz[115] 的最小二乘蒙特卡洛模拟方法。该方法用线性模型对折现的未来现金流和当期股价关系做回归，然后进行反向逐步迭代，递推每一期的预期现金流，根据路径中的最优执行点判断未来期权的预期收益。但是，蒙特卡洛模拟算法较为复杂，而且耗时较多，限制了其应用。对蒙特卡洛模拟算法进行改进主要是基于马尔科夫链进行优化，提高运算的效率。张利花等[116]研究了跳跃扩散模型下使用总体最小二乘拟蒙特卡洛方法对美式期权定价的问题。刘强和向赟[117]研究了 GARCH 模型下美式期权定价的最小二乘历史滤波问题，并使用标普 100 指数进行了实证研究。总体上，国内外对跳跃模型下的美式期权定价研究较少。

基于数值计算的解析近似方法逐渐发展起来。无限活动率活跃过程下的美式期权定价技术方法包括基于 PIDE 的方法，如 Rambeerich 等的指数时间积分方法[118]和积分基础的方法[119-120]。传统上，PIDE 类方法可行是由于提前执行或者奇异特征可以被解释为特殊函数或者边界条件。Hirsa 和 Madan[121]通过将奇异积分项的积分域分解为六个成分，并对每一部分分别采用解析式或者数值解法求解了方差伽马 VG 过程下的美式期权价格。由于美式期权定价收益函数的不可微，阻止了高阶收敛率，通过使用格点延伸方法，Almendral 和 Oosterlee[122]对 Volterra 类型的跳跃积分考虑使用排列类型的离散化方法，给出了 CGMY 模型下的二次收敛率算法。但是，对于无限活跃 Lévy 过程下的期权定价，PIDE 类方法计算相当复杂。特别是对于调和稳定类函数，基于 PIDE 的方法存在收敛困难的问题。针对提前执行期权，Lord 等[119]提出了 Lévy 跳跃过程下的基于 FFT 的快速有效定价技术，该方法依赖于正交技术和傅里叶变换方法，将定价公式重新表述为卷积方程。Fang 和 Oosterlee[120]证明了傅里叶 - cosine 方法的误差收敛率呈指数特性。

四、Lévy 过程跳跃、随机波动模型的风险管理相关文献

（一）Lévy 过程跳跃、随机波动模型的风险测度文献

依据风险度量的侧重点不同，可将风险度量方法分成两类：基于分位点的风险度量方法和基于矩的风险度量方法。[123]由于投资者关注的是收益率分布的左尾风险，在金融风险度量中常采用基于分位点的尾部风险测量方法，如 VaR 和 CVaR 风险度量方法。VaR 风险度量方法是当前金融风险测度的主流方法，将不同的市场风险因子可能的期望损失表现为具体数值，直观地测度了不同风险来源

可能产生的潜在损失。它的优点在于测量的综合性，能较好地适应金融市场发展的复杂性和动态性。虽然 VaR 成为了标准的风险计量工具，但其仅提供了一个分位数。[124]针对 VaR 的不一致测度性，Yamai 和 Yoshiba[125]指出，在收益率分布为非正态分布时，仅靠提高置信度不能解决 VaR 的非可加性问题。Acerbi 和 Tasche[126]证明了 CVaR 是一致性风险测度，在理论上比 VaR 更优越，且提供了尾部损失的信息。目前，对于 VaR 和 CVaR 的研究主要是在针对资产损益的分布函数假设上，以及在不同假设下的估计方法。

金融风险管理要求关注收益分布的尾部特征。对于资产收益尾部风险的度量，理论研究已经表明，已实现收益的三阶矩依概率收敛到收益率跳跃强度的三次方。据此，Amaya 等[127]使用已实现收益的偏度作为尾部风险的代理指标。但 Cremers 等[128]认为，尾部风险和已实现收益的偏度相关性较低，不能使用已实现收益的偏度作为尾部风险的代理指标。另一类度量尾部风险的方法是使用资产收益的方差或者协方差作为代理变量，如 Huang 等[129]。van Oordt 和 Zhou[130]以股票的历史收益作为滑动估计窗口，以收益率分布的 5% 分位点作为厚尾阈值或是选取一定数量的极端收益，以 POT 方法估计的极值指数作为基础资产的尾部风险。上述研究方法的不足之处是：固定的阈值选择忽略了收益分布的厚尾程度和偏态程度的时变性。

计算 VaR 和 CVaR 的关键在于对资产组合收益分布函数和密度函数的估计。为更合理地刻画收益率分布的厚尾特征，提高尾部风险度量精度，学者们开始寻求更为合理的分布假设。Branco 和 Dey[131]提出使用不同种类的偏 t 分布对金融数据的尾部进行实证。该分布能捕获数据的厚尾特征，却不能充分处理数据的超偏态特性。郭海燕和李纲[132]研究了广义双曲线分布模型在我国证券市场风险度量中的应用。杨爱军等[133]从收益分布的尾部特性角度提出利用广义双曲线进行数据拟合，讨论其在我国股票市场 VaR 风险度量中的应用。而广义双曲线分布只属于 Lévy 分布的一个子类，Lévy 分布中包含有众多具备优良属性的分布函数，为拟合收益数据、进行风险度量提供了便利。

本书利用时变的 Lévy 分布研究股票市场风险度量问题，利用优化算法解决高维参数估计问题，同时通过蒙特卡洛模拟方法计算不同置信水平下的风险值，系统地对比了分布在不同尾部风险度量中的实际效果，进而采用风险调整的投资组合策略，考察不同 Lévy 分布下组合策略的绩效表现。

（二）多维 Lévy 跳跃 – copula 模型的风险管理文献

经典的 Markowitz 投资组合理论假设资产收益率的联合分布服从多变量的正态分布，而金融资产收益率具有厚尾、有偏分布特点，并且金融资产间的相关性变得越来越复杂，呈现出非线性结构特征，相关关系具有时变性，传统的线性相关模型难以有效反映风险的非线性相关信息。因而，构建非高斯的多元联合分布就显得极为重要。在进行金融尾部风险测度和投资组合管理中，选择了合适的方法或恰当的金融工具研究市场风险，才能有效地规避风险，提高投资效率。[134 – 136]

金融市场上系统风险的传染大多源于金融变量间的尾部相依性，尤其在金融危机期间，受到共同的市场因素影响，收益变量间的尾部相依性增强。[137]此外，协方差矩阵在估计高维度变量间的相依性上无法反映出相关关系的随机性。对于多个随机变量，过去常常使用线性相关性刻画变量间的相关关系。随着金融随机分析研究的深入，线性相关关系面临着严重局限性。copula 连接函数或者称相依函数，将随机变量的多维联合分布通过一维边际分布连接了起来，成为了分析非线性金融风险的新手段。在投资组合管理中，单只股票的价格波动由边际分布函数来刻画，股票间的相依性则通过 copula 函数来反映，copula 函数是连接全部股票组合的联合分布函数与单项股票的边际分布函数的桥梁。

将 copula 理论引入到金融风险管理领域的历史较短。将 copula 引入到尾部风险管理中能准确地测度金融资产变量间的相依结构，特别是尾部相依结构；能够有效地刻画非线性相关性和非对称性，并且不受边际分布的限制。[138 – 139]在 copula 函数中，高斯 copula 的尾部关联为 0，无法刻画极端事件的关联性。针对高斯 copula 的缺陷，学者们分别使用 t copula 以及阿基米德 copula 函数克服高斯 copula 的弱尾部相关性缺陷，以描述金融变量间的尾部相关特征。[140 – 141]Joshua 和 Kroese[142]运用 t copula 函数研究了多重组合的损失可能性，发现其对尾部相依性较敏感。GARCH – copula 模型联合了 GARCH 模型和 copula 函数，可以灵活地对边际分布的随机波动形式单独设定，并且能捕捉到金融风险的尾部相关性，克服了线性关系的缺点，因而越来越受到重视。[143 – 145]韦艳华和张世英[146 – 147]就国内证券市场间的关联性，运用 copula 函数进行了相关性分析。对沪市主要板块指数收益率，运用 copula – GARCH – t 模型，分析了时间序列间的相关关系。研究发现，沪市主要板块收益率之间呈现出高度的正相关性，并且边缘分布呈现出较大差异。吴振翔等[148]运用阿基米德 copula 函数给出了确定外汇 VaR 风险最小的投资组合的方法。在此基础上，对欧元和日元的投资组合进行相应的风险分析，得到了最小风险投资组合，并对不同置信水平下的 VaR 做了敏感性分析。

Markowit 的均值 – 方差偏好下分析资产组合收益与风险是在收益率服从正态分布的假设前提下进行的，正态分布尾部所表明的极端事件发生概率远低于市场真实情形，因而对市场真实风险事件发生概率的刻画需要采用非高斯分布形式。此外，与资产收益波动的正常变化相比，资产收益极端变化带来的尾部风险会给投资者决策行为产生更为显著的影响。综观频发的金融危机现象发现，危机发生时股票价格呈现大幅下跌、缓慢增长的现象，实证研究也证实了一半以上的已实现方差风险溢价都来源于尾部风险。[149-151]当前，对于尾部风险和股票溢价之间的关系研究尚未得到一致的结论。但近年来，越来越多的研究发现尾部风险载荷高的股票往往具有较高的预期收益。[152-154]由于特质偏度和尾部风险之间具有相关性，郑振龙等[155]研究发现，特质偏度与股票预期收益之间呈现负向关系。CVaR 作为尾部风险测量的指标，具有良好的属性，在金融领域中得到了广泛应用，并且可以通过蒙特卡洛模拟实现。面对真实证券市场中的尖峰厚尾、时变和非线性现象时，针对收益率变量，如果采用蒙特卡洛模拟计算，当模拟次数足够大时，可以认为模拟接近于真实分布情况。因而，本书在均值 – 风险框架内进行多目标投资组合分析中，采用 CVaR 作为尾部风险测量指标，以调和稳定分布作为边际分布以捕获资产收益率的尖峰厚尾性，并以不同的 copula 函数反映金融资产变量之间的相依性，寻找多目标投资组合的非占优前沿面。

五、参数估计的优化算法相关文献

（一）模型参数估计单目标优化算法

由于动态的经济系统大都具有非线性、非稳态的特点，其优化问题实际是微分代数的混合优化问题。尤其是本书所要构建的调和稳定 Lévy 过程驱动的随机波动模型，模型涉及的 Lévy 过程、随机波动模型等高维度变量需要进行高维变量积分，解析解一般无法解决这类问题，并且传统的参数估计方法也往往不具有可行性。而参数估计过程作为模型求解的重要部分，奠定了后续进行期权定价和风险管理的基础。因此，寻找有效的参数估计方法使得模型具有可应用性便必不可少。

求解模型最优的问题可以转化为如何在迭代过程中当得到局部最优解时，尽快找到一种搜索机制，使得迭代解能够迅速离开局部最优，从而寻找到全局最优解。其本质问题归结起来就是：如何使算法跳出局部极值，如何知道当前得到的解是否是最优解。从空间搜索的角度分析，设计算法就是搜索机制的建立。考虑到经典分析基础算法的诸多局限性，如容易陷入局部最优、计算烦琐、通用性不强和对带约束的模型处理能力不强等，本书将采用智能优化算法对经济优化问题进行求解。

在原有的遗传算法[156]基础上，新型智能仿生算法不断涌现并日益成熟，如粒子群算法、人工鱼群算法[157]、萤火虫算法[158]等，这些算法在经济模型的优化问题中的应用也逐渐增多。其中，粒子群算法意义清晰、算式简洁，在群智能算法中广受关注。[159]对这些算法进行改进以提高运行效率也成为计算机算法研究的热点。群智能算法在金融中得到了广泛应用，包括金融模型参数估计和投资组合优化问题等。Deng 等[160]使用改进的粒子群算法求解带有 225 项资产的基数约束均值–方差问题。Liu 等[161]基于鲁棒理论和前景理论，考虑投资者的行为因素，使用带有衰老领导者机制和多频振动变异算子的粒子群算法解决多期投资组合问题。

学者们的研究表明，直接从期权数据中估计的参数结果要好于从资产收益率中估计的参数结果，正态调和稳定随机波动（NTSSV）模型下的参数估计是个复杂的非线性优化问题。对于经典调和稳定随机波动（CTSSV）模型，Li 等[162]提出采用特征函数基础的谱估计方法来进行期权定价。然而，该方法需要采用蒙特卡洛模拟，从而会产生相应的模拟误差。Li[163]使用无损卡尔曼滤波方法联合识别了时变的无限活跃衍生品定价模型中的随机波动和跳跃，但是在运用时预先需要知道相应的建议密度才能进行计算。模型参数估计的优化问题相当复杂以至于传统解法不能确保全局最优解。所以，在参数估计中需要引入更先进的方法来进行参数校正。Kennedy 和 Eberhart[164]基于群智能优化算法提出了粒子群优化算法（PSO），通过迭代优化计算来寻找确定约束条件下的一组参数值，以使约束条件下的指标达到最优。该算法具有较快的搜索速度。Krink 等[165]验证了智能优化算法在金融模型参数估计中的优势。Fastrich 等[166]利用差分进化算法预测了德国股票投资组合。然而，PSO 算法仍然容易陷入局部最优，导致相对较大的误差结果，需要进一步地对其进行改进。

（二）投资组合多目标优化算法

Markowitz 的均值 - 方差投资组合理论利用概率和优化理论将金融变量的不确定问题转化为二次规划问题。它基于两个冲突的准则，即在最大化投资组合收益的同时最小化投资组合风险。然而，该理论须满足诸多限制性约束假设，其中之一就是资产收益率的联合分布服从多变量的正态分布，而事实上收益率的实际分布是非对称的，因此，很多学者试图使用非对称的分布和厚尾分布来研究投资组合优化问题。本书中，我们将引入 Lévy 调和稳定过程以刻画收益率的尖峰厚尾边际分布，研究多维 Lévy 跳跃过程。

本书使用 Lévy - copula 框架研究高维度的多目标投资组合优化问题。投资者都追求利润最大化与投资风险最小化。如何选择投资的比例分配方式，在数学上是一个优化问题。单目标投资组合优化要求目标函数仅有一个，即投资者只能在风险约束下最大化收益，或者在收益约束下最小化风险。而多目标投资组合允许同时考虑多个目标，投资者可以在期望收益最大化的同时又期望投资风险最小化，寻找折中的最优 Pareto 解。同时，本书将采用 CVaR 风险度量指标替代方差指标来测度投资组合风险。

多目标投资组合优化的可能困难主要来自：①由多个目标之间的冲突引起的计算复杂性；②基于解的占优关系出现的非占优解；③所得到的优化解经常导致解的过度集中，投资不够分散。为此，学者们考虑使用智能优化算法解决多目标的规划问题。Pindoriya 等[167]借鉴金融领域中的均值 - 方差 - 偏度框架并使用多目标粒子群优化算法研究了电力市场的投资规划问题，在单次模拟之后得到了 Pareto 最优解。Suksonghong 等[168]同样在均值 - 方差 - 偏度框架下对比了三类多目标优化算法在电力市场多目标规划中的表现。

近年来，智能优化算法在金融市场的多目标投资组合优化中得到了广泛应用。[169-171]Anagnostopoulos 和 Mamanis[172-173]将多目标进化算法运用到不同风险测度函数下的多目标投资选择问题中和带约束的多目标投资组合优化求解中发现，各类多目标进化策略在求解中具有可靠性。Yue 和 Wang[174] 验证了进化算法在模糊多目标高阶矩投资组合选择中的实用性和有效性。但上述已有的智能优化算法在求解多目标投资决策时均未对基础资产的真实分布做出假设。例如，没有考虑到金融资产收益的厚尾性和变量间的相依结构。针对上述缺陷，Babaei 等[175] 将稳定分布作为边际分布，利用 copula 函数描述投资变量间的相依结构，研究多目标投资组合优化问题。考虑到模型中基数和序数约束导致的可行区域不连续，使用多目标粒子群算法进行求解。我们将在此基础上，将 Lévy 稳定分布作为边际分布，研究考虑资产收益率尖峰厚尾属性的多目标投资组合优化问题。

六、对已有研究的总结

综合前述文献，关于标的资产变量过程服从 Lévy 跳跃过程、随机波动模型的期权定价问题，特别是同时考虑调和稳定 Lévy 跳跃过程和随机波动模型的期权定价问题还没有得到解决，有待于进一步深入研究。在使用 Lévy 跳跃过程进行期权定价方面，目前只解决了标的变量服从纯跳跃 Lévy 过程的期权定价计算，尚未考虑在金融市场受到信息刺激而导致股价跳跃与波动并存时的期权计算问题。而在金融收益序列表现出尖峰厚尾的非高斯属性的同时，波动序列表现出异方差和集聚效应。因而，在刻画金融时间序列时，要同时考虑收益分布的非正态性和波动率的异方差性。然而，同时考虑 Lévy 跳跃过程、随机波动模型的尾部风险管理研究文献较少。特别地，进行多目标投资组合优化的研究还相对匮乏。具体来说，包括：

（1）在股指跳跃、波动成分识别的相关文献中，已有的非参数方法有效地利用了高频数据来构造各种形式的跳跃甄别统计量，对市场波动中的跳跃成分、跳跃的活动性进行识别，进而对已实现波动率进行预测。但已有的跳跃成分甄别方法是基于国外发达资本市场行情构造的，未考虑到我国金融市场的特殊发展情况。有必要进一步探索适合我国资本市场实际的跳跃甄别统计量。已有的已实现波动率预测研究并未全面考虑跳跃的存在、波动的集聚和杠杆效应等相关问题。

（2）已有的采用 Lévy 跳跃过程、随机波动模型进行金融基础资产动态过程建模和期权定价的相关文献大多只是单独考虑了纯跳跃 Lévy 过程下的期权定价问题，或者是仅仅考虑了基于随机波动跳扩散模型的期权定价，在少量同时考虑

Lévy 跳跃过程、随机波动模型的期权定价文献中，大多研究将广义双曲分布族函数引入到随机波动模型中进行分析，而将调和稳定 Lévy 分布模型引入到连续时间随机波动模型中进行期权定价的文献较少。已有的将调和稳定分布函数引入到离散时间 GARCH 模型中进行期权定价的模型也未考虑到收益率的高阶矩特征，如偏度、峰度等特征。而已有文献也证明了调和稳定分布在刻画收益率分布的尖峰、厚尾、有偏特征上的优越性。因而，有必要考察将调和稳定分布函数引入到随机波动模型中，在兼顾考虑收益分布的尖峰厚尾属性和波动序列的集聚效应下进行欧式期权定价和美式期权定价的效果对比分析。

（3）已有的关于 Lévy 跳跃过程、随机波动模型进行尾部风险管理的研究在刻画基础资产模型时只涉及了少量的非正态分布函数，如广义双曲线分布、偏 t 分布等，而没有系统地考虑 Lévy 跳跃过程下的风险测度问题。然而，有效地刻画收益率分布的非高斯属性是准确地进行尾部风险测度和尾部风险管理的前提。因而，研究基于 Lévy 跳跃过程的尾部风险管理问题既具有理论价值又具有现实意义。已有研究已经将 Lévy 跳跃过程与 copula 函数的结合扩展到了研究多维金融随机过程中，如进行投资组合管理，但所涉及的 Lévy 族分布函数也较少。已有的关于非正态分布下的投资组合研究也较少涉及多目标投资组合问题。因而，需要进一步地探索调和稳定分布 – copula 框架下的多维金融风险管理问题。

第二节 相关理论基础

一、跳跃、波动甄别检验理论基础

随着金融资产日内高频数据的广泛应用，高频收益率在近似连续的时间内有时会出现大幅度的波动，这种现象被称为跳跃。由于潜在的真实波动不可观测，学者们开始利用已实现波动率作为市场波动率的代理变量进行相关研究。Barndorff – Nielsen 等[9] 提出的已实现二次幂变差概念，简称为 BN – S 检验，为计算跳跃扩散过程下的高频数据波动跳跃奠定了基础。

假设 p_t 表示 t 时刻的股票对数价格，在连续时间框架下的股票价格过程可以表示为如下形式的跳跃扩散过程：

$$\mathrm{d}p_t = u_t \mathrm{d}t + \sigma_t \mathrm{d}W_t + k_t \mathrm{d}q_t \qquad (2-1)$$

其中，u_t 为连续且局部有界过程，σ_t 为严格为正随机波动过程，W_t 为标准布朗运动过程，q_t 是时变强度为 $\lambda(t)$ 的计数过程，k_t 表示对数价格过程中的离散跳跃成分。

已实现波动率 RV_t 被定义为金融资产的日内高频收益率的平方和。根据二次变差理论，已实现波动率可以分解为连续样本路径方差和离散跳跃方差。当抽样间隔趋于无限小时，则有：

$$RV_t = \int_0^t \sigma^2(s)\mathrm{d}s + \sum_{0 < s \leqslant t} k^2(s) \qquad (2-2)$$

连续样本路径方差即积分波动率部分可以通过构造统计量进行估计，如 Barndorff – Nielsen 等的已实现二次幂变差方法，该方法奠定了对积分波动率进行非参数检验的基石。后文将对该统计量进行详述，在此不再介绍。在得到积分波动率的一致、无偏估计量后，根据已实现波动率和积分波动率估计量，得到对应的跳跃成分 J_t，$J_t = \max(0, RV_t - IV_t)$。

由于 BN – S 检验不能判断跳跃发生的次数，Andersen、Bollerslev 和 Dobrev[18]（简记为 ABD）对日内收益进行了标准化，构造了能够检验日内跳跃的统计量，奠定了高频数据下进行日内跳跃检验的基础。其中，将金融资产价格过程假定为一个半鞅过程，在不存在杠杆效应和跳跃的情形下，第 t 个交易日的收益序列 $r(t)$ 在 σ 信息流下服从下列分布：

$$r(t) \mid \sigma\{[\sigma(\tau)_{0 \leqslant \tau < t}]\} \sim N\left(0, \int_0^t \sigma^2(s)\mathrm{d}s\right) \qquad (2-3)$$

所以，标准化后的收益序列服从标准正态分布。任取日内收益数据，Δ 表示最小时间间隔，ξ 取 $\{0, 1, \cdots, 1/\Delta\}$ 内的任意值，$r_{t+\xi\Delta, \Delta}$ 为第 t 日第 j 个时间段内的收益率，则有：

$$E[r_{t+\xi\Delta, \Delta}] = E\sum_{j=1}^{1/\Delta} r_{t+j\Delta, \Delta} I\{\xi = j\} = \Delta \sum_{j=1}^{1/\Delta} Er_{t+j\Delta, \Delta} = \Delta Er_{t+1} \qquad (2-4)$$

日收益序列的方差满足如下关系：

$$V[r_{t+\xi\Delta,\Delta}] = V\left[\sum_{j=1}^{1/\Delta} r_{t+j\Delta,\Delta} I\{\xi = j\}\right] = E\left[\sum_{j=1}^{1/\Delta} r_{t+j\Delta,\Delta} I\{\xi = j\}\right]^2 - \left[E\sum_{j=1}^{1/\Delta} r_{t+j\Delta,\Delta} I\{\xi = j\}\right]^2$$

$$= \Delta E\left[\sum_{j=1}^{1/\Delta} r_{t+j\Delta,\Delta}^2\right] - [\Delta E r_{t+1}]^2 = \Delta I V_{t+1} - \Delta^2 [E r_{t+1}]^2 \qquad (2-5)$$

在不存在跳跃时，随着时间间隔趋于 0 时，有下式成立：

$$\lim_{\Delta \to 0} E[\Delta^{-1/2} r_{t+j\Delta,\Delta}] = \lim_{\Delta \to 0} \Delta^{-1/2} \Delta E[r_{t+1}] = 0 \qquad (2-6)$$

$$\lim_{\Delta \to 0} V[\Delta^{-1/2} r_{t+j\Delta,\Delta}] = \lim_{\Delta \to 0} \Delta^{-1} \{\Delta I V_{t+1} - (\Delta E[r_{t+1}])^2\} = I V_{t+1} \qquad (2-7)$$

由式（2-6）、式（2-7）可以看出，标准化后的日内收益序列，在抽样间隔无限小时，均值为 0，方差为 IV_{t+1}。知道了日内收益的渐进分布，为进一步构建统计量检验日内是否发生跳跃提供了依据。之后的日内跳跃检验统计量都是在此基础上发展起来的。

二、相关随机过程理论基础

（一）随机分析基础

随机分析主要内容有 Ito 积分、Ito 随机微分方程、鞅论等。在这些理论中，Ito 积分、Ito 公式、Ito 随机微分方程、Girsanov 定理和鞅表示定理、鞅的分解理论在金融资产定价和套期保值策略选择理论中有极其重要的应用。在连续时间资产定价模型中，各类伊藤半鞅资产价格过程起着基础性作用，包括了大部分便于理论分析的资产价格模型，如常见的随机波动模型，跳-扩散模型和带跳随机波动模型等。

1. Ito 随机微分方程

设 $\{B(t): t \geq 0\}$ 是标准的布朗运动，定义在 $[0, t]$ 上的随机过程 $\{X(t): t \in T\}$ 关于滤子空间可适。将区间 $[0, t]$ 划分成 $n+1$ 个点，$\Delta t = t_i - t_{i-1}$，定义 Riemann - Stieltjes 和[176] 为：

$$I_n = \sum_{i=1}^{n} X(t_{i-1})[B(t_i) - B(t_{i-1})] = \sum_{i=1}^{n} X(t_{i-1}) \Delta B(t_i) \qquad (2-8)$$

如果在均方意义下，I_n 的极限存在，即存在随机变量满足下式：

$$\lim_{\Delta t \to 0} E\left\{\left|\sum_{i=1}^{n} X(t_{i-1})[B(t_i) - B(t_{i-1})] - \int_0^t X(s)\mathrm{d}B(s)\right|^2\right\} = 0 \qquad (2-9)$$

则称 $\int_0^t X(s)\mathrm{d}B(s)$ 为 $X(t)$ 关于布朗运动的 Ito 积分。

接下来，将布朗运动随机积分推广到一般形式的连续鞅随机积分。Ito 公式主要用来解决随机过程函数的微积分问题，特别是布朗运动函数的微积分问题。布朗运动的微分和积分表达式在数理金融中有着极其重要的应用。Ito 引理给出了布朗运动 $\{B(t): t \geq 0\}$ 函数 $f(t, B(t))$ 的微分表达式。

假设 $H^2 = \{f(t, w)\}$ 是定义在 $[0, T] \times \Omega$ 上的右连续左极限的可测函数，$f(t, w)$ 关于 $\{B(t): t \geq 0\}$ 在 $[0, t]$ 上的积分 $Y(t) = \int_0^t f(s, w) \mathrm{d}B(s)$ 仍然是随机过程，其微分形式可记为 $\mathrm{d}Y(t) = f(t, w)\mathrm{d}B(t)$，进而有二元函数下的 Ito 引理。[176] 若二元函数 $f(t, x)$ 满足 $\frac{\partial f}{\partial t}$，$\frac{\partial f}{\partial x}$，$\frac{\partial^2 f}{\partial x^2}$ 存在且连续，并对所有的 t 函数属于 H^2，则有：

$$f(t, B(t)) = f(0, B(0)) + \int_0^t \frac{\partial f}{\partial x}(s, B(s))\mathrm{d}B(s) + \int_0^t (s, B(s))\mathrm{d}s +$$

$$\frac{1}{2}\int_0^t \frac{\partial^2 f}{\partial x^2}(s, B(s))\mathrm{d}s \qquad (2-10)$$

其微分形式可表示为：

$$\mathrm{d}f(t, B(t)) = \frac{\partial f}{\partial x}(t, B(t))\mathrm{d}B(t) + \frac{\partial f}{\partial x}(t, B(t))\mathrm{d}t + \frac{1}{2}\frac{\partial^2 f}{\partial x^2}(s, B(s))\mathrm{d}s$$

$$(2-11)$$

Ito 引理是随机分析中常用的引理，为解决随机微分方程提供了非常有效的工具。Ito 过程很好地刻画了带有漂移项和扩散项的随机运用，常被用于描述金融市场中风险资产的价格过程。首先给出 Ito 过程的定义。假设 $a(t, x)$，$b(t, x)$ 为二元连续函数，则满足如下微分形式的随机过程 $\{X(t)\}$ 为 Ito 过程。

$$\mathrm{d}X(t) = a(t, X(t))\mathrm{d}t + b(t, X(t))\mathrm{d}B(t) \qquad (2-12)$$

从 Ito 过程公式可以直观地看出，随着时间 $\mathrm{d}t$ 变化和布朗运动变化，$\mathrm{d}B(t) = B(t+\mathrm{d}t) - B(t)$ 导致了随机过程 $X(t)$ 的改变。$\mathrm{d}X(t) = X(t+\mathrm{d}t) - X(t)$ 由两部分组成：一部分是由速度为 $a(t, X(t))$ 的决定性运动产生的位移 $a(t, X(t))\mathrm{d}t$，称为漂移项；另一部分为随机位移，等于标准布朗运动的位移与 $b(t, X(t))$ 的乘积，$b(t, X(t))\mathrm{d}B(t)$ 为扩散项。

假设随机过程 $\{X(t): t \geq 0\}$ 对任意的 $0 \leq t \leq T$，满足式 (2-12) 微分形式的

随机过程, 二元函数 $f(t, x)$ 满足偏微分形式存在且连续, 令 $Y(t) = f(t, X(t))$, 则随机过程 $\{Y(t): t \geq 0\}$ 对任意 $t \geq 0$, 满足下列方程:

$$f(t, X(t)) = f(0, X(0)) + \int_0^t b(s, X(s)) \frac{\partial f}{\partial x}(s, X(s)) \mathrm{d}B(s) +$$

$$\int_0^t \left[\frac{\partial f}{\partial s}(s, X(s)) + a(s, X(s)) \frac{\partial f}{\partial x}(s, X(s)) + \right.$$

$$\left. \frac{1}{2} b^2(s, X(s)) \frac{\partial^2 f}{\partial x^2}(s, X(s)) \right] \mathrm{d}s \tag{2-13}$$

用微分形式可表示为:

$$\mathrm{d}f(t, X(t)) = b(t, X(t)) \frac{\partial f}{\partial x}(t, X(t)) \mathrm{d}B(t) + \frac{\partial f}{\partial t}(t, X(t)) +$$

$$a(t, X(t)) \frac{\partial f}{\partial x}(t, X(t)) + \frac{1}{2} b^2(t, X(t)) \frac{\partial^2 f}{\partial x^2}(t, X(t)) \mathrm{d}t$$

$$\tag{2-14}$$

可以证明, Ito 随机微分方程的解具有唯一性。在数理金融中常用的 Ito 过程有几何布朗运动、O-U 过程、均值回复过程以及随机利率模型。在本书研究中选择使用均值回复过程, 均值回复是指当价格变得足够高时, 它可能下滑, 而如果价格足够低时, 它可能上升, 价格变化有向价格的平均位置回归的现象。股票价格变化和利率变化通常都具有均值回复的特点。特别地, 对于随机利率模型, 利率的主要特征是具有均值回复性, 即当利率较高时, 借款人的筹资成本上升, 对货币的需求下降, 利率会下降; 反之, 当利率较低时, 对货币的需求增加, 利率会上升, 所以均值回归模型可以用来刻画利率变动过程的基本特征, 而其他的利率模型均是在均值回复模型基础上的拓展。

2. 鞅表示定理

等价鞅测度在资产定价理论中有着重要的地位, 在给定的金融市场模型中, 如果存在等价鞅测度使得金融资产的折现价格过程为鞅过程, 则市场是无套利的。如果等价鞅测度存在并且唯一, 则市场是完备无套利市场。对于给定的金融变量模型, 寻找使得资产的折现价格过程为鞅过程的概率测度是解决资产定价问题的关键。利用 Ito 引理, 有下列 Girsanov 定理成立[177]:

设 θ_t 是滤子空间上的适应过程, 并且定义的过程 $Z_t = \exp\left[-\int_0^T \theta_s \mathrm{d}B(s) - \right.$

$\dfrac{1}{2}\displaystyle\int_0^T \theta_s^2 \mathrm{d}s\,\big]$ 是鞅过程，令 $\dfrac{\mathrm{d}Q}{\mathrm{d}P} = \exp\Big[- \displaystyle\int_0^T \theta_s \mathrm{d}B(s) - \dfrac{1}{2}\displaystyle\int_0^T \theta_s^2 \mathrm{d}s\Big]$，定义新的随机过程

$W(t) = B(t) + \displaystyle\int_0^t \theta_s \mathrm{d}s$，则随机过程 $W(t)$ 在概率测度 Q 下是标准布朗运动。

将布朗运动随机积分推广到一般半鞅情况，可得到随机分析中常用的基本定理。资产定价的基本定理指出，在无套利条件成立时无摩擦市场中的证券资产价格是连续时间半鞅。

设 $X = (X_1, \cdots, X_n)$ 是 n 维半鞅，函数 f 有二阶的连续偏导数，则 $f(X)$ 是半鞅并且满足式 $(2-15)$。[178]

$$f(X_t) - f(X_0) = \sum_{i=1}^n \int_{0_+}^t \frac{\partial f}{\partial x_i}(X_{s_-})\mathrm{d}X_s^i + \frac{1}{2}\sum_{1 \leqslant i,j \leqslant n}\int_{0_+}^t \frac{\partial^2 f}{\partial x_i \partial x_j}(X_{s_-})\mathrm{d}[X_i, X_j]_s^c +$$

$$\sum_{0 < s \leqslant t}\Big[f(X_s) - f(X_{s_-}) - \sum_{i=1}^n \frac{\partial f}{\partial x_i}(X_{s_-})\Delta X_s^i\Big] \qquad (2-15)$$

特别地，若 X 是半鞅，f 是二次连续可微函数，则 $f(X)$ 是半鞅并且满足式 $(2-16)$。

$$f(X_t) - f(X_0) = \int_{0_+}^t f(X_{s_-})\mathrm{d}X_s + \frac{1}{2}\int_{0_+}^t f''(X_{s_-})\mathrm{d}[X_i, X_j]_s^c +$$

$$\sum_{0 < s \leqslant t}\big[f(X_s) - f(X_{s_-}) - f(X_{s_-})\Delta X_s^i\big] \qquad (2-16)$$

其中，$[X, X]$ 表示半鞅 X 的二次变差，$[X, X]_t = |X_t|^2 - 2\displaystyle\int_0^t X_{u_-} \mathrm{d}X_u$，是非预期的左极限右连续过程。可以证明，已实现方差依概率收敛到二次变差，即 $\sum_{0 \leqslant t_i < t}(X_{t_{i+1}} - X_{t_i})^2 \to [X, X]_t$。一般 Lévy 过程的二次变差过程作为从属过程，仍然是 Lévy 过程。Lévy 过程的二次变差过程可以表示为：

$$[X, X]_t = \sigma^2 t + \sum |\Delta X_s|^2 = \sigma^2 t + \iint y^2 J_X(\mathrm{d}s\mathrm{d}y) \qquad (2-17)$$

（二）Lévy 过程基本概念

Lévy 过程作为马尔科夫过程和鞅过程的特例，在金融领域中得到了广泛应用。它具有马尔科夫过程的无记忆性，即随机过程未来的状态只与当前的状态有关，而与过去的历史状态无关。同时，它又具有鞅过程的属性，意味着对未来的预期等于当期的状态。应用到金融时间序列建模中，通常将收益率的波动分解为

噪音部分和状态空间部分，对于噪音部分往往使用鞅过程进行分析。需要注意的是，所有 Lévy 过程都属于半鞅过程，因为其过程可以分解为一个平方可积的鞅过程和一个有限变差过程。

Lévy 过程 $X(t)_{t \geqslant 0}$ 被定义为滤子空间（Ω，F，P）上满足独立、平稳增量和随机连续性的左极限右连续的随机过程。增量独立意味着增量过程只与时间增量有关，与信息集无关；平稳增量意味着增量过程与时变相关，而与单个时间点无关；随机连续性意味着增量过程在时间间隔无限大时将趋于 0。Sato[179] 使用特征三项式（μ，σ，$\upsilon(\mathrm{d}x)$）来表示无限可分的 Lévy 分布，符号依次代表线性确定性成分，布朗运动成分和纯跳跃部分，Lévy 测度 $\upsilon(\mathrm{d}x)$ 表示单位时间内跳跃大小为 $\mathrm{d}x$ 的跳跃期望数。Lévy 过程结构可以通过 Lévy – Khintchine 公式以及 Lévy – Ito 公式进行表述。

由于 Lévy 过程函数包含的子族函数较多，分布函数表达式较为复杂，但 Lévy 随机过程具有无限可分的性质。特征函数将随机变量从实平面映射到复平面，往往具有已知的解析形式。通常选择特征函数式 $\varphi(u) = E\left[e^{iuX(t)}\right]$ 或特征指数式 $\Psi(u) = \log\varphi(u)$ 来表示函数的数字特征。根据 Lévy – Khintchine 定理[180]，连续变量 $X(t)$ 的分布函数 $F(x)$ 的特征函数和特征指数式分别为

$$\varphi(u) = E[\exp^{iuX}] = \int_{-\infty}^{+\infty} e^{iux} \mathrm{d}F(x) = \int_{-\infty}^{+\infty} e^{iux} f(x) \mathrm{d}x \qquad (2-18)$$

$$\psi(u) = \frac{\sigma^2 u^2}{2} - iu\mu - \int_{-\infty}^{+\infty} (e^{iux} - 1 - iux_{|x| \leqslant 1}) \upsilon(\mathrm{d}x) \qquad (2-19)$$

其中，实数漂移项 μ 确定了 Lévy 分布的位置，$\upsilon(\mathrm{d}x)$ 表示 Lévy 测度，且 $\upsilon(R) = \lambda \leqslant \infty$。为了确保折现的股价过程 $e^{-rt}S_t$ 是鞅过程，保证 Lévy 测度的方差积分的有限性，特征三项式还应满足在风险中性测度 Q 下，$\int_{|x| \geqslant 1} e^x \upsilon(\mathrm{d}x) < \infty$，且 $E^Q(e^{X_t}) = 1$。

Lévy – Ito 定理在 Lévy – Khintchine 公式的基础上，进一步分析了 Lévy 过程。在介绍 Lévy – Ito 定理之前，先简单介绍正态分布假设下的 Ito 定理。根据定理，资产价格由两部分构成，一部分为漂移项 μ，一部分为扩散项 σ，用公式表示为 $X_t = \int_0^t \mu_s \mathrm{d}s + \int_0^t \sigma_s \mathrm{d}W$，表示成微分形式为 $\mathrm{d}X_t = \mu_t \mathrm{d}t + \sigma_t \mathrm{d}W$。

对以 X_t 为基础资产的衍生产品价格变量 $DC(X_t, t)$，进行泰勒展开，并省略高阶无穷小项，可以得到下列微分形式：

$$\mathrm{d}DC_t = \frac{\partial DC_t}{\partial t}\mathrm{d}t + \frac{\partial DC_t}{\partial X_t}\mathrm{d}X_t + \frac{\partial^2 DC_t}{2\partial X_t^2}(\mathrm{d}X_t)^2 \qquad (2-20)$$

Lévy – Ito 定理在 Ito 定理的基础上放宽了正态分布的假定，将 Lévy 过程分解为四部分，依次为漂移项、扩散项、跳跃项和跳跃补偿项。在此结构下，发现了众多可用于金融建模的 Lévy 分布，其基本结构用公式可以表示为：

$$X_t = \gamma t + \sigma W_t + \int_0^t\int_{|x|\geq 1} x\mu_s \mathrm{d}s\mathrm{d}x + \int_0^t\int_{|x|<1} x\mu_s \mathrm{d}s\mathrm{d}x - t\int_{|x|<1} xv\mathrm{d}x \qquad (2-21)$$

Lévy 过程用于金融数据建模，大多用来描述金融资产收益分布的非正态随机分布。根据 Lévy – Khintchine 公式推导，列出了几类常见的 Lévy 过程的特征函数计算式（见表 2 – 1）。[180]

表 2 – 1　特征函数表达式

Lévy 过程	特征函数
Merton	$\varphi_{Merton_{X_t}}(u) = \exp\left(\lambda t\left(\exp\left(iu\mu - \frac{1}{2}\sigma^2\mu^2\right) - 1\right)\right)$
Kou	$\varphi_{Kou_{X_t}}(u) = \exp\left(\lambda t\left(\frac{p\eta_1}{\eta_1 - iu} - \frac{(1-p)\eta_2}{\eta_2 + iu} - 1\right)\right)$
VG	$\varphi_{VG_{X_t}}(u) = C_1\log\left[\mathrm{GM}/(\mathrm{GM} + (\mathrm{M} - \mathrm{G})iu + u^2)\right]$
NIG	$\varphi_{NIG_{X_t}}(u) = \exp(\delta t(\sqrt{\alpha^2 - \beta^2} - \sqrt{\alpha^2 - (\beta + iu)^2}))$
CTS	$\varphi_{CTS_{X_t}}(u) = \exp(t C_2 \Gamma(-\alpha)(\lambda_- - iu)^\alpha - \lambda_-^\alpha + (\lambda_+ + iu)^\alpha - \lambda_+^\alpha)$
NTS	$\varphi_{NTS_{X_t}}(u) = \exp\left(\frac{(1-\theta)t}{\nu\theta}\left(1 - \left(1 - \frac{\left(iu\mu - \frac{\sigma^2 u^2}{2}\right)\nu}{1 - \theta}\right)^\theta\right)\right)$

Merton 过程最早使用复合泊松过程描述金融数据的跳跃现象。通过设定单位时间内跳跃次数服从泊松跳跃强度，在时间间隔内生成跳跃次数的随机数。其中，每次跳跃均使用正态分布进行模拟。其他部分如漂移部分和扩散部分与布朗运动相同。

　　Kou 过程在 Merton 过程基础上，采用双指数分布。双指数分布有两个指数，因而能够很好地表现概率分布的非对称效果和厚尾分布现象。从特征函数的参数上看，参数分别用来描述漂移特征、扩散特征、跳跃强度、向上跳跃的概率以及跳跃分布的收敛速度。双指数分布函数的参数意义为：η_1 和 η_2 分别表征投资者对外界利好与利空消息的反应敏感度，η 值越大说明市场对外界冲击反应越不敏感，表现为投资反应不足。双指数分布的期望分别为 $1/\eta_1$、$1/\eta_2$；$p \geq 0$，$q \geq 0$，$p + q = 1$，概率密度函数积分后，向上跳跃概率为 p，向下跳跃概率为 q；$I_{[y]}$ 代表示性函数。双指数分布比正态分布更能体现出收益率分布尖峰厚尾特性，与真实金融市场行情更贴近。它的密度函数可表示为：

$$f_\gamma(y) = p \cdot \eta_1 e^{-\eta_1 y} I_{[y \geq 0]} + q \cdot \eta_2 e^{-\eta_2 y} I_{[y < 0]}, \ \eta_1 > 0, \ \eta_2 > 0 \qquad (2-22)$$

　　方差伽马 VG 过程作为最早的纯跳跃 Lévy 过程，是目前使用广泛的一类过程，可以通过两个具有相同外形参数的 Gamma 从属过程的差来模拟得到。Gamma 分布是非高斯的无限可分分布，由于函数只在正实数部分成立，Gamma 过程的样本路径单调递增。作为经典的纯跳跃过程，VG 过程的密度函数非常复杂，不利于进行参数估计，但其特征函数式较为简洁，Lévy 三项式仅有漂移项和跳跃项，不存在扩散项。参数 G 和参数 M 分别用来衡量在负区间和正区间的跳跃强度。参数 C_1 控制着跳跃过程总的活动率，而参数 G 和参数 M 影响着向上和向下相反方向的跳跃到达率。

　　正态逆高斯 NIG 过程和方差伽马 VG 过程都属于广义双曲分布族函数中的特例。NIG 过程不仅对金融数据的厚尾特征拟合效果较好，而且随机数生成算法较为灵活。单纯的逆高斯过程仅有两个参数，不能很好地描述金融序列的高阶矩特征。作为从属过程生成的正态逆高斯过程能显著提高刻画肥尾数据的能力。和 VG 过程类似，NIG 过程的 Lévy 三项式也是仅有漂移项和跳跃项，不存在扩散项。NIG 分布中参数 α 会影响分布函数的各阶矩，尤其是峰部；参数 β 主要影响密度分布的偏度，当偏度为正时意味着在真实市场上股票价格上升较快而下跌较慢；尺度参数 δ 主要影响密度分布的二阶矩。

　　CTS 过程是经典的调和稳定过程。CTS 模型中标度参数 C_2 与收益率分布的密度函数的峰度呈负向相关，C_2 取值越小表示收益率分布的峰度越高；CTS 分布中的参数 λ_+ 和参数 λ_- 能分别反映出正侧和负侧的尾部衰减速率；参数 λ_-、

λ_+、α 与尾部权值相关。如果 λ_+ 不等于 λ_-，表明跳跃结构就是非对称的，即当 $\lambda_+ > \lambda_-$（或 $\lambda_- > \lambda_+$）时，收益率分布相应的为左偏或者右偏；否则，收益率分布就是对称分布的。CTS 过程的随机数可以从时变布朗运动算法中生成。

正态调和稳定 NTS 过程中的参数 μ 决定了密度分布的偏度，ν 控制着超过正态分布的超额峰度，θ 影响着收益率分布的形状。当 $\theta = 1/2$ 时，得到正态逆高斯模型的特例；当 θ 趋近于 0 时，可以得到方差伽马模型的特例。可以看出，θ 值越高意味着时间序列收益率分布的峰度越高。

使用特征函数，基础资产价格过程的累积矩 c_n 可通过式（2 - 23）获得[181]，也可以表示成原始矩和中心矩的形式。Lévy 过程矩函数一般具有有限项，因此，在仅具有 Lévy 过程的参数估计中，经常使用矩估计方法。本书研究涉及的几种 Lévy 分布的累积矩公式如表 2 - 2 所示。

表 2 - 2   累积矩表达式

Lévy 过程	累积矩表达式
Merton	$c_1 = t(\mu + \lambda\mu)$，$c_2 = t(\sigma^2 + \lambda\mu^2 + \sigma^2\lambda)$，$c_4 = t\lambda(\mu^4 + 6\sigma^2\mu^2 + 3\sigma^4\lambda)$
Kou	$c_1 = t\left(\mu + \dfrac{\lambda p}{\eta_1} - \dfrac{\lambda(1-p)}{\eta_2}\right)$，$c_2 = t\left(\sigma^2 + 2\dfrac{\lambda p}{\eta_1^2} + 2\dfrac{\lambda(1-p)}{\eta_2^2}\right)$，$c_4 = 24t\lambda\left(\dfrac{p}{\eta_1^4} + \dfrac{1-p}{\eta_2^4}\right)$
VG	$c_1 = t(\mu + \theta)$，$c_2 = t(\sigma^2 + \nu\theta^2)$，$c_4 = 3t(\sigma^4\nu + 2\nu^3\theta^4 + 4\sigma^2\theta^2\nu^2)$
NIG	$c_1 = \left(\mu - \dfrac{1}{2}\sigma^2 + \omega\right)t + \delta t\beta/\sqrt{\alpha^2 - \beta^2}$，$c_2 = \delta t\alpha^2(\alpha^2 - \beta^2)^{-3/2}$，$c_4 = 3\delta t\alpha^2(\alpha^2 + 4\beta^2)(\alpha^2 - \beta^2)^{-7/2}$
CTS	$c_1 = \mu t + Ct\Gamma(1-\alpha)(\lambda_-^{\alpha-1} - \lambda_+^{\alpha-1})$，$c_2 = \sigma^2 t + Ct\Gamma(2-\alpha)(\lambda_-^{\alpha-2} - \lambda_+^{\alpha-2})$， $c_4 = Ct\Gamma(4-\alpha)(\lambda_-^{\alpha-4} - \lambda_+^{\alpha-4})$

$$c_n = \frac{1}{i^n}\frac{d^n}{du^n}\log E(e^{iuX}) \qquad (2-23)$$

前 4 阶矩还可以通过式（2 - 24）计算得到：

$$c_1(X) = E[X]$$

$$c_2(X) = E[X^2] - (E[X])^2 = E[(X - E[X])^2]$$

$$c_3(X) = E[X^3] - 3E[X^2]E[X] + 2(E[X])^3 = E[(X - E[X])^3]$$

$$c_4(X) = E[X^4] - 3(c_2(X))^2 \qquad (2-24)$$

为方便地对 Lévy 随机过程进行蒙特卡洛模拟，本书列出了常用的 Lévy 分布函数的随机数生成算法（见表 2-3）。当前 Lévy 随机数的生成算法方法包括累积密度函数反演算法、接受—拒绝算法以及时变布朗运动生成算法。这里主要介绍 Kou 的双指数模型、VG 模型、NIG 模型以及 CTS 模型的累积密度函数反演算法和时变布朗运动生成算法。其中，累积密度函数数值反演算法适合于密度函数结构简单的 Lévy 过程，时变布朗运动算法通过从属过程适合于具有复杂结构的 Lévy 过程。常用的从属过程有泊松过程、伽马过程以及逆高斯过程。从属过程被用来压缩其他随机过程的时间间隔。正态分布随机数采用 Box - Muller 算法生成。双指数分布生成过程为：首先生成 Poisson 分布随机数 prd，接着生成二项分布随机数 $B \sim Bino(prd, p)$，然后生成两个 Gamma 过程的随机数 $G_1 \sim Gamma(Be_1, e_2)$ 和 $G_2 \sim Gamma((prd - B)e_1, e_2)$。

表 2-3 随机数生成算法

Kou 过程随机数生成算法	VG 过程随机数生成算法
设置分布函数参数：μ, σ, λ, p, e_1, e_2； 生成漂移项：$drift = \mu t$； 生成正态分布随机数：$Nrd = BoxMuller\_rnd(0, 1)$； 生成扩散项：$diffusion = sigma \times t^{1/2} \times Nrd$； 生成 Poisson 随机数：$prd = Poisson\_rnd(\lambda)$； 　　If $prd = 0$ 　　break 　　else 生成二项随机数：$B \sim Bino(prd, p)$； 生成 Gamma 随机数：$G_1 \sim Gamma(Be_1, e_2)$； 生成 Gamma 随机数：$G_2 \sim Gamma((prd - B)e_1, e_2)$； 生成跳跃项：$Jump = G_1 - G_2$； 三项相加得到 Kou 随机数：$drift + diffusion + Jump$。	设置参数 $\{\sigma, v, \theta\}$； 生成中间参数：$C = (1/v)$； $G = \left(\sqrt{\dfrac{1}{4}\theta^2 v^2 + \dfrac{1}{2}\sigma^2 v} - \dfrac{1}{2}\theta v\right)^{-1}$； $M = \left(\sqrt{\dfrac{1}{4}\theta^2 v^2 + \dfrac{1}{2}\sigma^2 v} + \dfrac{1}{2}\theta v\right)^{-1}$； 生成 Gamma 随机过程：$Gamma\_rand(C, M)$； 生成 Gamma 随机过程：$Gamma\_rand(C, G)$； 生成 VG 随机数：$Gamma\_rand(C, M) - Gamma\_rand(C, G)$。

NIG 过程随机数生成算法	CTS 过程随机数生成算法
	设置参数 $\{C, G, M, Y\}$； 生成中间参数：$A = (G - M)/2$；$B = (G + M)/2$； 生成从属变量的中间变量：$P = \dfrac{C\sqrt{\pi}\exp(1 - Y/2)}{2^{Y/2}\Gamma\left(\dfrac{Y+1}{2}\right)\left(1 - \dfrac{Y}{2}\right)}$； 生成跳跃强度变量：$\lambda = \dfrac{2C\sqrt{\pi}}{2^{Y/2}\Gamma\left(\dfrac{Y+1}{2}\right)Y\exp(Y/2)}$
设置参数 $\{\alpha, \beta, \delta\}$； 生成中间参数：$b = \delta\sqrt{\alpha^2 - \beta^2}$； 生成从属过程逆高斯过程：$IG\_rand\ (1, b)$； 生成正态分布随机数：$BoxMuller\_rand\ (0, 1)$； 生成 NIG 随机数：$\beta\delta^2 \times IG\_rand(1, b) + \delta(IG\_rand(1, b))^{1/2} \times BoxMuller\_rand(0, 1)$。	设置控制变量：While $K < 1$； 生成均匀随机变量：U_1, U_2, U_3； 更新控制变量 $K = K - \log(U_2)/\lambda$； 生成随机跳跃量：$y = e/U_1^{(2/Y)}$； 计算跳跃判别式：$h(y, Y, A, B)$； $h = \exp\left(y\dfrac{A^2 - B^2}{2}\right)\Gamma\left(\dfrac{Y+1}{2}\right)2^Y\left(\dfrac{B^2 y}{2}\right)^{Y/2}$ $\dfrac{(2\lambda)^{-Y/2}\Gamma(y)\exp\left(\dfrac{(B^2 y)^2}{8\lambda}\right)K_{-Y}\left(\dfrac{B^2 y}{\sqrt{2\lambda}}\right)}{\Gamma(Y)\sqrt{\pi}}$； if $h > U_3$ $P = P + y$； 生成 CTS 随机数：$AP + P^{1/2}BoxMuller\_rand$。

图 2 - 1 给出了使用上述随机数生成算法模拟的股价游走过程，分别为 Kou 的双指数跳扩散过程、VG 过程、NIG 过程和 CTS 过程。可以看到，使用不同的随机数模拟生成的不同的价格路径能反映不同的价格跳跃和随机波动情形。

三、期权定价基础模型

（一）B - S 经典定价模型

金融衍生品定价应用中最广泛的期权定价理论当属 B - S 期权定价理论，在期权定价领域具有标志性的地位。大部分期权定价理论的研究都是根据 B - S 模

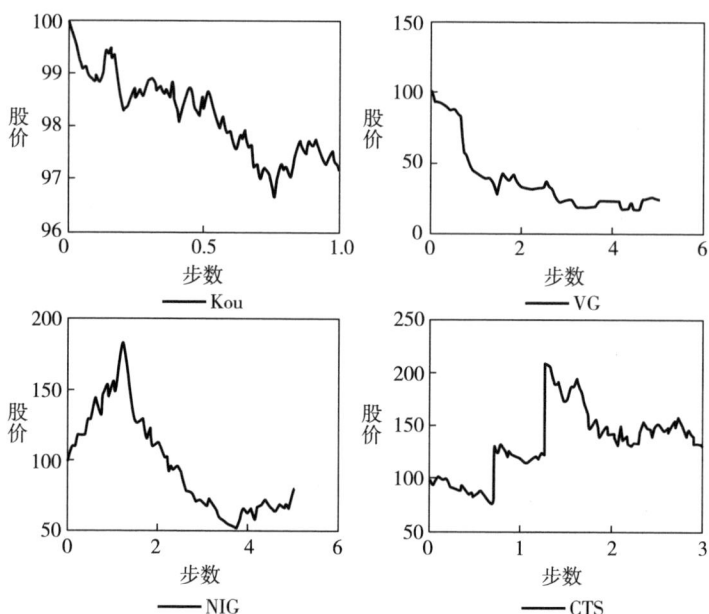

图 2 - 1 股价游走过程

型进行改进，因而先对基本定价模型进行介绍并描述模型的局限性。之后的拓展基于实证研究中公认的 B - S 期权定价模型的矛盾和不足展开：金融数据非正态特征同模型正态分布假设的矛盾，金融数据波动率的时变性与模型不变标准差假设的矛盾。

为简化模型形式，保证有显示解，B - S 模型做出了大量假设，包括：基础资产收益率服从几何布朗运动；交易时间是连续的；在证券存续期内，不产生股息；市场是无摩擦的，没有交易成本和税收；允许卖空；市场不存在套利机会。B - S 模型没有将跳跃因素考虑在内，主要研究波动率对欧式期权定价的影响。在基本模型中，定价方法为通过数学推导直接对随机方程求解。期权基础资产价格变量 S_t 服从如下的随机方程。

$$\frac{\mathrm{d}S_t}{S_t} = \mu \mathrm{d}t + \sigma \mathrm{d}W_t \qquad (2-25)$$

其中，μ 是漂移项，表示时间变化对期权标的物的影响，W_t 是标准布朗运动，σ 为波动率。

B - S 期权定价理论是建立在无套利定价理论基础上的，以无风险利率作为投资组合的收益率，与投资者主观风险偏好有关的变量没有考虑进期权定价公式，克服了投资者风险偏好对期权的影响。

根据泰勒展开、伊藤引理，有 $dS^2 = \sigma^2 S^2 dt$，对期权价格 C_t 使用伊藤引理，可得如下的偏微分方程表达式。

$$dC_t = \left(\frac{\partial C_t}{\partial t} + \frac{\partial C_t}{\partial S_t} \mu S_t + \frac{1}{2} \frac{\partial^2 C_t}{\partial S_t^2} \sigma^2 S_t^2 \right) dt + \frac{\partial C_t}{\partial S_t} \sigma S_t dW_t \qquad (2-26)$$

在完美市场中，使用期权价格 C_t 和基础资产 S_t 组成无风险组合 $P_t = \left(\frac{\partial C_t}{\partial S_t} \right) S_t - C_t$，进而得到如下的微分方程式：

$$
\begin{aligned}
dP_t &= -\left(\frac{\partial C_t}{\partial t} + \frac{\partial C_t}{\partial S_t} \mu S_t + \frac{1}{2} \frac{\partial^2 C_t}{\partial S_t^2} \sigma^2 S_t^2 \right) dt - \frac{\partial C_t}{\partial S_t} \sigma S_t dW_t + \frac{\partial C_t}{\partial S_t} \mu S_t dt + \frac{\partial C_t}{\partial S_t} \sigma S_t dW \\
&= \left(-\frac{\partial C_t}{\partial t} - \frac{\partial C_t}{\partial S_t} \mu S_t - \frac{1}{2} \frac{\partial^2 C_t}{\partial S_t^2} \sigma^2 S_t^2 + \frac{\partial C_t}{\partial S_t} \mu S_t \right) dt \\
&= \left(-\frac{\partial C_t}{\partial t} - \frac{1}{2} \frac{\partial^2 C_t}{\partial S_t^2} \sigma^2 S_t^2 \right) dt \qquad (2-27)
\end{aligned}
$$

由于该方程中不含有 dW 项，该证券组合的瞬时收益率必定与其他短期无风险证券的收益率相等。否则的话，将存在无风险的套利机会，即 $dP_t = rP_t dt$。因此有 $\frac{\partial C_t}{\partial t} + \frac{1}{2} \frac{\partial^2 C_t}{\partial S_t^2} \sigma^2 S_t^2 + rS \frac{\partial C_t}{\partial S} = rC_t$。

根据风险中性定价原理，欧式看涨期权价格 C 是期权期望值按无风险利率 r 贴现的结果，即 $C = e^{-r(T-t)} E[\max(S_T - K), 0]$，进而可以求解出 B - S 期权定价模型的表达式为 $C_t = S_0 N(d_1) - Ke^{-rt} N(d_2)$，其中，$d_1 = (\ln(S_0/K) + (r + \sigma^2/2)t)/\sigma t^{1/2}$，$d_2 = (\ln(S_0/K) + (r - \sigma^2/2)t)/\sigma t^{1/2}$。看跌期权的定价公式可以根据看涨看跌期权平价定理得到。该模型具有简洁、计算效率高等优点，在金融市场上得到了广泛应用，但其部分假设严重偏离市场实际，具体体现在：金融资产收益率具有非正态特征，偏度一般为负偏现象，这意味着股票下跌的速度要快于股票上升的速度；收益率分布的峰度一般为尖峰形态，这意味着金融收益率出现极端情形的概率要高于正态分布；尾部跳跃特征显著；波动率具有时变特征，也即通常所说的隐含波动率微笑特征，表现为期权刚开始交易的时候，隐含波动率较大，随着时间的推移波动率呈现下降趋势，接近到期日时期权价格又上升。相关的修正模型的研究也是在基于上述缺陷的基础上展开的。

（二）跳跃扩散模型基础理论

波动率的集聚性、传递性在市场上具体表现为前一日的股价剧烈波动之后，接下来几日收益波动趋向于延续波动性。在期权定价模型中，需要模型能够刻画出多重信息维度。若不考虑跳跃因素，在资产价格过程中加入随机波动因素，一般采用下列形式：

$$\frac{dS_t}{S_t} = \mu_t dt + \sqrt{v_t} dW_t \qquad (2-28)$$

其中，μ_t 是时变的漂移参数，v_t 是瞬时波动率过程，常用的描述其动态过程的均值回复平方根过程有 CIR 过程或者 OU 过程。接下来将分别给出两类常用的均值回复过程的表达式。其中，CIR 过程的动态形式表现为[68]：

$$dv_t = \kappa(\eta - v_t)dt + \lambda\sqrt{v_t}dW_t \qquad (2-29)$$

其中，κ 是均值回复速率，η 是长期方差，λ 表示波动率的波动。同时，需满足 Feller 不等式以保证波动率取值为正。

CIR 过程作为经典的刻画基础资产价格过程的随机波动性的均值回复过程，得到了广泛应用。与同是均值回复过程的 Vasicek 过程相比，CIR 过程要优于 Vasicek 过程。这是由于 Vasicek 过程无论参数怎样选择，总有正概率取到负值，而 CIR 过程却始终取非负值。CIR 过程的高阶矩特征能有效地用来刻画金融资产收益率的程式化特征。计算 CIR 过程的前 n 阶矩，对于 $m \in N$，根据伊藤定理有以下公式成立：

$$v_T^m = v_0^m - m\kappa\int_0^T v_s^m ds + \left(m\kappa\eta + \frac{1}{2}m(m-1)\lambda^2\right)\int_0^T v_s^{m-1}ds + m\lambda\int_0^T v_s^{m-\frac{1}{2}}dW_s \quad (2-30)$$

令 $l_m(s) = Ev_s^m$，在等式两边取期望并对 T 求导，可得到前三阶矩的表达式，即：

$$l_1(T) = \eta + (v_0 - \eta)e^{-\kappa T}$$

$$l_2(T) = \frac{2\kappa\eta + \lambda^2}{2\kappa}(\eta + 2(v_0-\eta)e^{-\kappa T}) + \left((v_0-\eta)^2 + \frac{\lambda^2}{\kappa}\left(\frac{\eta}{2}-v_0\right)\right)e^{-2\kappa T}$$

$$l_3(T) = \frac{(\kappa\eta+\lambda^2)(2\kappa\eta+\lambda^2)}{2\kappa^2}(\eta+3(v_0-\eta)e^{-\kappa T}) + \frac{3(\kappa\eta+\lambda^2)}{\kappa}\left((v_0-\eta)^2 + \right.$$

$$\frac{\lambda^2}{\kappa}\left(\frac{\eta}{2}-v_0\right)\right)e^{-2\kappa T} + \left(v_0^3 + \frac{(\kappa\eta+\lambda^2)(2\kappa\eta+\lambda^2)\left(\eta-\frac{3}{2}v_0\right)}{\kappa^2}\right)e^{-3\kappa T} -$$

$$\frac{3(\kappa\eta+\lambda^2)}{\kappa}\left((v_0-\eta)^2+\frac{\lambda^2}{\kappa}\left(\frac{\eta}{2}-v_0\right)\right)e^{-3\kappa T} \qquad (2-31)$$

另一类常见的均值回复过程，OU 过程可表示为下列形式：

$$dv_t = -\lambda v_t dt + dz_t \qquad (2-32)$$

其中，z_t 表示严格递增的从属过程。

在上述随机波动模型中考虑跳跃效应，依次构成了跳跃扩散模型、OU 型随机波动模型以及 Lévy 跳跃过程驱动的随机波动模型三类模型。

最早的跳跃扩散模型就是在集合布朗运动的基础上新添加一个跳跃项，使用复合泊松过程刻画高阶矩特征。这类跳跃扩散模型结构简单、生成随机数的算法成熟，但是参数众多，参数估计存在较大困难。根据不同的随机跳跃幅度，常见的跳跃扩散模型有对数正态跳跃扩散模型和双指数跳跃扩散模型。在对数正态跳跃扩散模型中，跳跃强度服从泊松分布，股票价格 S_t 在 $(t-1, t)$ 内满足以下跳跃扩散随机微分方程：

$$\frac{dS_t}{S_t} = (\mu_t - \lambda_t \cdot v)S_t dt + \sigma_t dB_t(J_t-1)dN_t \qquad (2-33)$$

其中，μ_t 是漂移参数，σ_t 是扩散参数，B_t 是标准布朗运动。N_t 是强度为 λ_t 的泊松跳跃过程，跳跃强度 λ_t 控制着跳跃概率，$J_t(>0)$ 是服从对数正态分布的跳跃幅度，假定 J_t 与 dN_t 是相互独立的，$\ln J_t \sim N(\theta, \delta^2)$，$v = E(J_t-1) = \exp\left(\theta+\frac{\delta^2}{2}\right)-1$。在 $(t-1, t)$ 段时间内发生了 N_t 次跳跃，当 $N_t = n$ 时，资产价格服从泊松跳跃的概率为 $p(N_t = n) = \frac{e^{-\lambda_t}(\lambda_t)^n}{n!}$。

双指数分布由于具有明显的尖峰厚尾特性，被引入到跳跃扩散模型中，在衍生品定价和风险管理中得到越来越多的关注。在双指数跳扩散模型中，资产价格动态过程可表示为[182]：

$$\frac{dS_t}{S_t} = (\mu-\lambda\zeta)dt + \sigma dW_t + d\left(\sum_{i=1}^{N_t} V_i - 1\right) \qquad (2-34)$$

其中，W_t 是标准布朗运动，N_t 是跳跃强度为 λ 的泊松过程，V_i 为独立同分布的非负随机变量序列。

OU 随机波动模型假设股价过程和随机波动过程具有相同的 Lévy 过程，通过在扩散项中增加 OU 过程来刻画随机波动率，最经典的是 BN – S 模型。假设波动率过程 v_t 服从 OU 过程，资产价格 S_t 的动态过程可表示为：

$$S_t = S_0 e^{Y_t}$$

$$dY_t = \left(r - \varphi(-i\rho) - \frac{1}{2}v_t \right)dt + \sqrt{v_t}\,dW_t + \rho dZ_t \tag{2-35}$$

其中，r 为无风险利率，φ 表示特征指数，Z_t 表示严格递增的从属过程，通过灵活运用 Z_t 过程，可以构造出纯跳跃模型。

Lévy 过程随机波动模型是在纯跳跃的 Lévy 过程中嵌入 CIR 过程来捕获资产价格的跳跃和随机波动特性。该模型中的连续项和跳跃项均能反映出波动的随机变化。由于跳扩散模型中仅有扩散项会影响到布朗运动，Lévy 随机波动模型可以看成是跳扩散模型的扩展模型，并且变量的特征函数显示解通常存在。若 Y_t 和 v_t 分别满足 Lévy 过程和 CIR 过程，则资产价格 S_t 的 Lévy 随机波动模型可表示为：

$$S_t = S_0 \frac{e^{rt + Y(\int_0^t v_s ds, t) + \rho v_t}}{E(e^{Y(\int_0^t v_s ds, t) + \rho v_t})} \tag{2-36}$$

其中，r 表示无风险利率，v_t 须满足 Feller 不等式，$\rho \in (-1, 1)$。

（三）经典美式期权定价理论

蒙特卡洛模拟技术很难直接对路径依赖性期权进行定价，Longstaff 和 Schwart[183] 提出了美式期权定价的最小二乘算法，构成了使用蒙特卡洛模拟技术进行美式期权定价的基础。因此，首先对经典的最小二乘美式期权定价方法进行回顾。

在无套利环境下，美式期权价格 V 根据多次最小二乘模拟结果 $V_i(w_i)$ 计算得到，用公式表示为：

$$V(w;t_k) = E^Q \left[\sum_{j=k+1}^{K} \exp\left(- \int_{t_k}^{t_j} r(w,s)\,ds \right) CF(w,t_j;t_k,T) \right] \tag{2-37}$$

其中，CF 表示预期的现金流，t_k 为第 k 个可执行日。

由式（2-37）可知，最小二乘蒙特卡洛模拟美式期权定价问题就转移到获取现金流序列上了。Longstaff 和 Schwart 在 Hilbert 空间下构造了一组基函数，即拉盖尔多项式。拉盖尔多项式对非线性函数拟合具有强大的表现力，能模拟多维幂函数、指数函数特点，其形式为：

$$L_0(X) = \exp(-X/2)$$

$$L_1(X) = \exp(-X/2)(1-X)$$

$$L_2(X) = \exp(-X/2)(1-2X+X^2/2)$$

$$L_n(X) = \exp(-X/2)\frac{e^X}{n!}\frac{d^n}{dX^n}(X^n e^{-X}) \qquad (2-38)$$

在进行回归之前，需要先剔除现金流为零的值以减少计算复杂性。首先模拟生成 N 条路径，根据 T 时刻到期时基础资产价格过程模拟值判断是否应执行期权，并据此计算当期现金流。然后，考虑前一期的情况，对于看涨期权，判断模拟价格是否高于当期执行价格，对于看跌期权，判断模拟价格是否低于当期执行价。寻找当期具有执行价值的路径。

在得到 $T-1$ 时刻的模拟现金流后，将模拟的未来现金流进行折现，然后对当期模拟价格下的拉盖尔多项式进行最小二乘估计，预测这一模型下现金流的估计，即使用 $T-1$ 期的模拟现金流对 T 期模拟价格下的拉盖尔多项式进行回归估计，回归方法如下：

$$CF(w;T-1) = \sum_{j=0}^{J} \alpha_j L_j(S_{T-1}) \qquad (2-39)$$

其中，J 为拉盖尔多项式的阶数，一般选择 3 阶或者 4 阶，α_j 为最小二乘回归系数。

得到 $T-1$ 期每条模拟路径上继续持有期权产生的现金流后，比较 $T-1$ 期执行期权的收益和继续持有期权获得的现金流，如果当期执行期权能够获得更高收益，则用当期执行收益替代预期现金流，否则用持有的现金流进行折现。通过逐步循环，得到整个时间段内每一期美式期权产生的现金流。对所有路径进行平均，得到美式期权的最终价格。此外，Longstaff 和 Schwart 还证明了在无套利的环境下，随着模拟次数的增加和拉盖尔多项式阶数的增加，估计结果将收敛于真实值。最小二乘法可用来解决路径依赖特征的期权定价问题。当进行百慕大期权时，只在可执行日进行预期现金流的折算。

第三章　基于修正的已实现阈值幂变差的股市跳跃、波动行为研究

考虑到中国的资本市场特征不同于国外的资本市场特征，本章主要在修正的已实现阈值幂变差统计量的基础上对中国股市收益率时间序列的跳跃、波动行为特征进行研究。利用时点波动的估计方法对传统的已实现阈值幂变差进行了修正，构造了新的跳跃成分检验统计量以对股市的跳跃、波动行为进行识别。在此基础上，建立了同时考虑杠杆效应和 GARCH 效应的收益波动率预测模型，对我国沪深股市的跳跃、波动行为进行实证分析。

第一节　问题提出

信息技术的快速发展，使得获取日内高频交易数据越来越容易，利用日内高频交易数据来研究资产收益率的跳跃、波动特征已经成为金融领域中的又一个热点。高频数据包含的信息量巨大，具有和低频交易数据明显不同的统计性质，比如金融资产收益率分布的厚尾特征、收益波动率的长记忆性以及交易量的日内模式等。利用高频交易数据对金融资产价格过程的跳跃波动行为进行研究是资本市场交易特征研究的重要课题之一。高频交易数据中包含了大量的短期波动信息，对于包含的高频信息进行整合可以提高波动估计的精度，以便更精确地计算尾部风险指标，更为有效地配置资本金。研究跳跃、波动行为，分析跳跃、波动行为

产生的内在机理，厘清不同类型的资本市场风险，从而准确地为资产价格动态过程建模，是衍生品定价与尾部风险管理的前提。

受宏观经济基本面因素和市场突发信息的共同冲击影响，金融资产收益率往往会产生急剧的上涨或下跌等大幅度的跳跃现象。这使得股价过程严重偏离连续的波动运动轨道，引起市场投资者的恐慌情绪，造成金融市场持续低迷的氛围。理论分析和实践均表明，风险资产价格波动过程具有随机性和跳变性。股市收益率序列和波动率序列的异常波动会引起资产价格过程的跳跃行为，这对金融衍生品定价、资产配置和尾部风险管理至关重要。对于收益波动的计量需要通过市场上可观测的样本数据来进行估计和推断。已有的连续时间框架下使用随机波动模型建模和离散框架下使用 GARCH 波动率建模的行为均是在低频交易数据基础上进行的，损失掉了大量有价值的日内信息。而随着计算机电子高频交易系统的不断完善，基于高频交易数据对金融资产收益波动的动态过程进行测度和建模成为了新的趋势，它不但充分利用了日内高频交易数据所包含的有价值信息，而且不需要使用复杂的模型进行推导，因而学者们的研究焦点便转移到了探索高频交易中资产价格波动内所包含的动态演变规律。已有的实证研究发现，沪深股市资产价格过程并非是连续变化的，还存在着非连续的突发式跳跃行为。同时，也不能忽视收益率和收益波动率之间存在的杠杆效应。[184] 将资产价格波动行为和跳跃行为区分开来分别进行研究对资产价格建模具有重要的意义。而在金融资产定价和尾部风险管理中是否考虑到了跳跃行为的存在和杠杆效应的存在，会对计算结果造成显著的差异。[185-186] 因此，在对金融资产收益率或收益波动率进行建模时，需要考虑跳跃行为的引入对未来资产价格预测的重要影响。[187]

资产收益波动率的跳跃行为在数学上可以表示为在时间 $[0, T]$ 内的随机过程 $\{Z_t\}$，在时刻 t 有 $\Delta Z_t = Z_{t_+} - Z_{t_-} \neq 0$，则认为在该段时间内发生了幅度为 ΔZ_t 的跳跃。频繁的资产价格跳跃行为和尾部特征是导致股票资产收益率呈现出非正态分布的重要原因。学者们使用日内高频交易数据，利用非参数的估计方法估计了潜在波动，发现虽然已实现波动率和已实现极值波动均是积分波动的一致、无偏估计。但是当资产价格过程中存在跳跃行为时，已实现波动率则会高估积分波动率。基于此，许多对跳跃成分进行检验的统计量便被提出。将金融资产价格的连续性波动与跳跃性波动分离开来，需要首先构造对跳跃稳健的积分波动率的估计量，进而从二次变差中对跳跃成分进行甄别。

作为新兴的资本市场，我国股市中的非理性行为会引起证券市场上异常频繁的跳跃，若直接采用国外的跳跃甄别统计量进行识别则会低估实际情况。更深入的研究需要在考虑我国资本市场特殊性的基础上对跳跃统计量进行改进。已有的跳跃甄别方法和已实现波动率预测研究并未全面地考虑到跳跃行为的存在、波动率的集聚性以及收益与波动之间的杠杆效应等一系列问题。因此，本书的跳跃成分甄别统计量将根据我国资本市场的实际情况对已有的统计量进行修正。在考察金融资产收益率波动中表现出的长记忆性、多标度行为特征时发现，当前关于资产价格波动率的预测模型的文献较少综合、全面地考虑到收益率、波动和跳跃成分之间的关联复杂关系，本书将在原有资产价格波动率预测模型的基础上考虑波动率的异方差效应。具体来说，包括以下内容：利用考虑跳跃行为和金融市场上收益和波动之间的杠杆效应的时点波动估计方法对传统的已实现阈值幂变差统计量进行了修正，构造新的跳跃检验统计量对跳跃行为进行了识别，同时结合阈值截断方法甄别了我国沪深股市股指跳跃的活动性。为了考察跳跃行为和波动率之间的相互作用，进一步建立了考虑杠杆效应和波动率聚集效应的波动率预测模型，考察不同波动率预测模型的预测性能，并对我国沪深股市的跳跃行为和波动行为进行了实证分析。

第二节　基于修正的已实现阈值幂变差的股市跳跃甄别方法

一、跳跃甄别统计量的构建

Andersen 等[188]指出，在无套利的金融市场中，一定存在着鞅测度使得金融资产价格过程可以表示为特殊的布朗运动半鞅过程，并且在忽略掉价格的跳跃行为影响时，它可以被分解为两个过程之和，即一个具有无限变差的局部鞅过程和一个局部可积的有限变差过程之和。其中，局部鞅过程是资产价格的新息过程，反映了资产价格过程的短期波动特征，而有界的变差过程则反映了资产价格过程的长期均值回归趋势。当资产价格过程中存在着跳跃行为时，金融资产价格过程可以进一步表示为布朗运动半鞅加上一个新的 Lévy 随机过程。

假设金融市场不存在套利空间，股价过程是连续的随机过程，在有限的时间内只能够获得有限的收益回报。股价过程 X_t 是定义在滤子概率空间（Ω，F（F_t）$_{t>0}$，X）上并且适应于滤子 $F(F_t)_{t>0}$ 的随机过程。此外，股价过程 X_t 服从半鞅框架下的连续时间跳跃扩散模型式（3－1）。在式（3－1）中包含了三类成分，即漂移项、连续路径方差成分和不连续的跳跃方差成分。其中，跳跃项是由有限活动率活跃程度的大幅度跳跃成分和无限活动率活跃程度的小幅度跳跃成分两部分构成的。式（3－1）中的连续变差部分代表着股市中的系统风险，大幅度的跳跃变差代表着金融市场的异质性风险，小幅度的跳跃变差则代表了金融市场中的交易风险。

$$X_t = X_0 + \int_0^t b_s d_s + \int_0^t \sigma_s dW_s + \int_0^t\int_{|x|\leq\varepsilon} x(\mu-v)(ds,dx) + \int_0^t\int_{|x|\leq\varepsilon} x\mu(ds,dx)$$

$$(3-1)$$

其中，μ 为对数收益率的跳跃测度，v 为相应的 Lévy 测度，μ、v 需要同时满足条件 $\int_{|x|\leq\varepsilon} x^2 v dx < \infty$，$b_s$ 是连续有界的漂移项，σ_s 是收益率的点波动过程，W_s 是标准布朗运动过程。

根据已有的理论，定义二次变差（QV）为连续性路径的变差和不连续的跳跃变差之和，即 $QV = \int_0^t \sigma_s dW_s + \sum_{0<s\leq t} k_s^2$。其中，$k_s$ 代表跳跃的幅度，第一项表示积分波动率（IV），代表了资产价格动态过程中的连续扩散部分，第二项为资产价格跳跃项，代表了资产价格过程中的离散型跳跃突变之和。两部分表达式分别表征了不同的价格走势，即资产价格的连续变化特征和资产价格的大幅度波动特征。将交易时间划分为 M 个区间，每个交易的子区间内的收益率表示为 $r_{t,i}$，$i=1$，2，…，M，已实现波动率可以由高频收益率的平方和构成，即 $RV_t = \sum_{i=1}^M r_{t,i}^2$。当抽样的时间间隔趋于无穷小时，已实现波动率将一致收敛于二次变差过程，在金融资产价格过程中不存在市场微观结构噪声信息和跳跃成分时，已实现波动率将是积分波动率的一致、无偏估计量。然而，当存在跳跃行为的影响

时，二次变差过程将不再等于积分波动率，这使得已实现波动不再是积分波动的无偏、一致估计量。已实现波动统计量在构造之前，没有对波动率做过多的假设。

Borndorff – Nielsen 和 Shephard[10] 把二次幂变差定义为 $BV_t = \dfrac{1}{\mu_1^2} \sum\limits_{i=2}^{1/\delta}$ $|r_{t,i}||r_{t,i-1}|$，其中，$\mu_1 = E[|U|]$，U 服从标准正态分布，$r_{t,i}$ 表示第 t 个交易日内的第 i 个时间区间内的资产价格收益率，δ 表示最小抽样间隔。当金融资产收益率过程不发生跳跃行为时，二次幂变差便是积分波动率的一致估计量，进而已实现波动率可表示为连续成分和跳跃成分之和。由于直接对跳跃成分部分进行估计存在困难，通过已实现波动率和连续部分估计量之差能近似地估计出资产价格收益波动率的跳跃成分。

为了剔除掉资产价格过程中的跳跃成分对已实现波动率估计量的影响，许多统计量构造方法被提出来，如 Mancini[13] 的阈值二次幂变差统计量。Mancini 认为，当资产价格过程中存在着多次跳跃时，二次幂变差统计量或者多次幂变差统计量会高估积分波动率，进而会低估跳跃波动成分。为此，本书引入了一个阈值，对原有的二次幂变差进行了修正，以便剔除掉跳跃行为对连续性波动的影响，并在理论上证明了阈值二次幂变差是积分波动率的无偏估计。已实现阈值二次幂变差统计量的表达形式如下所示：

$$TBV = \mu_1^{-2} \sum_{j=2}^{1/\delta} |r_{t,j-1}||r_{t,j}| I\{ |r_{t,j-1}| < \Theta(\delta) \} \qquad (3-2)$$

其中，$I\{\cdot\}$ 表示示性函数，Θ 表示阈值，需要满足条件 $\lim\limits_{\delta \to 0} \Theta(\delta) = 0$ 和 $\lim\limits_{\delta \to 0}$ $\dfrac{\delta \log(1/\delta)}{\Theta(\delta)} = 0$。

Corsi 等[19] 则发现，阈值二次幂变差有可能存在着过度修正二次幂变差的现象，在剔除掉所有剧烈的资产价格变化后，往往会低估连续性波动的成分。在此基础上，进一步地对阈值二次幂变差统计量进行了再次修正，提出了已实现阈值多次幂变差（TMPV）统计量。已实现阈值多次幂变差统计量的表达形式如下所示：

$$TMPV_t^{[\gamma_1,\cdots,\gamma_M]} = \left(\frac{1}{n_t}\right)^{1-\frac{1}{2}(\gamma_1+\cdots+\gamma_M)} \sum_{j=M}^{n} \prod_{k=1}^{M} |r_{t,j-k+1}|^{\gamma_k} I(|r_{t,j-k+1}|^2 < v_{j-k+1})$$

$$(3-3)$$

其中，n 为 t 交易日内价格观测值的总数，v 是取值为正值的随机阈值函数，γ_1，$\cdots$，γ_M 取值均为正值。

TMPV 公式能够依概率收敛到 $\prod_{k=1}^{M} 2^{\frac{\gamma_k}{2}} \dfrac{\Gamma((k+1)/2)}{\Gamma(1/2)} \int_{t-1}^{t} \sigma_s^{\gamma_1+\cdots+\gamma_M} ds$，其中 Γ 是 Gamma 函数。随机阈值函数 $v_t = c_v^2 V_t^2$，V_t 为时点波动过程 σ_s 的代理变量。除了资产价格变化的总体波动之外，资产价格的时点波动同样也很重要。其中，时点波动反映了金融风险的动态变化，是构造其他相关统计量的输入变量，时点波动估计的有效性将直接影响构造的统计量的精确程度。Lee 和 Mykland[189] 在构造跳跃成分的检验统计量中，用波动的平方根对邻近的两笔交易价格的价格改变量进行了标准化。Kristensen[190] 基于已实现波动率的性质，采用非参数的核平滑技术方法，给出了扩散过程的时点波动估计。但是，由于时点波动属于隐变量，不具有可观测性，因而大多采用非参数检验方法进行分析。

与已有文献和研究不同的是，本书研究在考虑到资产价格动态过程中广泛存在着杠杆效应和时变的跳跃行为之后，为提高跳跃行为存在时的时点波动率积分估计的精确性和有效性，V_t 的估计采用了沈根祥[14] 提出的贴合我国证券市场实证经验的估计方法，从而构建起符合我国证券市场股市行情特点的修正的已实现阈值多次幂变差（MTMPV）统计量。修正的已实现阈值二次幂变差（$MTBV_t$）可以表示为 $MTBV_t = \mu_1^{-2} MTMPV_t^{[1,1]}$，修正的已实现阈值三次幂变差（$MTTP_t$）可以表示为 $MTTP_t = \mu_{4/3}^{-3} MTMPV_t^{[4/3,4/3,4/3]}$。其中，$\mu_k = 2^{k/2} \Gamma((k+1)/2)/\Gamma(1/2)$。因此，从二次变差中分离出的跳跃成分可以表述为 $J_t = RV_t - MTBV_t$。

根据 Mancini 和 Renò[191] 对跳跃扩散过程统计量的研究结论，当时间间隔 $\delta > 0$ 足够小时，金融资产价格随机过程在 δ 时间内的相关变化量 $\Delta_t \ln X_t$ 是有界的，其值小于 $\sqrt{\delta \ln(1/\delta)}$。依据布朗运动的运动轨迹所具有的性质对泊松过程所刻画的跳跃行为进行过滤。通过将大于阈值函数值 $v(\delta)$ 的相关价格变量消除掉，将跳跃行为产生的 $(\Delta_t \ln X_t)^2$ 计算项从加权求和的计算公式中过滤掉，进而剔除了过大的跳跃行为对时点波动产生的影响。对于时点波动的估计需要利用非参数的核平滑处理技术来处理。对此，沈根祥[14] 在此基础上构造出了伊藤半鞅过程下对金融资产价格的跳跃行为具有稳健性的时点波动 V_t 的估计量，在渐进的状态下该统计量不受金融资产价格跳跃行为的影响，其表达式为：

$$V_t = \frac{\sum_{i=1}^{n} K_h(t_i)(\Delta_i \ln X_t)^2 I_{|((\Delta_i \ln X_t)^2 \leqslant v(\delta)|}}{\sum_{i=1}^{n} K_h(t_i)\delta} \qquad (3-4)$$

其中，式中的代理变量 V_t 是 σ_t 的一致、渐进估计量，表达式 $\sqrt{nh}(V_t^2 - \sigma_t^2)$ 稳态收敛到 $N(0, \sigma_t^4 K_2)$。阈值函数 $v(\delta)$ 满足当 δ 趋于 0 时，阈值函数的极限值趋于 0，并且需要满足条件 $\lim_{\delta \to 0}(\delta \ln(1/\delta))/v(\delta) = 0$。核函数 $K(\cdot)$ 表示非负的实值连续函数，并且满足条件 $\int K(z) \, dz = 1$ 和条件 $\lim_{|z| \to \infty} |z| K(z) = 0$。最优核函数 $K(z)$ 选取了 Epanechnikov 的核函数形式以最小化真实的波动率和代理变量的平方积分误差。带宽 h 需要满足条件 $K_h(s) = h^{-1}K[(s-t)/h]$。最优带宽的选取是使积分平方的误差值达到最小所得到的参数。根据 Christensen 和沈根祥的研究，其最优带宽参数为：

$$h = \text{argmin} \sum_{i=1}^{n} \frac{n}{3} \sum_{i=1, t_i \neq t}^{n} (K_h(t_i)(\Delta_i \ln X_t)^4 I_{|(\Delta_i \ln X_t)^2 \leqslant \theta(\delta)|}\delta -$$

$$(\Delta_i \ln X_t)^2 I_{|(\Delta_i \ln X_t)^2 \leqslant \theta(\delta)|}\hat{\sigma}^2_{-i,t,t-1}\delta) \qquad (3-5)$$

根据随机阵列和中心极限定理等相关理论，可以证明上述表达式对时点波动的估计量具有渐进正态性。令 N_i 表示时间区间 $[t_{i-1}, t_i]$ 上发生的跳跃次数，$\ln X^c$ 表示金融资产价格过程中的跳跃、波动连续部分，当式（3-5）中的抽样时间间隔趋于无穷小时，可以得到 $(\Delta_i \ln X_t)^2 I_{|((\Delta_i \ln X_t)^2 \leqslant v(\delta)|} = (\Delta_i \ln X_t)^2$。因此，有：

$$\sum_i K_h(t_i)(\Delta_i \ln X_t)^2 I_{|((\Delta_i \ln X_t)^2 \leqslant v(\delta)|}$$

$$= \sum_i K_h(t_i)(\Delta_i \ln X_t)^2 I_{|((\Delta_i \ln X_t)^2 \leqslant v(\delta)|} I_{|N_i = 0|} +$$

$$\sum_{t_i \neq t} K_h(t_i)(\Delta_i \ln X_t)^2 I_{|((\Delta_i \ln X_t)^2 \leqslant v(\delta)|} I_{|N_i \neq 0|}$$

$$= \sum_i K_h(t_i)(\Delta_i \ln X_t^c)^2 + \sum_{t_i \neq t} K_h(t_i)(\Delta_i \ln X_t^c)^2 I_{|N_i \neq 0|} \qquad (3-6)$$

根据泊松跳跃过程的性质，有 $\sqrt{nh}(V_t^2 - \sigma_t^2) = \sum_{t_i \neq t} K_h(t_i)(\Delta_i \ln X_t^c)^2$

$I_{|N_i \neq 0|} \Big/ \sum_{i=1}^{n} K_h(t_i)\delta \to 0$。

在 TMPV 跳跃检验统计量的基础上，本书研究将借鉴 Corsi 等[19] 使用的 C_TZ 统计量进行跳跃行为的识别。本书研究基于上文中新构建的修正的已实现阈值多次幂变差（MTMPV）统计量的估计式，相应地构建了修正的 C_TZ 统计量（MTZ）来检验金融资产收益率的二次变差中的跳跃成分，见式（3-7）。相比于国外已有文献中的跳跃检验估计量主要是针对国外发达资本市场的特点而构造的，本书研究所构建的跳跃检验甄别方法防止了资产价格动态过程中的部分跳跃成分被包含在波动率的连续性变动成分中进而造成我国证券市场上资产价格动态过程中的跳跃行为被低估的现象，并对我国金融资产价格的跳跃成分的检验进行了符合我国金融市场实际的偏差修正。

$$MTZ_t = \frac{\dfrac{RV_t - MTBV_t}{RV}}{\sqrt{\left(\left(\dfrac{\pi}{2}\right)^2 + \pi - 5\right)\dfrac{1}{n_t}\max\left(1, \dfrac{MTTP_t}{CTBV_t^2}\right)}} \qquad (3-7)$$

当抽样的时间间隔趋于无限小时，上述新构建的跳跃成分甄别统计量将渐进地服从标准正态分布。当 MTZ_t 的取值高于显著性水平 α 的临界值 Φ_α 时，金融资产价格收益率的跳跃行为便是显著的。基于构造的 MTZ 统计量，金融资产收益波动率的跳跃行为序列可由式 $J_t = I(MTZ_t > \Phi_\alpha) \times (RV_t - MTBV_t)$ 估计出来。其中，I 代表示性函数，在满足条件时其值为 1，否则其值为 0。

二、跳跃活动程度检验

资产收益率的跳跃项的活动程度会对金融衍生品的投资决策产生重要的影响。具体来说，小幅度的金融资产收益率的跳跃活动在很大程度上将会影响着许多高频交易策略的投资成效。而大幅度的金融资产价格跳跃行为所体现的内在厚尾事件在资产价格上表现为资产收益分布的厚尾特征。厚尾分布将会对以 VaR 和 ES 为代表的尾部损失等风险测量指标的估计产生重要的影响。本小节将继续沿用已有的统计检验方法对跳跃活动的程度进行检验。

不论是采用参数方法还是采用非参数方法，都遵循着在存在跳跃成分和不存在跳跃成分时，跳跃检验的统计量会表现出明显差异的原则。令 $\Delta_i^n X = X_{i\Delta_n} - X_{(i-1)\Delta_n}$ 表示金融资产价格过程的增量，式中包括了漂移项增量、扩散项增量和跳跃项增量。Aït-Sahalia 和 Jacod[192] 构造了在 $[0, T]$ 的时间间隔内抽样频率为 Δ_n 的资产价格增量上的截尾阈值已实现幂变差 $B(p, u_n, \Delta_n)$ 统计量来估计积分方差。

$$B(p, u_n, \Delta_n) = \sum_{i=1}^{[T/\Delta_n]} |\Delta_i^n X|^p 1_{\{|\Delta_i^n X| \le u_n\}} \qquad (3-8)$$

其中，改变上式中的幂指数 p（>0），通过截断水平 u_n 和抽样频率 Δ_n 可以考察对收益波动的检验效果。幂指数 p 的作用在于调整漂移项的增量、扩散项的增量和跳跃项的增量对和式的贡献比例。当 $p < 2$ 时，将进一步扩大扩散项对和式的贡献比例；当 $p > 2$ 时，将扩大跳跃项在和式中的贡献比例；当 $p = 2$ 时，跳跃项和扩散项对和式的贡献比例是相等的。示性函数 $1\{\,\cdot\,\}$ 代表了金融资产价格过程中当跳跃程度小于阈值截断水平 u_n 时的波动，其含义为资产价格增量的绝对值超过阈值水平的幂次项将不会参与到求和计算中。由于在有限的时间间隔内的大幅度跳跃行为发生的次数有限，通过设定合理的阈值水平 u_n，可以截断大幅度的跳跃成分，保留扩散增量部分。

当抽样的间隔速度加快时，相应的阈值截断水平会逐渐地变小，在渐进的抽样过程中，阈值截断水平总是会将那些小于大型跳跃规模的跳跃部分剔除掉。当幂变差 B 的抽样间隔趋于无穷小时，其具有良好的渐进属性。由于资产价格过程的增量的二次变差可以分解成连续变差和跳跃变差，并且当幂指数 $p = 2$ 时，资产价格二次变差中的连续变差和跳跃变差成分将渐进相等，通过比值 $\sum_{i=1}^{[T/\Delta_n]} |\Delta_i^n X|^2 1_{\{|\Delta_i^n X \leqslant u_n|\}} \Big/ \sum_{i=1}^{[T/\Delta_n]} |\Delta_i^n X|^2$ 可以确定资产价格二次变差中的连续变差，扣除连续变差后二次变差中的剩余部分便为跳跃变差。而二次变差的计算可以通过设定阈值截断水平为无穷大的情形来实现。根据阈值截断水平设定的不同，金融资产价格的跳跃变差能进一步地分离为大规模的跳跃变差和小规模的跳跃变差，因而也就可以用来检验跳跃的活动性是属于有限活跃的大型跳跃还是属于无限活跃的小型跳跃。

伊藤半鞅过程在 $[0, T]$ 的时间间隔内能够产生有限次的大幅度跳跃，而对于小幅度的跳跃行为发生的次数是有限次数还是无限次数却是不确定的。对于价格过程中跳跃项活动程度的检验，即检验跳跃行为是有限活跃的还是无限活跃的，共有三种检验方法。

检验方法一：原假设为资产价格过程 X_t 的跳跃成分具有无限的跳跃活跃性，而对于是否包含连续的布朗运动成分则并不确定。检验过程选取实数 $p' > p > 2$ 和 $\gamma > 2$，使用比值 S_1 检验资产价格跳跃的活动性。

$$S_1 = \frac{B(p, \gamma u_n, T/\Delta_n) B(p', \gamma u_n, T/\Delta_n)}{B(p', u_n, T/k\Delta_n) B(p', \gamma u_n, T/k\Delta_n)} \tag{3-9}$$

根据渐进理论和中心极限定理，当资产价格的增量过程中存在着无限活跃程度的小型跳跃时，上述比值的极限为 $\gamma^{p'-p}$，否则，该统计量的值为 1。

检验方法二：使用 Blumenthal－Getoor（β）指数检验金融资产收益率的跳跃活动性为有限程度活跃性还是无限程度活跃性的，它是依据资产价格过程测度变量偏离零的速率来考察金融资产价格过程中的跳跃活动性，而形成了一系列的结论。当 β 指数的取值介于（0，1）时，金融资产价格的跳跃形态呈现出无限活跃的 Lévy 跳跃；当 β 指数的取值介于（1，2）时，金融资产价格的跳跃形态呈现出广义双曲跳跃；当 $\beta=0$ 时，金融资产价格的跳跃类型为符合泊松跳跃过程的跳跃类型；当 $\beta=2$ 时，金融资产价格过程仅有布朗运动的连续成分存在。

检验方法三：原假设为金融资产价格过程 X_t 的跳跃成分具有有限的活跃性，备择假设为资产价格过程 X_t 的跳跃成分具有无限的活跃性，选取整数 $k>2$ 和实数 $p>2$，使用比值 S_2 来检验资产价格跳跃行为的类型。

$$S_2 = \frac{B(p,\ u_n,\ kT/\Delta_n)}{B(p,\ u_n,\ T/\Delta_n)} \tag{3-10}$$

通过设定跳跃检验统计量中尾部阈值截断的方式，可以将大幅度的跳跃与小幅度的跳跃进行分离，进而消除了大幅度的跳跃行为对跳跃检验统计量产生的影响。如果金融资产价格过程中存在着无限活跃程度的小型跳跃，则无论阈值水平如何进行设置最终都不能完全消除掉资产价格增量中的无限小型跳跃。根据渐进理论和中心极限定理，当资产价格增量过程存在着无限活跃程度的小型跳跃时，比值 S_2 的极限为 1；当资产价格增量过程中存在着有限活跃程度的大型跳跃时，比值 S_3 的极限为 $k^{p/2-1}$。将 S_2 标准化为 S_3 的渐进分布服从标准正态分布。

$$S_3 = \frac{S_2 - k^{p/2-1}}{\sqrt{M(p,\ k)\dfrac{B(2p,\ u_n,\ T/\Delta_n)}{B(p,\ u_n,\ T/\Delta_n)^2}}} \tag{3-11}$$

$$M(p,\ k) = \frac{1}{m_p^2}(k^{p-2}(1+k)m_{2p} + k^{p-2}m_p^2 - 2k^{p/2-1}m_{k,p}) \tag{3-12}$$

$$m_p = \pi^{-1/2}2^{p/2}\Gamma\left(\frac{p+1}{2}\right) \tag{3-13}$$

$$m_{k,p} = \frac{2p}{\pi}(k-1)^{p/2}\Gamma\left(\frac{p+1}{2}\right)^2 F_{2,1}\left(-\frac{p}{2};\ \frac{p+1}{2};\ \frac{1}{2};\ \frac{-1}{k-1}\right) \tag{3-14}$$

其中，Γ 为伽马函数，$F_{2,1}$ 为高斯超几何函数。

第三节　扩展的已实现波动率预测模型

对金融资产收益率的波动率进行预测与金融资产定价理论、最优资产组合的选择以及金融尾部风险的测度与风险管理密不可分。随着金融高频交易数据的可得性增强，学者们逐渐利用日内高频交易数据进行收益波动率的预测。

在刻画收益波动率的长记忆性上，ARFIMA – RV 模型和 HAR – RV 模型都是利用高频交易进行预测的经典模型。ARFIMA 分整模型需要构建分数差分算子，因而会损失掉大量的观测值，进而会损失很多有价值的交易信息。与 ARFIMA – RV 模型相比，HAR – RV 模型具有更强的可扩展性和清晰的经济学含义，逐渐成为金融资产价格波动率预测的基准模型。相比于 ARFIMA 模型，HAR – RV 模型避免了 ARFIMA – RV 模型的复杂估计过程，而且也能复制出金融资产收益率序列的长记忆性和收益分布的厚尾特征。HAR – RV 模型根据不同滞后期的波动率对已实现波动率的影响不同，使用下列形式的表达式将已实现方差对其不同时间周期的滞后成分进行回归，RV 由其自身的滞后项和误差项之和构成。

$$\ln RV_{t+1} = \alpha_1 + \alpha_2 \ln RV_t + \alpha_3 \ln RV_{t_{i-5}} + \alpha_4 \ln RV_{t_{i-22}} + \varepsilon_{t+1} \qquad (3-15)$$

其中，RV_t，$RV_{t_{i-5}}$，$RV_{t_{i-22}}$ 分别表示日度的已实现波动率、周度的已实现波动率和月度的已实现波动率，将其作为解释变量，符合金融市场研究对日度、周度和月度三种波动水平的统计特点，并且月度滞后期足以刻画波动率的长记忆特性。由于跳跃行为的广泛存在性，Andersen 等[188]的 HAR – CJ 模型将资产价格的跳跃变差序列考虑在内，以考察收益波动率的跳跃成分对未来资产价格波动率的影响。将 RV_t 的滞后项替换为连续序列 MC_t 的滞后项，考察了资产价格跳跃序列与收益波动率序列的如下关系。

$$\ln RV_{t+1} = \alpha_1 + \alpha_2 \ln MC_t + \alpha_3 \ln MC_{t_{i-5}} + \alpha_4 \ln MC_{t_{i-22}} + \alpha_5 \ln J_t + \varepsilon_{t+1} \qquad (3-16)$$

金融市场的利好消息与利空消息对股市收益波动的冲击性表现出非对称的特点。本书中，为了进一步吸收资产收益率和波动率之间的杠杆效应，以刻画收益波动率和收益率之间的不对称行为，进一步地引入了标准化的收益率。同时，考虑到资产价格波动率误差项的异方差特性，将波动率的残差项设定为异方差的 GARCH 形式，构建了如式（3-17）所示的新的对数形式下的高频已实现波动率模型，即带跳跃的非对称异质自回归异方差模型（AHAR-GARCH-CJ），以考察将波动率的异方差和集聚效应作为解释变量加入到高频波动率模型中的效果，以及其对已实现波动模型预测能力的影响。

$$\ln RV_{t+1} = \alpha_1 + \alpha_2 \ln MC_t + \alpha_3 \ln MC_{t_{i-5}} + \alpha_4 \ln MC_{t_{i-22}} +$$

$$\alpha_5 \ln J_t + \alpha_6 \ln \frac{r_t}{\sqrt{RV_t}} + \varepsilon_{t+1}$$

$$\varepsilon_{t+1} = \sigma_{t+} \sqrt{\frac{v-2}{v}} \frac{r_{t+1}}{\sqrt{RV_{t+1}}}, \quad \frac{r_{t+1}}{\sqrt{RV_{t+1}}} \sim t(v)$$

$$\sigma_{t+1}^2 = \beta_1 + \beta_2 \varepsilon_t^2 + \beta_3 \sigma_t^2 \qquad\qquad (3-17)$$

其中，$\dfrac{r_t}{\sqrt{RV_t}}$ 表示标准化的收益率，MC_t 表示基于修正的已实现阈值幂变差统计量估计的连续波动率序列。MC_t，$MC_{t_{i-5}}$ 和 $MC_{t_{i-22}}$ 分别指代周期为日度的短期高频连续波动率、周期为周度的中期高频连续波动率和周期为月度的长期高频连续波动率。α_6 衡量了收益率和波动率之间的杠杆效应的大小，表示前期的价格收益率对后期的收益波动率的冲击影响，若小于 0，表明正向的收益率冲击小于负向的收益率冲击，也反映了金融市场上的大部分投资者的风险厌恶偏好。J_t 表示基于已实现幂变差估计出来的跳跃方差部分。将资产收益率的扰动项设定为 GARCH 模型能够很好地刻画资产收益率的残差项中的波动率集聚特征。

第四节　实证研究

一、跳跃识别

由于国内外已有大量关于国际金融危机前后的股市跳跃、波动特征的实证研究，本书基于高频交易数据的可得性着重分析近年来我国股市的跳跃、波动形态。实证研究选取的数据为 2014 年 5 月 27 日至 2016 年 10 月 21 日我国证券市场上证综指和深证成指的 5 分钟高频交易数据。已有的研究证明，证券市场上的 5 分钟高频交易数据受市场微观结构噪音的影响最小[193]。每个交易日均选取 9：35 ~ 11：30 及 13：05 ~ 15：00 时间区间段内的高频交易数据，日内数据总共包括了 48 个 5 分钟高频交易数据，总计 28155 个 5 分钟高频数据。数据均来源于 Wind 资讯金融数据库。根据上文中对已实现波动率的定义可以计算得到日内的已实现波动率，使用新提出的修正的已实现阈值二次幂变差 $MTBV_t$ 统计量对我国上证综指和深证成指的高频交易数据进行跳跃成分甄别，进而从收益波动率中分离出价格过程的跳跃成分后，对资产价格的跳跃序列的统计特征、跳跃活动性等进行研究，最后采用新构建的 AHAR - GARCH - CJ 波动率预测模型进行样本外的预测。

表 3 - 1 为我国股指已实现波动率 RV_t、修正的已实现阈值二次幂变差 $MTBV_t$ 和资产价格跳跃序列 J_t 的描述性统计量。对数形式的股票指数标准差分别为 0.0731 和 0.0956，偏离程度较大，说明股指波动率在这一时间区间内具有很大的变化。而 Ljung - Box 统计量揭示了时间序列自身的相关性，计算发现连续变差序列的自相关性很强，而跳跃变差序列的自相关性很弱，不具有持续性。股指收益率波动的强相关性主要是来源于股指收益波动中连续性波动成分的强相关性。收益波动中连续变差的高度自相关性是造成资产价格波动率集聚效应的重要原因。无论是上证综指还是深证成指，对数形式的修正的已实现阈值二次幂变差均接近正态分布，这也验证了所构造统计量的准确性。资产价格跳跃序列的峰度值和偏度值显著过大，说明上证综指和深证成指具有明显的尖峰厚尾的分布特征。从经济意义上来讲，资产收益分布的尖峰厚尾特征反映了资本市场收益波动的正相关性，资本市场上存在正的反馈效应。已实现波动率和连续变差波动率均较大，说明连续变差部分是日波动率的主要组成部分。深证成指波动率以及幂变差的均值和标准差均高于上证综指相应的计算结果，说明我国深市相比于沪市投资风险相对更大，投机性更强。

图 3 - 1 展示了上证综指和深证成指的 RV_t、$MTBV_t$ 和 J_t 的时间序列图。如图 3 - 1 所示，上证综指和深证成指波动、修正的已实现阈值幂变差和跳跃序列存在着显著的集聚特性，尤其是在 2014 年 12 月至 2015 年 1 月以及 2015 年 6 月

表 3 - 1　描述性统计量

	上证综指			深证成指		
	$\ln RV$	$\ln CTBV$	$\ln J$	$\ln RV$	$\ln CTBV$	$\ln J$
均值	− 5. 2934	− 7. 9039	0. 00007	− 6. 3789	− 6. 4236	0. 0001
标准差	0. 0731	0. 0681	0. 00009	0. 0956	0. 0716	0. 00014
偏度	0. 1985	0. 1151	3. 8926	0. 2055	0. 1473	4. 0024
峰度	3. 4455	2. 953	28. 1633	3. 6228	3. 1453	29. 3942
L – B（10）	189. 9875	534. 1582	52. 1742	193. 5566	580. 3956	49. 1603

注：L – B（10）是滞后 10 阶的 Ljung – Box 统计量。

至 2015 年 10 月期间，并且上证综指的收益波动率集聚效应强于深证成指的波动率集聚效应。同尖峰厚尾分布特征类似，波动率集聚效应也体现了资本市场的波动的正相关性和正反馈效应。与之前文献做法不同的是，本书的跳跃序列不仅给出了股指收益序列的向上跳跃，并且展示了股指收益序列的向下跳跃。在与波动率集聚效应相同的时间区间内，股指跳跃序列出现突变，价格跳变频繁发生，深证成指的跳跃突变明显强于上证综指，股指的较大波动都与跳跃密切相关。同时，对比了使用 C_TZ 统计量与本书的 MTZ 统计量估计的跳跃序列，发现使用本书所构造的跳跃甄别统计量所甄别出的跳跃数目明显多于前者，说明了本书所构造的跳跃检验统计量的有效性。限于篇幅，图示在此略去。

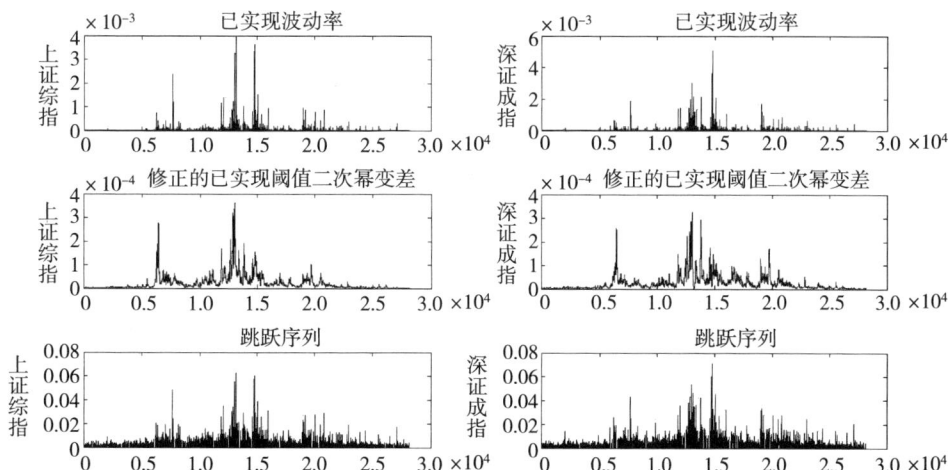

图 3 - 1　RV_t、$MTBV_t$ 和 J_t 序列图

图 3-2 为收益波动率分解的成分对应序列的自相关图。上证综指和深证成指已实现波动率滞后 1 阶的自相关性显著，滞后 2 阶之后的自相关性不再显著。而沪深股指修正的阈值二次幂变差序列具有很高的序列相关性，直到滞后 20 阶，其序列自相关性仍非常显著。股指跳跃序列的自相关性不显著。说明我国上证综指和深证成指的动态相依性主要是由修正的已实现阈值二次幂变差引起的，资产收益率二次变差中的连续变差部分是多期显著相关的，具有长记忆性，而跳跃多是由市场上的异质性因素引起，独立性较强，往往与市场上重大的经济或者金融信息等宏观信息发布产生的冲击相关联。

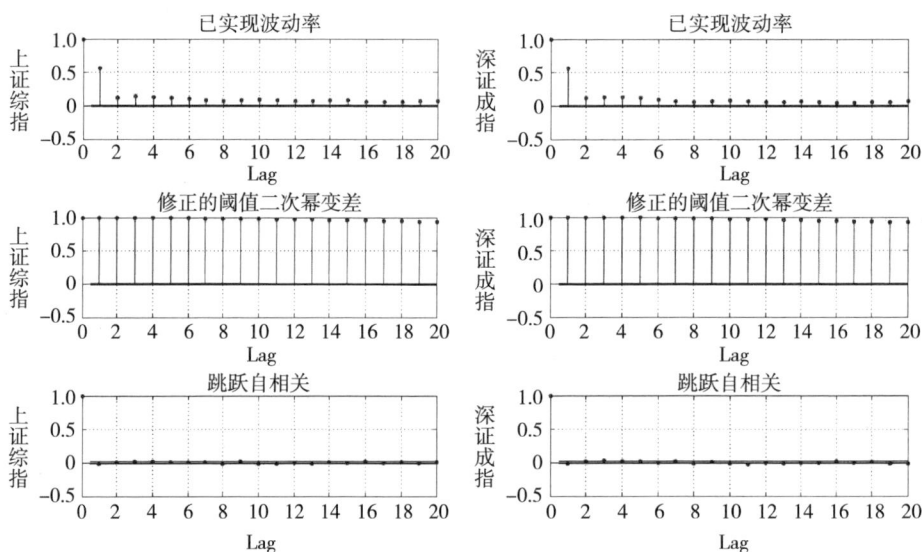

图 3-2 RV$_t$、MTBV$_t$ 和 J$_t$ 自相关图

表 3-2 是使用跳跃活动性检验统计的我国股指跳跃甄别结果。其中，截断水平 u_n 代表波动超过伊藤半鞅过程的连续成分的标准差倍数，本书中分别设定为 $k=3$、4；$p=3$、4。在设定了截断水平后，若不存在众多的小幅度跳跃，伊藤半鞅过程的运动过程应类似于连续的布朗运动过程。实证结果显示，跳跃活动性检验值分布在 1 周围，表明金融资产价格增量过程同时具有无限活跃程度的跳跃和有限活跃程度的跳跃，并且以无限活跃程度的跳跃为主。从圆括号内的相应 p

值均小于 0.05 可以判断出，显著性水平 0.05 下的 5 分钟高频股指收益率数据不能拒绝无限活跃程度的跳跃存在的原假设。

表 3-2 跳跃活动性检验

	$k=3$		$k=4$	
	$p=3$	$p=4$	$p=3$	$p=4$
上证综指	1.3543（0.0265）	1.2108（0.0174）	1.4289（0.0318）	1.2633（0.0196）
深证成指	1.2733（0.0199）	1.1762（0.0085）	1.2574（0.0186）	1.2055（0.0097）

研究金融资产价格跳跃的活动性均是对存在着跳跃行为的金融资产而言的。图 3-3 是使用了跳跃活跃性检验方法二与跳跃活跃性检验方法三得到的我国上证综指和深证成指的跳跃类型及跳跃活动性检验结果图。从股指跳跃的活动性强度测度结果来看，上证综指的 β 指数计算结果介于 0.3 到 0.85，说明上证成指跳跃行为呈现出无限活跃 Lévy 跳跃类型，深证成指的 β 指数计算结果介于 0.3 到 0.7，说明深证成指的跳跃行为也同样呈现出无限活跃 Lévy 跳跃类型。这表明使用具有无限活跃特性的 Lévy 跳跃过程描绘金融资产价格的动态过程，在衍生品定价和尾部风险管理中的预测精确性会更高。对我国上证综指和深证成指收益序列的跳跃类型进行检验得到的检验值均在（0，0.6）范围内，这也表明我国证券市场上金融资产价格的跳跃过程呈现出无限活跃程度的小幅度跳跃，同时上证综指和深证成指的跳跃类型直方图的分布形态并未呈现出类似正态分布的特征，说明上证综指和深证成指收益率存在着大量小幅度的无限活跃程度的跳跃行为同时还存在着少量的大幅度的有限活跃程度的跳跃行为。上证综指与深证成指的跳跃类型直方图类似，说明沪深股指收益率的变化趋势趋同，具有很大的相关性。只有在价格增量因重大信息冲击而变化巨大时才会呈现出明显差异。由资产价格跳跃变差在二次变差中的占比可以看出，我国上证综指与深证成指的跳跃成分变差在二次变差中均为 8%，说明系统性的跳跃风险和异质性跳跃风险所占据的比例较小，连续波动率占据了二次变差中的主体，即资本市场中收益率的随机波动风险在跳跃波动风险中占据了主导地位。但是跳跃风险在资产价格动态建模中的作用仍然不可忽视。跳跃风险和波动风险的不同占比大体上反映了我国沪深股市价

格变化中不同风险来源的相对大小。现阶段我国股市中的投机性交易居多,股票的流动性较强,由于个体投资者之间的异质性差异较大,在异质信念的驱动下投资者对市场的预期容易产生分化,交易频繁发生,由此造成市场微观结构变化带来的价格波动频繁发生。

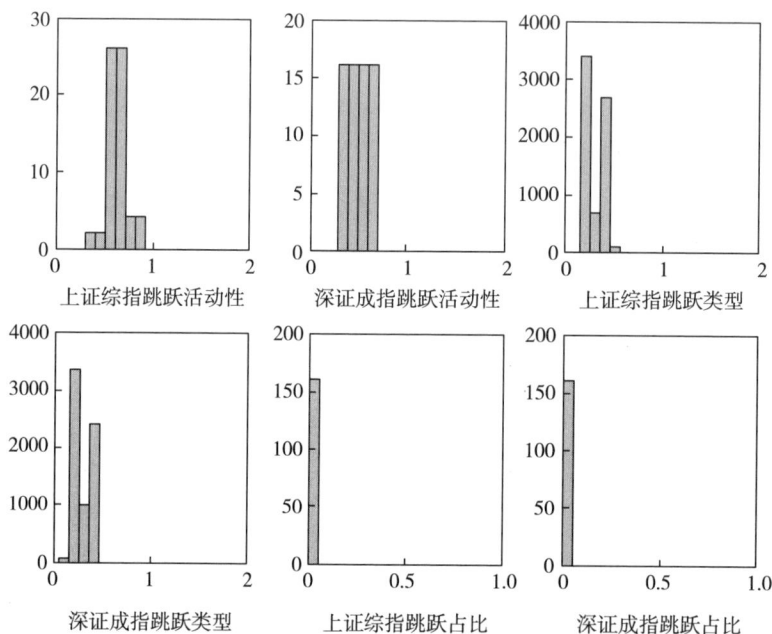

图 3-3 跳跃类型及跳跃活动性

综上所述,在伊藤半鞅框架下,金融资产价格过程既包含了跳跃成分又包含了随机波动等相对平缓的连续成分。金融资产价格跳跃过程中伴随着大量的无限活跃程度的小幅度跳跃和少量的有限活跃程度的大幅度跳跃。所得到的研究结论能够有效地提高金融资产价格动态建模的精确性,对于衍生品定价和尾部风险管理,以及投资组合风险管理具有重要的意义。确切地说,在金融衍生品定价尤其是欧式期权定价中,在从物理测度到风险中性测度的测度变换中,金融资产价格动态的无限活跃跳跃情况和波动状态及其相对比例在两种概率测度下均会对定价的结果产生重要的影响。带有跳跃的随机波动模型和不带跳跃的随机波动模型对不同到期日的期权定价产生的影响不同，其价外期权趋近于 0 的衰减速率分别为线性的和指数的。股市中的跳跃行为带来的单资产风险以及多种资产之间的时变相关性也是投资者制定投资策略，对冲风险的重要影响因素。

二、波动预测效果

为研究跳跃风险对收益波动率预测精度的影响，以我国上证综指和深证成指 2016 年 9 月 1 日之前的数据为估计样本，对 2016 年 9 月 1 日至 10 月 21 日之间的收益波动率进行了样本外预测，共计 1440 个预测样本。表 3 - 3 为使用 AHAR - GARCH - CJ 模型计算的样本内参数估计结果。进而，通过分别估计短期、中期和长期的 AHAR - GARCH - CJ 波动率预测模型的参数来分析跳跃和波动率之间的关系。模型参数的估计采用两步法估计得到，先对不带 GARCH 集聚效应的 AHAR - GARCH - CJ 模型进行参数估计，再对所得到的误差项进行 GARCH 集聚效应估计。

系数 α_2、α_3 和 α_4 分别表示收益波动率的连续变化成分对已实现波动率产生的短期效应、中期效应和长期效应，分别衡量了前一个交易日、前一周交易日和前一个月交易日的波动率连续变化成分对当期波动率的影响。如表 3 - 3 所示，我国上证综指和深证成指的 α_2、α_3 和 α_4 的 t 检验值结果均显著，说明当日的连续变差波动率、过去一周和过去一月的连续变差波动率对未来一日的收益波动率均有明显的影响，波动率序列存在着较强的长记忆性，波动率的预测值随着预测周期的变长而逐渐减小。上证综指和深证成指的 α_6 值都为负值，说明我国股市波动率与收益率之间存在着非对称的效应，负向的收益率对我国股市的冲击产生的影响大于正向的收益率对股市产生的冲击影响。而资产价格跳跃对已实现波动率的参数 α_5 的作用显著，说明根据修正的已实现阈值幂变差估计的跳跃序列对未来的收益波动率预测造成的影响明显，资产价格跳跃类型和活动率类型能够很好地解释金融波动率变化趋势形成机制，因而不能忽视跳跃风险对已实现波动率的显著作用。本章的研究弥补了以往文献由于检验统计量计算偏差而低估跳跃变差对收益波动率预测的影响而存在的缺陷。从时间序列上看，随着滞后期的增加，中期、长期的资产价格跳跃对收益波动率的影响逐渐减弱。同时，对数形式的价格跳跃对收益波动率的影响参数值中短期影响值为 0.1452，中期影响值为

0.1301，长期影响值为0.0998，这与图3-3未采用对数形式的估计结果一致。我国金融资产价格跳跃成分对股市波动率造成的影响虽然不如连续波动成分造成的影响那样作用显著，但跳跃风险对波动率产生的明显正向作用不可忽视。与GARCH误差部分的估计结果相对应的p值结果显著，验证了误差项的集聚性和厚尾性的存在。

表3-3　样本内波动率模型估计结果

	短期		中期		长期	
	$\ln RV_t - S$	$\ln RV_t - H$	$\ln RV_t - S$	$\ln RV_t - H$	$\ln RV_{t-} - S$	$\ln RV_t - H$
α_1	-0.2123	-0.2533	-0.3019	-0.2817	-0.3588	-0.3199
	(-0.1053)	(-0.1283)	(-0.1948)	(-1.1684)	(-1.2403)	(-1.2007)
α_2	0.1532*	0.1772*	0.1225*	0.1338*	0.1134*	0.1006*
	(3.1471)	(3.1566)	(2.9746)	(3.0579)	(2.8819)	(2.7974)
α_3	0.6543*	06827*	0.5428*	0.5119*	0.4847*	0.4527*
	(10.2205)	(10.2506)	(8.8974)	(8.4561)	(0.8023)	(0.7945)
α_4	0.3588*	0.3274*	0.2590*	0.2887*	0.2523*	0.2455*
	(7.4558)	(7.3855)	(6.3733)	(6.4502)	(6.3597)	(6.3006)
α_5	0.1338*	0.1567*	0.1285*	0.1317*	0.1022	0.0974
	(4.1516)	(4.2327)	(3.8995)	(4.1508)	(8.2546)	(8.0504)
α_6	-0.0547*	-0.0784*	-0.0322*	-0.0277*	-0.0118	-0.0105
	(-4.3877)	(-4.5934)	(-3.8536)	(-3.1524)	(-0.3731)	(-0.2739)
v	7.3214	7.8905	7.4596	7.6108	7.8826	7.7464
	[0.0000]	[0.0000]	[0.0000]	[0.0000]	[0.0000]	[0.0000]
β_1	0.0725	0.0881	0.0655	0.0579	0.0634	0.0491
	[0.0068]	[0.0074]	[0.0053]	[0.0062]	[0.0067]	[0.0057]
β_2	0.0918	0.0965	0.0874	0.0767	0.0534	0.0472
	[0.0004]	[0.0004]	[0.0005]	[0.0006]	[0.0008]	[0.0008]
β_3	0.9508	0.9260	0.8872	0.8446	0.6116	0.5389
	[0.0012]	[0.0018]	[0.0025]	[0.0037]	[0.0027]	[0.0031]

注：圆括号内为t统计量，方括号内为p值，*表示在5%水平下显著。

　　图3-4为我国上证综指在不同模型下的样本外向前一步波动率预测走势与

股指真实波动率的 QQ 图。QQ 图的横坐标代表 X 分位数（X Quantiles），纵坐标代表 Y 分位数（Y Quantiles），直观地反映了不同的模型偏离真实波动率的情况。可以看出，本书所使用的高频波动率预测模型 AHAR – GARCH – CJ 模型的分位数紧凑地分布在 45 度对角线的周围，表明估计的数值和真实波动率较为接近。而 HAR – CJ 模型以及 AHAR – C_TCJ 模型的分位数与上证综指真实波动率的 QQ 图表现的离散程度较大，分位数差异较大，说明 HAR – CJ 模型以及 AHAR – C_TCJ 模型预测的波动率与真实波动率相比有一定程度的偏离，而 AHAR – GARCH – CJ 模型的预测效应相对更好。AHAR – GARCH – CJ 模型充分地利用高频交易数据和低频交易数据的收益率残差所包含的信息来预测股指收益波动的动态特征，因而能够更好地预测股指收益率的波动风险。

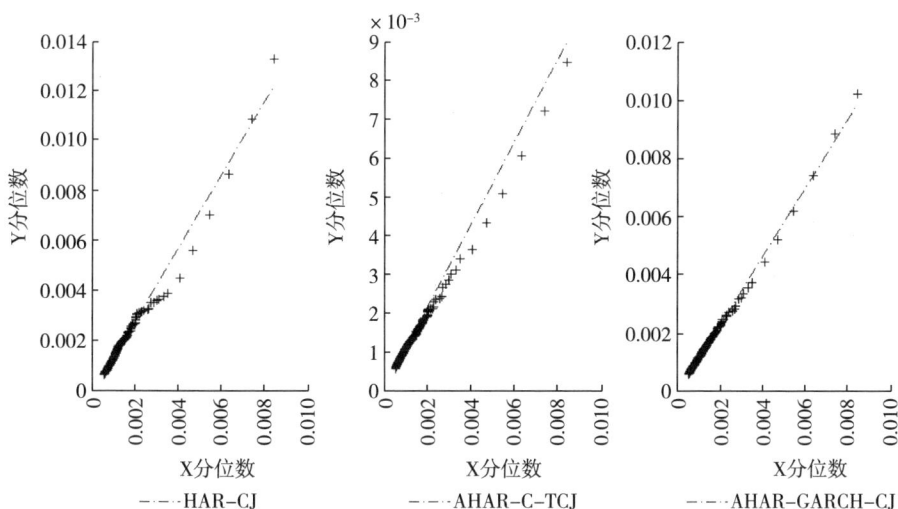

图 3 – 4　预测模型 QQ 图

为了进一步地评价所选取的不同波动率预测模型的预测精度，我们使用 Mincer – Zarnowitz 预测回归方程的 R^2 和经过异方差调整的平方根均方误（HRMSE）指标进行衡量。表 3 – 4 展示了对上证综指在不同的时间周期内使用损失函数来判断不同模型的预测精度所计算的数值对比结果。为简化篇幅，将深证成指的对比结果略去。表中的 HAR – RV 模型在各个时间周期内的损失函数值最大，并且相应的 R^2 值显著低于其他模型。在向前一天的波动率预测中，AHAR - GARCH - CJ 模型与 AHAR - C_TCJ 模型的表现近似，而在向前一周的波动率预测和向前一月的波动率预测中，前者的 HRMSE 值小于后者的 HRMSE 值且 R^2 值略大。在前三类波动率预测模型的对比中，HAR - RV 的 Mincer - Zarnowitz R^2 值最大，而 AHAR - C_TCJ 模型的波动率预测损失函数值最小。在四类对比的模型中可以看出，AHAR - GARCH - CJ 模型的预测误差值相对于其他模型表现的最低，随着波动率预测周期的增长，波动率预测误差增加，但其仍表现出相对优势。波动率的扰动项服从 GARCH 集聚效应的模型表现效果明显好于扰动项服从正态分布的模型表现效果。波动率预测显示结果表明，相比于 C_TZ 跳跃检验统计量，MTZ 跳跃检验统计量在预测波动率上解释能力更强。与 HAR 类以及 AHAR 类模型相比，AHAR - GARCH - CJ 模型能够有效地提高波动率预测的精确性。所得到的结论对于金融衍生品定价、尾部风险管理和投资组合配置具有重要的指导意义。

表 3 - 4   不同模型预测结果对比

	短期		中期		长期	
	HRMSE	R^2	HRMSE	R^2	HRMSE	R^2
HAR - RV	1.1466	0.3396	1.4279	0.3253	1.6225	0.3491
HAR - CJ	0.9873	0.3217	1.3116	0.3005	1.5469	0.3376
AHAR - C_TCJ	0.9006	0.3387	1.2108	0.3193	1.3607	0.3334
AHAR - GARCH - CJ	0.8924	0.3446	1.0252	0.3352	1.1134	0.3557

第五节   本章小结

本章在非参数统计检验方法框架下，基于修正的已实现阈值幂变差识别资产价格跳跃方差，采用我国沪深股市上证综指和深证成指高频数据对其随机波动和跳跃特征进行了分析。实证研究发现：沪深股指同时存在跳跃、随机波动和布朗运动成分，连续性波动在我国股指波动中占据了主体地位，而突发性的跳跃成分占比较小。其中，在跳跃构成成分中以无限活跃程度的小型跳跃居多，有限活跃程度的大型跳跃较少。跳跃方差序列呈现出尖峰厚尾特性，自相关性弱，说明跳跃行为多是由市场异质性因素引起的，特别是异质信念的驱动。股指波动率序列存在着较强的长记忆性，具有集聚效应，收益率和波动率之间存在非对称的杠杆效应。从模型的拟合效果看，本章所使用的 AHAR – GARCH – CJ 模型考虑到了上述因素，在波动率的预测对比中表现出了较好的预测性能。实证研究同时发现，跳跃行为对股指波动预测具有显著的解释力，连续波动和跳跃波动对未来波动率预测有着重要影响。因此，将跳跃成分作为重要的影响因素对股指收益率和风险进行建模，对股市尾部风险控制具有重要的应用价值。研究金融资产价格的跳跃波动行为以及跳跃和波动相互间的复杂关系，厘清不同的微观市场结构成分，有助于投资者优化投资策略，为金融风险监管部门提供极端风险管理的理论依据。

第四章　基于 Lévy 过程高阶矩波动
模型的期权定价

第三章基于 MTZ 跳跃检验统计量进行的跳跃识别的研究发现，股指同时存在着跳跃成分、随机波动成分和布朗运动成分，在为金融市场上的基础资产进行建模时应当同时考虑这三类成分对股价波动造成的影响。其中，在股价跳跃形态中无限活跃程度的小型跳跃居多，适合于采用无限活跃跳跃的 Lévy 过程为基础资产建模。为此，本章采用 Lévy 跳跃过程高阶矩模型进行欧式期权定价。首先，依次介绍了动态 Lévy 跳跃过程和非对称的时变高阶矩随机波动 NGARCHSK 模型，从而构建起了包含收益率高阶矩特征的 Lévy 跳跃过程驱动的随机波动模型，即 Lévy - NGARCHSK 体系。其次，阐述了使用 Lévy - NGARCHSK 模型进行欧式期权定价的数值积分 cosine 方法和使用从属过程的蒙特卡洛模拟方法，并给出了欧式期权定价的相关公式。最后，对欧式期权定价进行实证研究。用 Lévy - NGARCHSK 过程刻画股票价格的动态演化过程，采用极大似然法估计了 Lévy 过程的参数，进而进行了我国上证 50ETF 期权与恒生指数期权欧式期权定价的实证分析。

第一节　问题提出

金融资产价格动态的随机过程通常表现出三类特点：频繁的资产价格跳跃、

时变的收益率波动、非对称的收益率和波动率之间的负向关系。[194-195] 有限的时间间隔内，金融资产价格跳跃是由无限次的小型跳跃组成的，并伴随着极端值出现大幅度跳跃行为；金融资产价格波动的扩散过程表现出集聚性和延续性；在剧烈波动扩散之后极端负收益率出现的概率往往更大，并且收益率和收益波动率之间存在着非对称的杠杆效应。因此，金融资产定价模型只有恰当地刻画了资产价格路径的上述三类特点，才能准确地进行衍生品定价。

对传统的 B-S 期权定价模型进行修正主要是基于以下三方面的改进：一是对收益率尖峰、厚尾以及有偏现象的拟合修正；二是准确地刻画出收益波动率的集聚性和长记忆性；三是考虑收益和波动两者之间的非对称杠杆效应。当金融市场上没有受到重大信息冲击时，股价的演化过程属于连续扩散随机过程，可以用几何布朗运动进行描述。然而当有重大信息冲击时，新信息会对股价运动过程产生明显的冲击，使得股价在呈现连续性的剧烈波动的同时还伴随着不连续的突发式跳跃。单纯使用复合泊松过程来刻画股价跳跃行为的跳跃扩散过程不能完全有效地捕获股价变化的动态过程。这时便需要引入新的 Lévy 跳跃过程以刻画股价的跳跃异常现象。Lévy 跳跃过程框架是指增量独立、平稳、无限可分的一类随机过程的集合。只要随机过程符合了这三个特点就可被归为 Lévy 跳跃过程。此类随机过程在金融经济领域主要用来描述金融收益数据的非正态特征。值得注意的是，正态分布也属于特殊的 Lévy 分布。方差伽马 VG 过程和以往的几何布朗运动过程相比，虽然只是添加了一个参数，却能显著地刻画金融数据的偏度、峰度等。正态逆高斯 NIG 分布是广义双曲分布族中的特例，可以使用逆高斯过程和正态过程合成生成，是描绘稳态密度函数的常用随机变量。CGMY 模型构建的初衷是为了构建一个纯跳跃的随机结构模型，以便既能够捕捉到幅度较小的连续性波动，也能够刻画出大型的突发式跳跃，还可以用来反映有限方差和无限方差等特征。随着金融随机分析理论和实证研究的深入发展，学者们逐渐将异方差刻画的随机波动模型和 Lévy 跳跃过程相结合。一方面通过异方差模型体现波动率对金融资产的影响，另一方面通过 Lévy 跳跃过程提高对真实金融数据的拟合精度。[196]

因此，本章在 Lévy-GARCH 框架的基础上结合 León 提出的非对称广义自回归条件异方差-偏度-峰度（NGARCHSK）模型，引入了条件偏度和条件峰度，构建了包含收益率的高阶矩特征的 Lévy-NGARCHSK 模型。Lévy-NGARCHSK

模型可以用来分析股价无限跳跃情形下金融资产价格的高阶矩时变波动率变化。风险中性概率测度变换和参数估计后，使用数值积分 cosine 方法与蒙特卡洛模拟方法两种方法进行欧式期权定价，进而对比分析两种期权定价方法的适用性和定价误差。在数值积分 cosine 方法中，Fourier－cosine 级数方法的核心是 Lévy 跳跃过程刻画的收益率分布的概率密度函数的 Fourier－cosine 展开的级数系数与 Lévy 跳跃过程的特征函数相关。在通常情况下，cosine 方法的收敛率呈现指数特性而计算的复杂性是线性的，在使用 Lévy 跳跃过程和基于 Heston 随机波动模型扩展的一系列随机波动模型进行期权定价上有较好的应用效果。

本章的特色之处：①将刻画金融资产价格变化的高阶矩特征的非对称时变高阶矩模型与刻画收益率纯跳跃现象的 Lévy 跳跃过程相结合，构建了 Lévy 跳跃过程驱动的高阶矩随机波动 Lévy － NGARCHSK 模型，以描述股价无限跳跃情形下收益率的时变波动性，多维度地反映了金融资产价格路径的持续有偏特性和杠杆效应。②给出的不同 Lévy 跳跃模型的参数符合现实的经济意义，微观上探讨了模型参数的变化对 Lévy 跳跃结构和跳跃分布（即 Lévy 测度）以及收益率概率密度分布的影响，进一步地分析了模型参数与收益率高阶矩特征之间的关系。③对比分析了欧式期权定价的数值积分 cosine 定价方法与蒙特卡洛模拟定价方法的精确性和效率。

第二节　Lévy 过程时变高阶矩波动模型

Lévy － NGARCHSK 模型描述了股价在无限活跃程度跳跃情形下收益率的时变波动情况，以及收益率的时变高阶矩对期权定价的效果影响。将离散时间框架下的时变的 NGARCHSK 模型与动态的 Lévy 跳跃过程有机结合以推导欧式期权的价值。具体来说，假设时变高阶矩波动模型 NGARCHSK 的新息项服从非高斯的 Lévy 分布，该分析框架由 Lévy 跳跃过程和高阶矩随机波动 NGARCHSK 模型两部分组成。

一、Lévy 过程

经典的欧式期权定价模型都假设误差项服从高斯分布，但大量的实证研究证明了金融资产收益率分布呈现出尖峰厚尾及有偏等程式化现象，因而将非高斯分布的随机过程引进期权定价模型能够有效地改善模型的定价精度。为了更好地捕获金融资产价格波动中连续的小型跳跃，纯跳跃的 Lévy 随机过程被广泛用于拟合实际金融数据，以捕获金融数据异象，并且 Lévy 随机过程中无限活动率的小型跳跃能够取代连续的布朗运动过程。其中，以 X_t 表示金融资产价格随机过程，概率空间 (Ω, F, P) 上可测的 Lévy 跳跃过程 X_t 泛指增量独立平稳、过程连续的随机过程。每个 Lévy 跳跃过程都可以表示成一个确定性的漂移项、一个布朗运动成分和一个独立于布朗运动过程的纯跳跃随机过程。将金融资产价格随机过程拆分为三部分独立增量，分别使用 Lévy 过程特征三元组 (μ, σ, υ) 依次表示线性漂移项、布朗运动过程扩散项和跳跃项。υdx 是 Lévy 测度，表示在特定的跳跃幅度下跳跃到达的可能性。若 $\upsilon(R) = \lambda = \infty$，说明该 Lévy 跳跃过程具有无限活动率，在相同的时间间隔内发生了无数多次小型跳跃行为。

本章在时变高阶矩随机波动 NGARCHSK 模型下，假设新息项分别服从方差伽马 VG 分布、正态逆高斯 NIG 分布、CGMY 分布以及调和稳定 TS 分布四类具备良好特性的 Lévy 分布，进而对欧式期权进行定价。Lévy 测度描绘了不同的跳跃结构，可以研究跳跃集中的程度。不同的 Lévy 测度反映了跳跃结构和跳跃分布的差异，模型中的参数变化直接影响 Lévy 测度和收益率的概率密度分布。Lévy 测度和收益率的概率密度分布具有一一对应的关系，Lévy 测度分布宽窄度对应于收益率密度分布的峰部，测度分布的高低程度对应着收益率密度分布的尾部，并且 Lévy 跳跃过程和高阶矩随机波动模型结合能够表述金融序列的偏度和高阶矩特征。Lévy 跳跃过程相较于高斯过程在表现金融序列的跳跃行为上更具优势，在模拟金融衍生品定价上精确性更高。Lévy 测度由特征函数的快速傅里叶变换得到，决定了随机过程的跳跃行为和跳跃结构。式（4-1）归纳了四类无限纯跳跃过程的测度。特征函数、矩母指数表达式可以根据公式计算推导出来。

$$
\begin{cases}
VG_{Levy} = \begin{cases} Cexp(Gx)/|x|1_{(x<0)} \\ Cexp(-Mx)/x1_{(x>0)} \end{cases} \\[4mm]
NIG_{Levy} = \dfrac{\alpha\delta}{\pi|x|}K_1(\alpha|x|)e^{\beta x} \\[4mm]
CGMY_{Levy} = \begin{cases} Cexp(Gx)/|x|^{Y+1}1_{(x<0)} \\ Cexp(-Mx)/x^{Y+1}1_{(x>0)} \end{cases} \\[4mm]
TS_{Levy} = \begin{cases} C_-exp(\lambda_-x)/|x|^{1+\alpha}1_{(x<0)} \\ C_+exp(-\lambda_+x)/x^{1+\alpha}1_{(x>0)} \end{cases}
\end{cases}
\tag{4-1}
$$

其中，方差伽马模型的表述既可以用参数 C、G、Y 表述，又可以用参数 σ、θ、υ 来表达。参数 σ 决定了收益波动率的总波动范围，代表了波动的聚集程度，θ 影响着跳跃分布的对称性和收益率的偏度，υ 控制着跳跃分布的尾部分布和波动率的曲面凹凸性，θ 和 υ 共同影响了隐含波动率的曲面形状，它可以用来解释期权数据中发现的波动率聚集特点。参数 C 决定着 Lévy 测度的宽紧度和概率密度分布的峰部，C 和 Y 从相反的方向上影响着跳跃的方向，进而控制着密度分布的尾部对称性。增加参数 C 的值，则跳跃的高度会偏高，而增加参数 Y 的值，向下跳跃的幅度将会增加；正态逆高斯模型的参数 α 与方差二阶矩和峰度四阶矩等特征值成反向关系，对金融资产价格路径的影响是非线性的，参数 β 影响着收益率概率分布的各阶矩，与各阶矩的特征值成正向关系，并且影响着金融资产价格路径的总方差，增加参数 δ 的值将会增加资产收益的方差二阶矩和峰度四阶矩；CGMY 模型相比于 VG 模型多了一个额外的参数 Y，当 $Y=1$ 时 CGMY 模型退化成 VG 模型，当 $0<Y<2$ 时，该过程刻画的金融资产价格过程是具有有限方差的无限活跃程度的跳跃过程；调和稳定模型是由 α 稳定过程的 Lévy 测度乘以不同的调和函数而得到的，稳定过程虽然可以用来刻画金融资产分布的尖峰现象，但其尾部分布过于肥厚，夸大了极端事件的发生概率。而再乘上调和函数之后的调和稳定过程的尾部分布恰好处于正态分布和稳定分布的中间，能够适当地捕获金融资产收益的肥尾现象。参数中的 λ_+ 如果不等于 λ_-，说明正向收益和负向收益率对应着不一样的跳跃程度，λ 值的大小反映了收益密度分布曲线的陡峭程度，即刻画了跳跃行为恢复常态的速率，C 值的大小与收益率密度分布的峰值成反向关

系。模型中参数具备不同的特点使得该模型能够产生一系列不同的分布函数。另外，$K_1(\cdot)$ 是第三类修正的贝塞尔（Bessel）函数。第三类修正的 Bessel 函数 $K_v(z)$ 是下列微分方程的解：

$$z^2 \frac{\mathrm{d}^2 w}{\mathrm{d}z^2} + z \frac{\mathrm{d}w}{\mathrm{d}z} - (z^2 + v^2)w = 0 \qquad (4-2)$$

同时，$K_v(z)$ 满足 $K_v(z) = \dfrac{\pi}{2} \dfrac{\left(\frac{z}{2}\right)^v \sum\limits_{k=0}^{\infty} \frac{\left(\frac{z^2}{4}\right)^k}{k!\Gamma(v+k+1)} - \left(\frac{z}{2}\right)^{-v} \sum\limits_{k=0}^{\infty} \frac{\left(\frac{z^2}{4}\right)^k}{k!\Gamma(-v+k+1)}}{\sin(v\pi)}$。

二、非对称时变高阶矩 NGARCHSK 模型

对金融资产收益波动率的刻画，本章选取 León 的时变高阶矩随机波动 NGARCHSK 模型，该模型将原有的随机波动 GARCH 模型扩展到四阶矩，包括了时变的偏度和时变的峰度，同时考虑了收益和波动之间的非对称性，具体形式如下：

$$\begin{cases} y_t = \mu_t + \varepsilon_t \\ \sigma_t = \beta_0 + \sum\limits_{i=1}^{q_1} \beta_{1,i}(\varepsilon_{t-i} + \beta_{3,i}\sigma_{t-i}^{\frac{1}{2}})^2 + \sum\limits_{j=1}^{p_1} \beta_{2,j}\sigma_{t-j} \\ s_t = \gamma_0 + \sum\limits_{i=1}^{q_2} \gamma_{1,i} z_{t-i}^3 + \sum\limits_{j=1}^{p_2} \gamma_{2,j} s_{t-j} \\ k_t = \delta_0 + \sum\limits_{i=1}^{q_3} \delta_{1,i} z_{t-i}^4 + \sum\limits_{j=1}^{p_3} \delta_{2,j} k_{t-j} \end{cases} \qquad (4-3)$$

式（4-3）中，y_t 是金融资产价格对数收益序列，μ_t 为条件期望，$z_t = \varepsilon_t/\sigma_t$ 代表了噪声序列，经典的 GARCH 随机波动模型均假设噪声分布服从高斯过程，而在本章的研究框架下假设 z_t 服从非高斯的 Lévy 分布。s_t 代表条件偏度，k_t 代表条件峰度，p、q 分别代表滞后阶数，σ_t 服从 GARCH 随机波动模型，$\beta_{3,i}$ 体现了方差波动率的杠杆效应；偏度方程系数 $\gamma_{1,i}$ 刻画了偏度的非对称效应，若 $\gamma_{1,i} > 0$，说明偏度风险存在，负向收益率出现的频率大于正向收益率出现的频率；若 $\delta_{1,i} > 0$，表明收益序列中峰度风险存在，极端收益率值出现的概率比较大。将时变的条件偏度和时变的条件峰度引进到非对称 GARCH 随机波动模型后，极大地

提高了 Lévy 跳跃过程驱动的随机波动模型分析高维度时间序列时变波动性的能力，能有效地捕捉金融市场中的波动异象。

在完美的市场假设下，任何欧式期权都能找到一项资产组合成无风险资产组合。市场中不存在套利机会，由于不存在套利机会使得自融资策略的收益为正。无套利假设也被称为风险中性假设，相应的概率测度为风险中性概率测度。在这一测度下，风险资产过程变换为鞅过程。在风险中性概率测度下，风险资产的现值等于未来价值的期望在风险中性利率下的折现值。规定风险中性测度，进行测度变换的目的是提高金融市场上衍生品定价的准确性。而真实金融市场往往不满足完美市场假设，因而进行风险中性测度变换可以提升计算效率。

风险中性定价原理是衍生品定价的重要原理之一。它是指在对衍生品进行定价时，假设投资者都是风险中性的，衍生产品的预期收益率等于无风险利率，也就是说投资者不需要额外的收益来承担风险。由于不存在任何的风险补偿或风险报酬，市场的贴现率也恰好等于无风险利率，所以基础证券或衍生证券的任何盈亏经无风险利率的贴现就是它们的现值。因此，在风险中性条件下，所有的现金流都可以用其期望按无风险利率进行贴现。

根据无套利理论，风险中性概率测度下的贴现资产组合是鞅。鞅过程是指在已知随机过程在时刻 s 之前的变化规律的条件下，随机过程在将来的某一时刻 t 的期望值等于随机过程在时刻 s 的值。因而，衍生品到期收益率为无风险收益率。由于真实物理测度下的模型不符合无套利假定，为准确地进行衍生品模拟定价必须进行风险中性测度变换，将真实物理测度 P 变换成风险中性物理测度 Q，以保证期权定价路径依赖的随机过程是鞅过程。无套利假设是当前资产定价的核心和理论基础，它意味着若市场不存在套利机会，投资者当期以市场价变现或者持有至到期日在风险中性概率测度下收益率是相同的，否则，便可以通过自融资策略来实现套利。

如果风险中性概率测度 Q 相对于真实概率测度 P 满足条件：①测度的概率等价，并且概率处处相等；②资产价值的折现过程为鞅过程，则称测度 P 和测度 Q 是等价鞅测度。讨论等价鞅测度的唯一性等价于讨论金融市场一般均衡的存在性问题。若金融市场中存在等价鞅测度，说明金融市场满足无套利假设条件，反之，则不一定成立。

对于如何找到等价的测度并通过测度变换得到风险中性情形下的模型，当前最常用的是 Esscher 变换，它可以实现将概率密度函数变换到新的概率密度函数并保持函数的性质不变。由于其可以直接对概率密度函数进行转换的性质，在金融衍生品定价中得到了广泛的应用。Esscher 变换的定义为：在概率空间（Ω，F_t，P）下，若 f_x 表示金融随机变量的概率密度函数，则参数 l 下的 Esscher 变换形式为：

$$f_{x,l} = \frac{e^{lx} f_x}{\int_{-\infty}^{\infty} e^{ls} f_s \mathrm{d}s} \tag{4-4}$$

变换后的密度函数仍然满足积分为 1，密度函数非负，分布函数非负递增的条件。对 Lévy 跳跃过程的测度 $v(\mathrm{d}s)$ 进行 Esscher 变换后可以得到：

$$v_{s,l} = \frac{e^{lx}}{\int_{-\infty}^{\infty} e^{ls} v(\mathrm{d}s)} \tag{4-5}$$

对 Lévy 跳跃过程来说，概率密度函数形式一般比较复杂，不容易得到 l 的解。但 Lévy 跳跃过程的特征函数形式往往存在，并且形式简洁。概率密度函数与特征函数、特征指数等数字特征具有一一对应的关系。因此，本章将推导特征函数形式的 Esscher 变换。真实测度 P 下的矩母函数 $m(l)$ 可以由特征函数计算得到，将其代入到 Radon – Nikodym 导数（RN 导数）序列，可以得到矩母函数的表达形式，并且测度变换后的 R – N 导数序列为鞅过程。对于 Lévy 跳跃过程，从真实概率测度变换到风险中性概率测度就是对它的 Lévy 特征三项式（μ，σ，$v(\mathrm{d}x)$）分别进行 Esscher 测度变换。根据 Lévy 跳跃过程增量独立、平稳性等特性，取域 $w \in$ 域流 F_s，$s \leqslant t \leqslant T$，$h \in R$，得到：

$$E_P\{\exp[ih(X_t - X_s)]I_w\} = \frac{1}{m(l)} E_P\{\exp[ih(X_t - X_s)]I_w \exp(lX_t)\}$$

$$= \frac{E_P\{\exp[(ih+l)(X_t - X_s)]I_w\} E_P\{\exp(lX_t)I_w\}}{m(l)}$$

$$= \frac{E_P\{\exp[(ihl)X_{t-s}]\exp(lX_{t-s})]\} E_P\{\exp(lX_t)I_w\}}{m^{t-s}(l) m^s(l)}$$

$$= E_Q[\exp(ihX_{t-s})] E_Q(I_w) \tag{4-6}$$

式（4-6）中 I 为示性函数，引入 R – N 导数的矩母函数，然后代入到 Lévy –

Khintchine 表达式中可以得到式（4 - 7）。

$$E_Q[\exp(ihX_l)] = E_P[\exp(ihX_l) \frac{\exp(lX_l)}{\varphi(-i)}]$$

$$= \frac{1}{\varphi(-i)}\exp\{i\mu(h - il) - \frac{\sigma}{2}(h - il)^2 + \int \exp[i(h - il)s] - 1 - i(h -$$

$$il)lsv(\mathrm{d}s) - \frac{h^2\sigma}{2} + \int [\exp(ihs) - 1 - ihls]\exp(lx)v(\mathrm{d}s)\} \qquad (4-7)$$

根据 Lévy - Khintchine 表达式，得到 Esscher 变换后在风险中性概率测度下的 Lévy 特征三项式满足下列条件：

$$\begin{cases} \bar{\mu} = \mu + \sigma^2 l + \int_{-1}^{1} [\exp(ls) - 1]v(\mathrm{d}s) \\ \bar{\sigma} = \sigma \\ \bar{\nu} = \exp(ls)v(\mathrm{d}s) \end{cases} \qquad (4-8)$$

无限活动率纯跳跃 Lévy 过程刻画的市场属于不完全市场，不满足无套利假设条件，存在着多个等价鞅测度。直接估计参数进行期权定价会造成定价结果的不准确。因而，为了保证无套利假设的成立，需要进行测度的变换。Bakshi 和 Madan[197] 以及 Byun[198] 等证明了两种测度下存在着波动差，说明对于异方差方程进行风险中性调整对计算结果有较大差别。

采用 Christoffersen[199] 的局部等价鞅转换方法，在风险中性概率测度下，风险资产 S_t 相对于无风险资产 B_t 的贴现过程为鞅过程：

$$E^Q\left[\frac{S_t}{B_t} \mid F_{t-1}\right] = \frac{S_{t-1}}{B_{t-1}} \qquad (4-9)$$

假设 ζ_t 为时变的定价核，根据测度转换的 Radon - Nikodym 导数过程，真实概率测度 P 与风险中性概率测度 Q 之间的关系满足式（4 - 10）。

$$\frac{dQ_t}{dP_t} \mid F_{t-1} = \exp(-\sum_{i=1}^{t} \zeta_i \varepsilon_i + \psi_i(\zeta_i)) \qquad (4-10)$$

其中，ψ 是矩母函数 Ψ 的指数部分。要实现测度变换，还需要满足以下条件：

$$\psi_t(\zeta_t - 1) - \psi_t(\zeta_t) + \mu_t - r_t - \gamma_t = 0 \qquad (4-11)$$

进而，可推导出定价核序列与矩母指数函数之间满足的表达式为：

$$\zeta_t = \frac{\mu_t - r_t - \gamma_t}{\sigma_t^2} + \frac{1}{2}$$

$$\psi_t^Q = \psi_t^P(\zeta_t + u) - \psi_t^P(\zeta_t) \tag{4-12}$$

通过矩母函数得到风险中性概率下的新息项，利用泰勒高阶展开可以得到矩母函数的各阶导数。由泰勒级数展开式中存在三阶导、四阶导可知，风险中性测度下异方差序列同时受到收益率时变的偏度和峰度影响，即方差序列要根据收益序列时变的高阶矩特征变化进行调整。这也验证了本章在异方差模型中加入时变高阶矩的正确性。最后通过新的残差项、Lévy - NGARCHSK 模型的基本方程式和矩母函数各阶导数可以推导出风险中性测度下 Lévy 模型和 NGARCHSK 模型。经过测度变换后，除了方差波动率模型结构保持不变，其余的模型参数都发生了变化，因此在衍生品定价时有必要做参数调整。

第三节　Lévy - NGARCHSK 期权定价的 cosine 方法和蒙特卡洛模拟

欧式期权作为流动性最好的市场参与工具之一，寻找有效快速的定价方法极其重要。Feynman - Kac 定理将风险中性条件下偏微分方程的解与期权支付函数解的条件期望关联了起来。对此，求解的方法主要分为三类：偏微分方程法、蒙特卡洛模拟法和数值积分法。每一类方法在金融衍生品定价中都有自己的优缺点，相比之下，数值积分方法更适合于用来估计参数。该方法的重点在于实现向傅里叶域的变换，对于许多期权定价过程来说，概率密度函数不可获得，但是通过特征函数的傅里叶变换却可以近似地获得。将欧式期权定价积分式中的条件密度表达式 $f(y \mid x)$ 替换成 cosine 级数展开项，可以得到欧式期权定价的半解析表达式。

Fang 和 Oosterlee[200]引入了期权定价的数值积分 cosine 方法，该方法在欧式期权定价计算的众多直接积分方法中表现最为稳定，因而可以被用来推断模型参数，同时计算速度更快。傅里叶 - cosine 方法的优势是只要已知了模型特征函数

便可以应用。计算过程中对 cosine 级数展开，将积分形式自然地转化为求和形式
而不造成估计损失。FFT – cosine 算法建立在积分公式基础上，需要指明求积规
则，在具体的积分点处估计被积函数。相比于其他方法，cosine 方法更适合于处
理一般性的基础资产价格动态。

在 Carr – Madan 的方法中，看涨期权价格相对于对数执行价不可积，需要对
支付函数添加阻尼因子，因而计算结果的准确性便依赖于阻尼参数值的准确性，
在傅里叶域中可以得到积分结果，为返回到时域中，在逆傅里叶积分中需要应用
正交规则和快速傅里叶变换（FFT）算法。而使用 Cosine 方法，计算的精确性不
需要依赖于阻尼参数的选择，Fourier 级数展开将期权函数值和转移密度之间的互
相关性转化为级数系数的内积。

概率密度函数 $f(x)$ 和特征函数 $\varphi(u)$ 之间构成了下列一组傅里叶对的例子，
两者具有一一对应的关系。这种相对应的关系可以使密度函数从特征函数中变换
得到。傅里叶积分的计算通常是应用等间距的数值积分规则，再进行 FFT 运算，
并且满足关系式 $\Delta x \cdot \Delta u = 2\pi/N$，其中，$N$ 代表格点数。但是，等间距的数值积
分规则的收敛效率却不高。为了提高效率，可以使用分数阶傅里叶积分，它的优
势是不需要满足 x 与 u 之间的 Nyquist 关系，但计算速度上却不如 FFT 快。

$$\varphi(u) = \int e^{iux} f(x)\,\mathrm{d}x \tag{4-13}$$

$$f(x) = \frac{1}{2\pi}\int e^{-iux}\varphi(u)\,\mathrm{d}u \tag{4-14}$$

Fourier – cosine 级数展开的主要思想是对积分进行重构，直接从被积函数中提
取级数系数。对 $[0, \pi]$ 内的函数，模型求解需要构建 cosine 级数，设 $\theta = (y - a)/(b-a)$，$x = \theta(b-a)/\pi + a$，cosine 展开满足式（4-15）：

$$f(\theta) = \sum_{k=0}^{\infty} A_k \cos(k\theta), A_k = \frac{2}{\pi}\int_0^{\pi} f(\theta)\cos(k\theta)\,\mathrm{d}\theta \tag{4-15}$$

其中，求和项第一项要乘以 0.5。

使用 cosine 方法对欧式期权定价，需要将概率密度函数替换为 Fourier – co-
sine 级数。由于密度函数往往是平滑的，因此在展开式中只需要少量的项便可以
达到较好的近似。期权定价积分涉及无穷积分，假设将特征函数无穷积分的上下
限截断到有限积分，取值区间为 a 到 b 之间，同时 $[a, b]$ 要包含所有可能的终

值。cosine 级数的取值区间从正无穷近似到 $N-1$。这种近似假设引起的误差的分析可参见 Fang 和 Oosterlee[120] 的研究。在 cosine 公式的推导中，计算误差主要来自三个方面：首先是风险中性估值公式中截断误差的选取引起的误差；其次是在截断范围内 cosine 级数展开式替代密度函数引起的误差；最后是使用特征函数近似级数系数引起的误差。一般积分的截断选取不会导致较大的精度损失，因为当自变量的取值趋近于正负无穷时，资产收益率的概率密度函数会快速地衰减为零，这也是 cosine 傅里叶算法提出的依据之一。

对于区间 $[a, b]$ 上的函数，得到欧式期权价格 v_1 的近似：

$$v_1(x, t_0) = e^{-r\Delta_t} \int_a^b v(y, T) f(y \mid x) \mathrm{d}y \tag{4-16}$$

cosine 函数具有以下正交性特性：

$$\int_a^b \cos\left(k\pi\frac{y-a}{b-a}\right)\cos\left(j\pi\frac{y-a}{b-a}\right)\mathrm{d}y = \begin{cases} 0, k \neq j \\ \dfrac{b-a}{2}, k = j \end{cases} \tag{4-17}$$

密度函数 f 通常不可知，而特征函数形式可知，将 y 中的密度函数替换为 cosine 展开式，可以得到：

$$f(y \mid x) = \sum_{k=0}^{+\infty} A_k(x) \cos\left(k\pi\frac{y-a}{b-a}\right)$$

$$A_k(x) = \frac{2}{b-a} \int_a^b f(y \mid x) \cos\left(k\pi\frac{y-a}{b-a}\right)\mathrm{d}y \tag{4-18}$$

将交换求和项和积分项代入到定义中，可以得到 cosine 级数的扩展项表示为：

$$V_k = \frac{2}{b-a} \int_a^b v(y, T) \cos\left(k\pi\frac{y-a}{b-a}\right)\mathrm{d}y \tag{4-19}$$

其中，V_k 是 y 中 $v(y, T)$ 的 cosine 级数系数，对期权价格的计算关键是对 V_k 的计算。至此，实现了实值函数 f 和 v 的 Fourier – cosine 级数系数变换。进一步地，可以得到一般过程下的 cosine 公式，即：

$$v(x, t_0) = e^{-r\Delta_t} \sum_{k=0}^{N-1} \mathrm{Re}\left\{\varphi\left(\frac{k\pi}{b-a}; x\right) e^{-ik\pi\frac{a}{b-a}}\right\} V_k \tag{4-20}$$

对期权 v 的计算依赖于系数 V 的计算，看涨期权和看跌期权价格下的系数 V 可以通过式（4 – 21）计算得到。

$$V_k^{call} = \frac{2}{b-a} \int_0^b K(e^y - 1)\cos\left(k\pi\frac{y-a}{b-a}\right)dy = \frac{2}{b-a}K(\chi_k(0,b) - \Psi_k(0,b))$$

$$V_k^{put} = \frac{2}{b-a}K(-\chi_k(a,0) + \Psi_k(a,0)) \tag{4-21}$$

其中,$\chi_k(c,d) = \int_c^d e^y \cos\left(k\pi\frac{y-a}{b-a}\right)dy$,$\Psi_k(c,d) = \int_c^d \cos\left(k\pi\frac{y-a}{b-a}\right)dy$。

期权定价的 cosine 方法计算高效、快捷,只要已知了特征函数显示表达就能高效地得到计算结果。某些特殊函数的条件密度解析式通常难以获得,而特征函数解析式较为简洁,比如 Bessel 函数等。特征函数与密度函数具有一一对应的关系,通过特征函数解析式能够求解出相对应的条件密度表达式。但是数值方法的选择严格限制了能够运用的期权的种类,特别是对于路径依赖期权的计算就略显笨重,这时就需要用到蒙特卡洛模拟方法。在一个固定的时间网格上对 Lévy 跳跃过程进行模拟等价于对无限可分函数进行抽样。一个具有非降抽样路径的 Lévy 跳跃过程被称为一个从属过程,通过从属过程可以将布朗运动过程转化为 Lévy 跳跃过程以进行抽样,产生满足风险中性测度下的价格动态演化路径。纯跳跃过程可以通过在一个普通布朗运动过程中应用随机时变函数进行构造。具体的操作步骤是,在单位时间内通过动态地改变布朗运动的强度来模拟随机跳跃。Lévy 跳跃过程随机数的生成步骤中涉及伽马分布、逆高斯分布、指数分布、二项式分布等从属过程。吴恒煜、马俊伟[25]在使用 Lévy 跳跃过程对大陆和香港权证定价进行研究的过程中总结了 NIG 模型、VG 模型和 CGMY 过程的生成算法,另外,已有学者总结出了 TS 过程生成算法。其中,NIG 模型通过逆高斯过程生成,VG 模型通过伽马过程生成,CGMY 过程和 TS 过程由稳定 Paretian 过程构造。

第四节 实证研究

经中国证监会批准,上海证券交易所于 2015 年 2 月 9 日成功上市上证 50ETF 期权产品。该产品是以上证 50 为标的物的上证 50ETF 交易型指数基金为标的而衍生的期权标准化合约。上证 50ETF 期权是规定买方有权在将来的特定时间以特定的价格买入或者卖出约定的股票或者跟踪股票指数的交易型开放式指数基金（ETF）等标的物的标准化合约。随着我国股票期权的推出，金融市场衍生工具交易日益繁荣，资本流动愈加开放，金融市场的发展日益完善。沪深 300 指数是大陆资本市场的晴雨表，代表性地反映了沪深两地资本市场的发展状况，并与其他指数息息相关。由于沪深 300 指数比大陆首只股票期权标的物——华夏上证 50ETF 更具有资本市场代表性，对我国其他衍生品的发展也更具有指导作用，并且沪深 300 指数的金融统计特性在直观上更明显，本章在参数估计部分选用沪深 300 指数。华夏上证 50ETF 与恒生指数的参数估计方法与此类似。首先，选取 2011 年到 2015 年 2 月的沪深 300 指数、恒生指数和标普 500 指数日收盘价数据进行统计特性描述和时间序列分析，所有的股票数据和期权数据均来源于 Wind 数据库；其次，使用上述 Lévy – NGARCHSK 联合模型研究近五年我国金融市场股价的波动跳跃情况，并对相关指数收益率进行参数估计和模拟计算；最后，对华夏上证 50ETF 和恒生指数进行期权定价，模拟得到欧式期权定价结果并将其与市场实际交易结果相对比。

对股票指数的统计特征进行描述性分析，须按照下列公式计算收益数据的前四阶中心矩，即均值、方差、偏度（*skewness*）和峰度（*kurtosis*）值。

$$EX = \int_{-\infty}^{+\infty} xf(x)\,\mathrm{d}x$$

$$VarX = \int_{-\infty}^{+\infty} (x - EX)^2 f(x)\,\mathrm{d}x$$

$$skewness = \frac{E[(X - EX)^3]}{(VarX)^{\frac{3}{2}}}$$

$$kurtosis = \frac{E[(X - EX)^4]}{(VarX)^2} \tag{4-22}$$

表 4 – 1 列出了沪深 300 指数、恒生指数和标普 500 指数的描述性统计和时间序列分析结果。统计分析的结论是：2011 年到 2015 年期间三种指数收益率分布均为尖峰左偏分布，收益序列存在着 10 阶自相关效应，异方差效应的检验结果显示异方差效应显著，J – B 正态性检验的结果均拒绝了正态性分布的原假设，说明我国股票指数收益率不服从正态分布。图 4 – 1 展示了这段时期内沪深 300 指数收益率路径动态变化、波动率路径动态变化、条件偏度和条件峰度高阶矩变

化特征以及残差序列的动态变化和跳跃成分的动态特征。恒生指数和标普500指数的情况与此类似，限于篇幅，在此略去。

表4-1 股票指数收益率时间序列分析结果

序列	均值	方差	偏度	峰度	自相关（10）	异方差效应	J-B检验（p）值
沪深300	7.6538e-5	0.0134	-0.0741	5.6924	29.3	242.9	1.02e-3
恒生指数	-0.0003	0.0007	-0.072	7.35	20.1	258.1	2.46e-4
标普500	4.78e-4	0.0116	-0.1362	9.3419	26.4	261.5	1.96e-4

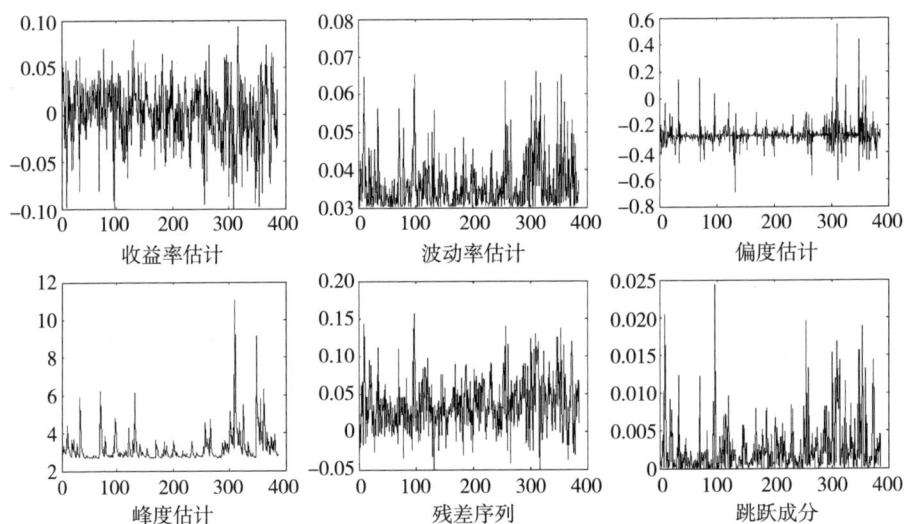

图4-1 沪深300指数收益率估计、波动率估计、偏度估计、
峰度估计、残差序列和跳跃成分

由图4-1可知，我国股指收益波动率序列存在着连带集聚效应，具有均值回归的倾向，波动率聚集时期都伴随着负向收益率极值，残差序列有多处存在着负向奇异值，收益序列存在左偏特征，说明股指收益率新息项服从非高斯分布特性，跳跃项则直观显示了沪深资本市场股票价格变化中存在着无限活动率的小型

跳跃和有限活动率的极端跳跃突变。尤其是在进入 2015 年后，金融数据的非高斯特点更明显，说明市场投机行为加剧，这也与 2015 年我国资本市场的股灾事实相符合。在 2015 年股灾期间，我国证券市场上出现了千股跌停的局面，股价频繁地大幅度跳跃。表现在收益率分布的特征上为股票价格收益率分布呈现非高斯的左偏特征。

一、参数估计

Lévy 跳跃过程驱动的高阶矩随机波动模型参数估计分两步进行。首先采用极大似然法估计 NGARCHSK 模型的参数从而得到残差项；然后再根据各阶矩条件继续采用极大似然估计法估计 Lévy 跳跃模型的相关参数。其中，Lévy 跳跃过程的密度函数形式可以通过特征函数式进行快速傅里叶变换而得到。残差项的对数似然函数表达式为：

$$l_t(\theta) = \sum_{t=1}^{n} \frac{(y_t - u_t)^2}{2\sigma_t^2} + \frac{\log(2\pi\sigma_t^2)}{2} \qquad (4-23)$$

对 Lévy - NGARCHSK 联合模型进行参数估计均需要满足无穷求和项的局部最大化条件。参数的初始值设置很重要，合适的初始值通常很难找到，为了避免估计过程中陷入局部最优的计算错误，本章中使用了智能优化算法中的遗传算法搜寻全局最优值，得到了 NGARCHSK 模型的参数（0.00327，0.00004，0.03789，0.82764，- 0.13197，0.07062，0.01621，0.68229，1.02556，0.02623，0.59557），然后将其作为极大似然估计法的初始值，再经过 1000 次迭代后最终得到模型的参数结果。

表 4 - 2 列出了 Lévy - NGARCHSK 模型的参数估计结果。参数估计值计算的是所有期权交易日的参数的平均值。参数估计的标准差可以通过算法迭代更新的海塞矩阵求逆矩阵来得到。限于篇幅，未列出标准差的平均值。

为了直观地展示四类 Lévy 跳跃过程的噪声分布与沪深 300 指数的噪音分布的拟合效果，我们绘制了四类 Lévy 跳跃过程的收益率密度曲线与历史经验密度曲线的拟合图，结果发现，调和稳定模型很好地拟合了实际金融数据的尖峰厚尾特征；结果共同验证了建立非高斯 Lévy 分布模型的普适性。

表 4 - 2   Lévy - NGARCHSK 模型参数估计结果

	VG	NIG	CGMY	TS
$C(\theta)$	$C = 6.2451$ $G = 2.9786$ $M = 3.7802$	$\alpha = 3.2627$ $\beta = -0.7112$ $\delta = 2.8731$	$C = 0.1259$ $G = 2.2653$ $M = 2.1178$ $Y = 1.8549$	$C_+ = 0.95$ $C_- = 0.9458$ $\lambda_+ = 1.7538$ $\lambda_- = 1.2174$ $\alpha = -0.2526$
μ_t	$4.98e - 03$	$3.71e - 03$	$1.89e - 03$	$2.36e - 03$
β_0	$6.58e - 05$	$5.24e - 05$	$8.61e - 05$	$4.19e - 05$
β_1	0.0318	0.0451	0.0382	0.0366
β_2	0.8376	0.7265	0.9121	0.8347
β_3	-0.1474	-0.1778	-0.0967	-0.1035
γ_0	0.0742	0.0682	0.0737	0.0662
γ_1	0.0128	0.0194	0.0177	0.0145
γ_2	0.6356	0.6716	0.7124	0.7085
δ_0	1.0238	1.1076	0.9583	1.0124
δ_1	0.0249	0.0341	0.0197	0.0258
δ_2	0.5702	0.6127	0.6619	0.5376

注：$C(\theta)$ 代表 Lévy 分布的所有参数。

表 4 - 2 中 $C(\theta)$ 栏列出了四类 Lévy 跳跃过程在极大似然估计法下所得到的参数，使用 Lévy 测度的参数符号表示，从表 4 - 2 中的参数估计结果可以看到，沪深 300 指数的收益率和波动率之间的杠杆效应明显，$\gamma > 0$ 和 $\delta > 0$ 表明收益率分布呈现出左偏的尖峰分布，并且收益率的时变高阶矩特征显著，将条件偏度和条件峰度引进到非对称的 GARCH 随机波动模型后，提高了模型用于高维度分析时间序列时变波动性的能力。收益率 μ_t 稍大于 0，对噪声分布的 JB 检验结果拒绝了正态分布的假设；正态逆高斯模型（NIG）中代表偏度的参数 $\beta < 0$ 表示收益率分布呈现出左偏分布；CGMY 模型中的参数 $Y = 1.8549$ 表明我国股指收益率动态过程中的无限跳跃方差有限；调和稳定模型（TS）中参数 $\alpha < 0$ 说明是有限跳跃而不是无限跳跃，并且以 C 控制正向跳跃幅度和负向跳跃幅度，$\lambda_+ > \lambda_-$ 表明正向的跳跃幅度比负向的跳跃幅度恢复得更快，这同样也会导致收益率分布的左偏。

二、期权定价

香港自由发达的期权交易市场为内地资本市场期权产品的发展提供了借鉴。随着我国首只股票期权华夏上证 50ETF 的推出，寻求高效精确的欧式期权定价方法的实用性更加突出。Fang 和 Oosterlee 证明了期权定价的数值积分 cosine 方法在众多直接积分方法中表现最为稳定，它的优点是只要已知了特征函数表达式就可以直接用于欧式期权定价公式的推导。根据上文中我国股指收益率的时间序列分析结果发现，TS 模型拟合效果最佳。因此，在欧式期权定价过程中将以调和稳定 TS 模型为例，分别采用 cosine 数值积分方法和蒙特卡洛模拟方法对上证 50ETF 期权和恒生指数期权进行欧式期权定价，并与真实交易的市场价格对比从而比较两者的精确性和效率。期权价格数据均来源于 Wind 数据库。短期期权的交易最为活跃，上证 50ETF 期权和恒生指数期权实证分析所用到的期权数据均选择 2015 年 4 月到期的一个月内的短期活跃期权，定价日期选为到期前 20 日。在进行欧式期权定价的过程中，还需要用到假设不存在交易费用，以及假设期权在有效期内不支付红利。然后采用 Lévy 跳跃过程驱动的高阶矩随机波动 Lévy – NGARCHSK 模型对内地上证 50ETF 欧式期权进行定价实证分析，并利用香港恒生指数期权定价结果验证 Lévy – NGARCHSK 模型在拟合非正态收益率、波动率聚集特性上的优越性。

上证 50ETF 和恒生指数的参数估计方法与沪深 300 指数的参数估计方法相同，因而可得到调和稳定 TS 模型的相应参数。cosine 方法计算的关键是系数 v_k 和区间 $[a, b]$ 的确定，期权定价公式中系数 $v_k k$ 可以根据式（4 – 20）推导得出，区间 $[a, b]$ 按照式（4 – 24）的原则确定，M 一般取值为 10，[200] d_n 代表特征函数对数 Laplace 变换，代入式（4 – 19）可以得到表 4 – 3 中上证 50ETF 期权和恒生指数期权的模拟价格。表中列出了五档交易活跃的期权行权价格。

$$[a, b] = \left[d_1 - M\sqrt{\left| d_2 \right| + \left| d_4 \right|}, \ d_1 + M\sqrt{\left| d_2 \right| + \left| d_4 \right|} \right] \qquad (4 – 24)$$

蒙特卡洛模拟是以概率和统计理论方法为基础的一种模拟方法，是通过使用随机数（或更常见的伪随机数）来解决很多计算问题的方法。将所求解的问题同一定的概率模型相联系，用电子计算机实现统计模拟或抽样，以获得问题的近似解。蒙特卡洛模拟欧式期权价格过程以交易天数 T 作为步长 Δt，根据式（4-4）构建风险中性测度下的 Lévy 过程模型和 NGARCHSK 模型。方差序列的构建需要结合着高阶矩变化特征，假设资产收益率分布服从调和稳定分布，使用从属过程方法对噪音 z_t 进行重复抽样，进而生成离散时间下的资产价格动态路径。重复上面过程，计算欧式期权的到期现金流，并进行式（4-25）的风险中性折现，为进一步提高欧式期权定价结果的精确度，欧式期权定价结果使用对偶变量技术缩减方差。

$$C_T(\Delta t, K) = e^{-r\Delta t} \frac{1}{n} \sum_{i=1}^{n} \max(S_T(i) - K, 0) \qquad (4-25)$$

衡量欧式期权定价误差大小的指标有平均绝对误差 MAE 和平均绝对百分比误差 MAPE。MAE 指标定义为模拟价格与实际市场价格的绝对差的平均值，MAPE 指标定义为模拟价格和市场价格的差值除以市场价格的平均值。为了在数值上更易于表述，本章中的期权定价精确度采用绝对误差的百分率（AE）来衡量，绝对误差百分率 = log［｜（模拟价格 - 市场价格）/市场价格｜］。

蒙特卡洛模拟的思路简单，根据所需模型的结构和变量的统计概率分布，生成相应的随机数，根据金融衍生品的结算方式不断模拟资产价格动态路径。大数定律表明，经过足够多的次数，蒙特卡洛模拟结果能够无限地逼近真实结果。中心极限定理也表明，随着模拟次数的增加，结果误差可以被控制在可接受的范围内。

从期权定价的误差来看，蒙特卡洛模拟定价结果比 cosine 数值积分计算的期权定价结果准确性更高；与基于 B-S 期权定价的市场价格相比，蒙特卡洛模拟方法在深度虚值期权定价上比 cosine 数值方法更精确，但在实值期权定价上两者的结果相差不大，图 4-2 直观地反映了恒生指数期权定价效果，但在计算速度上两种方法的区别较为明显，cosine 数值方法的运行速度明显要快于蒙特卡洛模拟方法。因此，期权定价效率将同时考虑计算的精确性和运算的高效性，以精确性和运算速度的比值作为定价效率的指标，采用此种效率衡量标准计算的结果显示 cosine 数值方法的定价效率高于蒙特卡洛模拟方法。最终得到结论：总体而言，蒙特卡洛模拟欧式期权定价的准确性高于数值计算的 cosine 定价方法，蒙特卡洛模拟法总体上表现更加稳健，但是两种方法各有优劣，侧重点不同。特别是蒙特卡洛模拟的耗时周期较长，降低了定价效率。

表 4 - 3 看涨期权价格

行权价		蒙特卡洛模拟		AE		Cos 方法		AE	
2.70	26000	0.2254	1620	− 0.4639	− 0.5387	0.2237	1660	− 0.4076	− 0.4263
2.75	26600	0.1827	1116	− 1.2672	− 2.1533	0.1789	1125	− 0.9644	− 1.0158
2.80	27200	0.1495	740	− 2.0722	− 1.6941	0.1439	715	− 1.9805	− 1.7094
2.85	27800	0.1200	495	− 0.1317	− 0.1726	0.1186	450	− 0.0117	− 0.0324
2.90	28400	0.0957	295	0.1305	0.1542	0.0836	260	0.5732	0.4018

注：表中各列中前列代表上证 50ETF 结果，后列代表恒生指数结果。

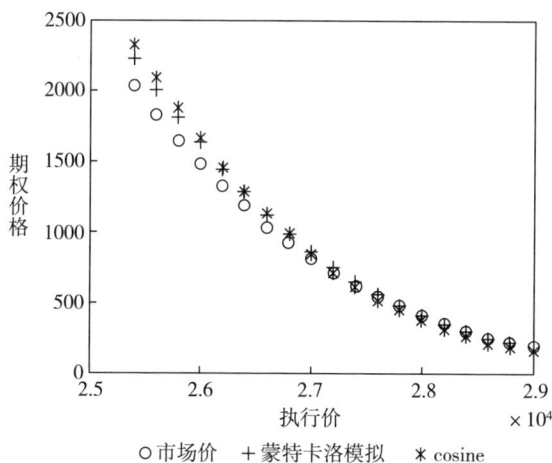

图 4 - 2 恒生指数期权蒙特卡洛和 cosine 定价

第五节 本章小结

将刻画资产价格高阶矩特征的非对称时变高阶矩模型与刻画资产价格变化的纯跳跃现象的 Lévy 过程相结合，构建了 Lévy - NGARCHSK 模型，描述了股价无限跳跃情形下的收益率波动情况，反映了金融资产价格路径的持续有偏和收益与波动之间的杠杆效应。通过特征函数进行快速傅里叶变换得到了 Lévy 分布的密度函数，采用极大似然法分两步进行参数估计，得到了模型的相关参数。假设新息项服从非高斯 Lévy 分布，对比了期权定价数值积分 cosine 方法与通过从属过程进行的蒙特卡洛模拟定价方法的精确性和效率。研究主要得到以下结论：

（1）等价鞅测度下异方差序列同时受偏度和峰度的动态影响，即构建方差序列要根据收益序列的高阶矩特征的动态变化进行调整。

（2）非高斯 Lévy 分布恰当地刻画了金融数据的尖峰有偏统计特性。其中，调和稳定模型拟合收益率分布的效果最佳，准确地捕捉了金融数据的尖峰和肥尾程度。

（3）蒙特卡洛模拟方法在期权定价上比 cosine 方法更为精确，但在计算速度上，cosine 方法的运行速度明显快于蒙特卡洛模拟方法。

第五章　基于改进 PSO 算法的调和稳定 Lévy 跳跃下随机波动模型期权定价

本章内容将经典的调和稳定 Lévy 分布引入到连续时间框架下的随机波动模型中，重构了无限活跃纯跳跃 Lévy 过程驱动的随机波动模型（LVSV）框架，并推导了相应的特征函数式等数字特征，进而使用分数阶傅里叶变换技术分析了无限活跃纯跳跃 Lévy 过程驱动的随机波动模型欧式期权定价方法。针对高维度模型参数估计困难，在本章中使用了多区域自适应 PSO 算法。利用 LVSV 模型，实证分析了使用恒生指数期权数据的欧式期权定价和方差 – 最优套期保值效果。

第一节　问题提出

传统的金融资产价格过程建模中资产收益率动态过程服从几何布朗运动的假设，不符合真实的金融市场实际情况。金融资产收益率过程通常表现出频繁的价格跳跃变化，收益率的波动过程表现出集聚性和持续性，收益率的概率密度分布呈现出尖峰、厚尾、有偏的非高斯特性。在有限的时间间隔内，金融资产价格的跳跃由无数的小型跳跃与极端的大幅度跳跃组成。资产价格的扩散过程所反映的波动率具有异方差效应，收益波动率扩散过程的持续性和集聚性引起了证券市场上股票价格的随机跳变。金融资产定价模型只有恰当地刻画了股票价格路径的上述非常态特点，才能准确地进行衍生品定价和套期保值策略。因此，对传统的

B－S欧式期权定价模型的修正也主要是基于对上述非常态特点的刻画。一是对模型捕获金融资产收益率分布的尖峰厚尾特征能力的修正，二是对模型刻画收益波动率集聚性和收益序列的长记忆性能力的改进。

跳跃行为是金融资产收益率动态变化过程中的固有现象，金融收益时间序列不仅伴随着无数的小型跳跃波动还伴随着大规模的极端跳跃突变[201-202]。仅仅考虑跳跃突变行为不足以复制金融资产收益率的高阶矩数字特征。资产价格波动率随着时间发生变化，并且变化过程具有均值回复性。吴恒煜等[47]采用无穷活动率的纯跳跃 Lévy 过程拟合资产收益率的随机信息因子后发现调和稳定 Lévy 跳跃过程的表现最为稳健。因此，本章将继续采用无限活跃程度的纯跳跃 Lévy 过程刻画金融资产收益率的随机跳变现象，重点分析经典调和稳定模型和方差伽马模型的建模效果。这两类模型的优点是特征函数解析式存在，这使模型的参数估计成为可能。Liang 等[89]将调和稳定 Lévy 过程中的正态调和稳定 Lévy 过程与随机波动率相结合，分析了金融市场中的跳跃波动形态。本章将沿用其思路，将经典的调和稳定 Lévy 分布引入到随机波动均值回复过程中，建立起经典调和稳定分布驱动的随机波动模型（CTSSV），并与方差伽马模型（VGSV）进行对比，重构了无限活跃 Lévy 过程驱动的随机波动模型框架。

无限活跃程度的 Lévy 过程驱动的随机波动模型参数众多，模型中包含了随机波动、跳跃行为等潜在变量，极大地增加了计算的复杂性。调和稳定分布驱动的随机波动模型参数估计涉及高维积分，并且大部分的 Lévy 过程密度函数不存在闭形的解析式，这使极大似然估计和矩估计方法计算困难。并且，在使用我国金融市场上的真实期权数据估计模型参数时构成的非线性优化问题容易陷入局部极值，偏离全局最优解，导致相关的衍生品定价精度不高。Yu 等[203]指出，准确的参数估计值对金融模型的后续计算分析至关重要。虽然 LVSV 模型的密度函数解析困难，但是其特征函数解析式往往存在，而密度函数和特征函数又具有一一对应的关系。因此，可以利用傅里叶变换技术推导出 LVSV 模型的欧式期权定价解析式。为了寻找函数的最优参数集，本章提出了改进的粒子群优化算法。关于粒子群优化算法等智能优化算法，学者展开了一系列的改进。Yang 和 Lee[204]利用智能优化算法，提出了多区域的 PSO 粒子群优化算法，增加了粒子的多样性；使用改进后的粒子群算法估计 Lévy 模型参数，进而通过欧式期权定价效果验证了所改进的智能优化算法的有效性。Fastrich 等[205]使用差分进化算法对德国金融市场中的股票投资组合进行了预测。Krink 等[206]验证了智能优化算法在金融模型应用中的优势。在此基础上，本章提出了在粒子群算法中参数和种群自适应变异的多区域自适应 PSO 算法，对已有的粒子群智能优化算法进行了改进，并设计了相应的算法流程。在此基础上，使用我国金融市场上真实的期权数据对重构的 LVSV 模型进行参数估计，并与普通 PSO 算法对比以分析改进算法的有效性。

第二节　无限活跃纯跳跃 Lévy 过程驱动的随机波动模型

一、无限活跃纯跳跃 Lévy 过程

本章重点分析了两类无限活跃程度的纯跳跃 Lévy 过程，即方差伽马过程与经典的调和稳定过程，两类过程分别由方差伽马 VG 分布和经典的调和稳定 CTS 分布产生。由于方差伽马 VG 过程与经典调和稳定 CTS 过程中不包含有连续扩散的高斯成分，因而能够刻画出金融资产价格随机过程在有限的时间间隔内发生的无限次跳跃现象。一维的调和稳定过程是由一维的稳定过程与 Lévy 测度的乘积得到，是 Lévy 跳跃过程中的一类随机过程。与其他的 Lévy 跳跃过程类似，调和稳定 TS 过程中也不包含高斯成分。

Lévy 测度是反映随机变量分布的跳跃强度与跳跃结构等 Lévy 跳跃行为的有效工具，可以通过 Lévy 跳跃过程驱动的随机波动模型的特征函数的快速傅里叶变换得到。Lévy 测度函数的宽度对应着股价收益率密度分布函数的峰部，Lévy 测度函数的高度对应着股价收益率密度分布的尾部。方差伽马 VG 过程具有有限的方差、无限的跳跃活动率，VG 过程可以表述为两个独立的伽马过程之差，VG 过程的 Lévy 测度和特征函数表达式依次为：

$$v_{VG}(\mathrm{d}x) = \begin{cases} C\exp(Gx)/|x|1_{(x<0)} \\ C\exp(-Mx)/x1_{(x>0)} \end{cases} \tag{5-1}$$

$$\varphi_{VG}(u;\ C,\ G,\ M) = C\log\left[\ GM/GM + (M - G)iu + u^2\right] \tag{5-2}$$

采用 CGM 参数表述法表述方差伽马 VG 模型，其中，参数 C 控制着资产价格过程中总的活动率，参数 G 和参数 M 分别控制着正方向和负方向的跳跃到达率，并依次控制着向上的跳跃高度与向下的跳跃高度。参数 G、M 的均值能够用来衡量跳跃大小溢价，差值可以衡量跳跃方向的溢出。当 G < M 时，收益率密度分布呈现左偏，当 G = M 时，收益率密度分布是对称的。

在给出经典的调和稳定分布的定义之前，首先给出 α 稳定分布的定义。假设 $X_1,\ X_2,\ \cdots,\ X_n$ 为独立同分布的随机变量，如果存在一个正常数 C_n 和一个实数 D_n 使下列等式关系存在，则随机变量 X 服从 α 稳定分布。

$$X_1 + X_2 + \cdots + X_n \overset{d}{=} C_n X + D_n \tag{5-3}$$

其中，符号 d 表示变量间具有相同的分布。一般情形下，α 稳定分布函数的概率密度函数不存在解析解，但特征函数等数字特征解析存在，因而其分布形式经常使用特征函数式来表示，如式（5-4）所示。

$$\varphi_{stable}(u;\ \alpha,\ \beta,\ \sigma,\ \mu) = \begin{cases} \exp\left(iu\mu - |\sigma u|^\alpha\left(1 - i\beta(sign\ u)\tan\dfrac{\pi\alpha}{2}\right)\right), & \alpha \neq 1 \\ \exp\left(iu\mu - |\sigma u|\left(1 + i\beta\dfrac{2}{\pi}(sign\ u)\ln|u|\right)\right), & \alpha \neq 1 \end{cases} \tag{5-4}$$

上式中的 sign u 在 u 大于 0 时的取值为 1，在 u 小于 0 时的取值为 -1，在 u 等于 0 时的取值为 0。特征函数式使用了四个参数进行刻画，其中，α 为稳定性参数，当取值小于 1 时，其分布函数具有有限的方差，当取值大于 1 时，其分布函数具有无限的方差。σ 是标度参数，β 为偏度参数，μ 表示位置参数。由于特征函数式具有四个参数，α 稳定分布能够灵活、合理地为金融数据的非对称性、尖峰性和厚尾性进行建模。在 α 稳定分布的基础上再乘以不同的调和函数可以得到不同的调和稳定函数。

由于调和稳定分布驱动的随机波动模型的概率密度函数没有闭形解，只能通过特征函数式来唯一表示。为模拟稳定变量的随机数，令 $\gamma_0 = \arctan(\beta\tan(\pi\alpha/2))/\alpha$，γ 在区间 $(-\pi/2,\ \pi/2)$ 上均匀分布，W 表示均值为 1 的独立指数随机变量。设定 $\gamma = \pi(U_1 - 1/2)$，$W = -\log U_2$，其中 U_1 和 U_2 是 $(0,\ 1)$ 区间上的两个独立均匀的随机变量。然后，可以根据式（5 – 5）模拟得到稳定随机变量。

$$Y = \begin{cases} \dfrac{\sin\alpha(\gamma_0 + \gamma)}{(\cos\alpha\gamma_0\cos\gamma)^{1/\alpha}} \left\{\dfrac{\cos(\alpha\gamma_0 + (\alpha-1)\gamma)}{W}\right\}^{(1-\alpha)/\alpha} & \alpha \neq 1 \\ \dfrac{2}{\pi}\left\{\left(\dfrac{\pi}{2} + \beta\gamma\right)\tan\gamma - \beta\log\left(\dfrac{\frac{\pi}{2}W\cos\gamma}{\frac{\pi}{2} + \beta\gamma}\right)\right\} & \alpha = 1 \end{cases} \tag{5-5}$$

接下来给出经典调和稳定分布函数的定义。令参数 $\alpha \in (0, 1) \cup (1, 2)$，$c$、$\lambda_+$ 和 $\lambda_- > 0$，特征指数 $u \in R$，$m \in R$。则具有 0 均值和单位方差的标准经典调和稳定模型的 Lévy 测度 $v(\mathrm{d}x)$ 与特征指数式 $\Psi(u)$ 可以分别表示为式（5 – 6）与式（5 – 7）。

$$v_{CTS}(\mathrm{d}x) = q(x)v_\alpha(x) = \frac{ce^{-\lambda_+ x}}{x^{1+\alpha}}1_{x>0} + \frac{ce^{-\lambda_-|x|}}{|x|^{1+\alpha}}1_{x<0} \tag{5-6}$$

$$\Psi_{CTS}(u; \alpha, c, \lambda_+, \lambda_-) = -c\Gamma(1-\alpha)(\lambda_+^{\alpha-1} - \lambda_-^{\alpha-1}) + c\Gamma(-\alpha)((\lambda_+ - iu)^\alpha - \lambda_+^\alpha + (\lambda_- + iu)^\alpha - \lambda_-^\alpha) \tag{5-7}$$

其中，式（5 – 6）中的 $q(x)$ 指代具有经典的调和稳定分布律的调和函数，v_α 是 α 稳定分布的 Lévy 测度，式（5 – 7）中 Γ 代表着伽马函数。从式（5 – 6）和式（5 – 7）中可以看出，调和稳定过程也可以表述成时变的布朗运动过程的特殊形式。但是，使用调和稳定过程要比时变的布朗运动过程更具有灵活性，这是由于调和稳定过程中允许存在不对称的跳跃形态，因而可以用来刻画股价上涨和下跌的不同变化。

经典调和稳定分布模型中的参数 c 反映了股价总的跳跃变化和相对跳跃频率，与收益率的密度分布函数的尖峰程度呈反向关系。参数 λ_+ 和参数 λ_- 影响着 Lévy 测度的尾部行为，分别控制着正负密度函数的尾部衰减速率。若 $\lambda_+ \neq \lambda_-$，则 Lévy 跳跃结构为非对称的，收益率的概率密度分布为有偏的。经典调和分布模型中的参数 λ_+、λ_- 和 α 均与尾部权重相关。相比于方差伽马 VG 过程，CTS 模型增加了控制 Lévy 跳跃到达率的稳定指数参数 α，参数 α 主要描述了两次股价跳跃突变之间的价格动态演化过程。在增加了参数 α 之后，所捕获的小型跳跃变化仍然具有稳定特性，而大型跳跃变化的剧烈程度得以降低。若 $\alpha < 0$，则调和稳定过程变化为有限活跃程度的复合泊松过程；若 $\alpha > 0$，调和稳定过程便转化为无限活跃程度的随机过程；若 $\alpha = 0$，则经典调和稳定 CTS 过程便转化为了方差伽马 VG 过程。

二、随机波动率 Lévy 过程

时变的收益波动率中的随机变差可以通过收益波动率在单位时间内的瞬时变化来刻画。其中，均值回复的平方根 CIR 过程和 OU 过程是两类常见的用于产生随机波动的时变过程。定义时变波动率 v_t 的积分过程为 $V_t = \int_0^t v_s ds$，波动率 v_t 代表了经济活动的强度，对时间 t 进行随机变化使积分过程 V_t 具有了时变性。当 v_t 为正值时，积分过程 V_t 是递增过程。因而，当方差率较高时，v_t 本身的变化速度将加快，从而股价跳跃的频率将会加快，进而使所刻画的经济活动强度增大。同时，积分过程 V_t 需要具备均值回复的特性以使随机时变具有可持续性。将均值回复的平方根 CIR 过程，作为时间变化率 V_t 的衡量标准，可以通过提高或降低时间变化的速率来增强或者减弱经济活动的强度，以捕获证券市场中股价收益变化的波动率聚集性和波动率异方差效应。均值回复的 CIR 过程满足如下的随机微分方程。

$$dv_t = \kappa(\eta - v_t) dt + \lambda \sqrt{v_t} dW_t \qquad (5-8)$$

其中，W_t 为独立于其他过程的标准布朗运动，参数 κ 是均值回复速率，η 是长期方差，λ 代表波动率的波动性，v_t 为上式随机微分方差的解。

波动率 v_t 的积分过程 V_t 通过在区间 $(0, t)$ 的范围内对 v_t 积分，使波动率过程 v_t 成为时变的，进而刻画了随机时变的波动率扩散过程。均值回复的 CIR 过程的特征函数表达式可以表示为式（5-9）。

$$\varphi(u, t) = \frac{\exp(\kappa^2 \eta t/\lambda^2) \exp(2v(0) iu/(\kappa + \tau \coth(\tau t/2)))}{(\cosh(\tau t/2) + \kappa \sinh(\tau t/2)/\tau)^{2\kappa\eta/\lambda^2}} \qquad (5-9)$$

其中，$\tau = \sqrt{\kappa^2 - 2\lambda^2 iu}$。

Schoutens 等[92]将纯跳跃形式的正态逆高斯 NIG 过程与方差伽马 VG 过程引入到时变波动率 V_t 中，构建起了随机波动率 Lévy 跳跃模型。本章继续借鉴其思路，将无限活跃程度的纯跳跃类型的经典调和稳定 CTS 过程引入到 CIR 平方根扩散基础的随机波动模型中，重构了已有的无限活跃 Lévy 跳跃过程驱动的随机波动率模型框架。无限活跃程度的纯跳跃 Lévy 过程驱动的随机波动过程 $S(t) = X(V_t)$ 的优点是，联合吸收了股票收益率过程中的频繁跳跃现象与随机波动特性，既能够同时反映金融资产收益率的尖峰厚尾有偏特征与波动率的持续性和聚集性，又能捕获到资产价格变化过程中的无限活跃程度的跳跃。将经典调和稳定的 CTS 过程从属于随机波动率模型，构建起了经典调和稳定分布驱动的随机波动 CTSSV 模型，并与方差伽马随机波动 VGSV 模型相比较。Schoutens 等[92]证明了 Lévy 跳跃过程驱动的随机波动 LVSV 模型下股价过程 $S(t)$ 的特征函数表达式可以表示为式（5 – 10）。

$$E[\exp(iuS(t))] = E[\exp(V(t)\psi_X(u))] = \varphi(-i\psi_X(u), t, v(0); \kappa, \eta, \lambda)$$

$$(5 - 10)$$

进而，方差伽马随机波动 VGSV 过程的股价过程 $S(t)$ 的特征函数式为：

$$\varphi_{VGSV} = \exp(iu(\log(S(0) + (r-q)t)) \times \frac{\varphi(-i\psi_{VG}(u; 1, G, M), t, C; \kappa, \eta, \lambda)}{\varphi(-i\psi_{VG}(-i; 1, G, M), t, C; \kappa, \eta, \lambda)^{iu}}$$

$$(5 - 11)$$

其中包含六个参数，分别为 C, G, M, κ, η, λ。r 和 q 分别表示连续复合利率与红利率。

经典调和稳定分布驱动的随机波动 CTSSV 过程的股价过程 $S(t)$ 的特征函数式可以表示为：

$$\varphi_{CTSSV} = \exp(iu(\log(S(0) + (r-q)t)) \times \frac{\varphi(-i\psi_{CTS}(u; 1, \lambda_-, \lambda_+, \alpha, c), t; \kappa, \eta, \lambda)}{\varphi(-i\psi_{CTS}(-i; 1, \lambda_-, \lambda_+, \alpha, c), t; \kappa, \eta, \lambda)^{iu}}$$

$$(5 - 12)$$

其中包含七个参数，依次为 c, λ_+, λ_-, α, κ, η, λ。

无限活跃程度的纯跳跃 Lévy 过程驱动的随机波动模型包含了两个部分：第一部分中纯跳跃的 Lévy 跳跃过程控制着资产价格过程的动态演化过程，第二部分中时变的随机波动率过程通过调整时间变化的速率控制着价格波动的强度和跳跃频率。LVSV 过程将 Lévy 跳跃过程从属于随机波动过程，它能同时反映 $\ln(S_t/S_0)$ 金融资产收益率过程中的跳跃行为和随机波动特征，既克服了纯跳跃的 Lévy 模型无法反映波动率扩散过程的缺点，又克服了随机波动模型无法刻画资产收益率的无限跳跃形态的缺陷。将两者有机的结合并用于欧式期权定价拟合金融市场数据能够有效地捕获欧式期权市场的波动率微笑特性。对数收益率形式的 LVSV 过程的特征函数表达式为式（5－13）。

$$e^{iu\ln\frac{S_t}{S_0}} = \exp\Big\{ iurt + \frac{2\Psi(u)V_0(1-e^{-\Pi T})}{2\Pi-(\Pi-\kappa)(1-e^{-\Pi T})} - \frac{k\eta}{\lambda^2}\Big[2\ln\big[1-\frac{\Pi-\kappa}{2\Pi}(1-e^{-\Pi T})\big] + (\Pi-\kappa)t\big]\Big\}$$

$$= \exp\big[iurt + \tau(t,u)\big] \tag{5－13}$$

其中，$\Pi=\sqrt{\kappa^2-2\Psi(u)\sigma^2}$，$\Psi(u)$ 是纯跳跃 Lévy 过程的特征指数，κ，η，λ 是 CIR 随机波动过程的参数。

在风险中性测度 Q 下，资产收益率过程的特征函数可以通过对真实概率测度 P 下的特征函数与均值修正因子 $\exp((r-q)t)/E[\exp(S(t))|v_0]$ 的乘积而得到。LVSV 模型的风险中性概率密度函数可以由特征函数的快速傅里叶变换计算得到。图 5－1 给出了新构建的经典调和稳定分布驱动的随机波动 CTSSV 模型中经典调和稳定 CTS 边际分布的四个参数变化对 CTSSV 模型的密度函数分布的影响，基

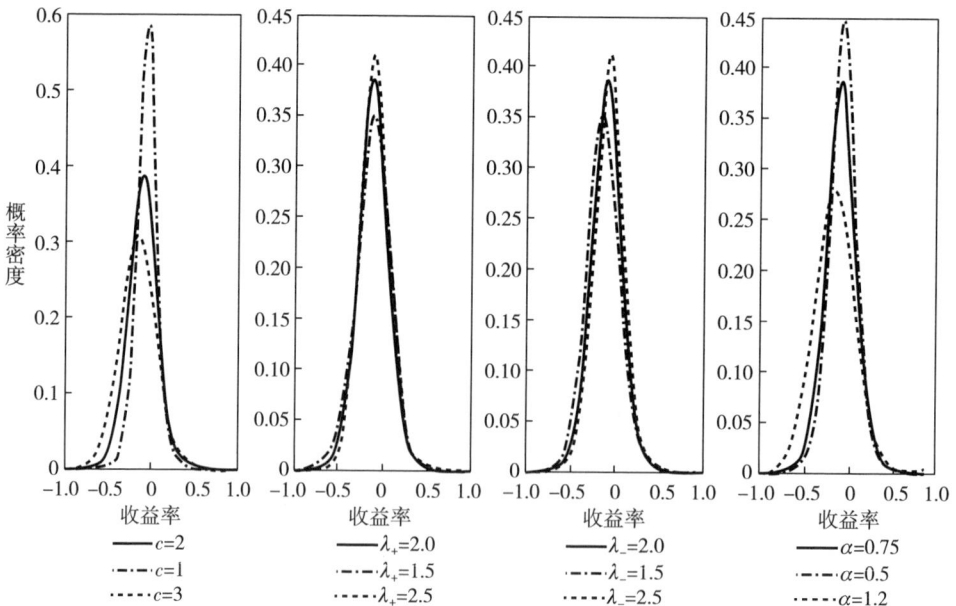

图 5－1　CTSSV 模型风险中性概率密度分布图

准参数选择 $c=2$，$\lambda_+=2$，$\lambda_-=2$，$\alpha=0.75$，$\kappa=1$，$\eta=0.5$，$\lambda=1$。可以看出，参数 c、α 与 CTSSV 密度函数的峰部尖锐程度呈现出反向关系。$\lambda_\pm$ 影响着 CTSSV 密度分布的整体位置。

第三节　LVSV 模型期权定价的分数阶 FFT 方法

Carr 和 Madan[207] 推导了在风险中性概率测度下资产价格收益率特征函数已知时，利用傅里叶变换及傅里叶逆变换的欧式期权定价公式。吴鑫育等[208] 在采用非仿射随机波动率模型对权证进行定价的计算中，证明了快速傅里叶变换（FFT）方法的精确性和有效性均高于蒙特卡洛模拟方法。基于 FFT 的方法具有能够同时计算所有期权执行价的优势，可以快速地得到关于 k 的 N 个值。通常地对于 h 的空间大小，节点数 N 是 2 的幂数，k_u 的取值为 $k_u=-b+h(a-1)$，a 的取值为正值，$b=Nh/2$，对数执行价的取值区间范围为 $-b$ 到 b。使用梯形规则进行积分求积可以得到：

$$c(k_u)\approx\frac{\mathrm{e}^{-\gamma k_u}}{\pi}\times\sum_{j=0}^{N}\exp(-izv(j-1)(a-1)+ibv(j-1))\vartheta(v(j-1))v$$

$$(5-14)$$

在 FFT 的应用中，$vh=2\pi/N$，令 $u_j=v(j-1)$，进而使用辛普森规则进行加权，欧式看涨期权可以表示为：

$$c(k_u)\approx\frac{\mathrm{e}^{-\gamma k_u}}{\pi}\sum_{j=1}^{N}\exp\Big(-i\frac{2\pi}{N}(j-1)(a-1)+ibu_j\Big)\vartheta(u_j)\frac{v}{3}[3+(-1)^j-\ell_{j-1}]$$

$$(5-15)$$

其中，ℓ_n 表示 Kronecker 函数，当 $n=0$ 时其取值为单位 1，否则取值为 0。

令对数形式的行权价 $k=\ln K$，T 为期权 $c(k,T)$ 的到期期限，到期日标的资产价格表示为 $S(T)$，风险中性测度下的资产价格收益率密度函数为 $q_T(s)$，股价 $S(T)$ 的动态演变过程通过 LVSV 过程来刻画。由于 $c(k,T)$ 的直接积分式中的被积函数在 $(-\infty,\infty)$ 上不满足平方可积，通过添加阻尼因子 γ，Carr

和 Madan[207] 定义了修正的欧式期权定价公式（5-16）。

$$c(k,T) = e^{(\gamma k - rT)} \int_k^{+\infty} (e^s - e^k) q_T(s) \mathrm{d}s \tag{5-16}$$

其中，阻尼因子 γ 是正常数，以确保金融资产价格的第 γ 阶矩存在。对期权 $c(k,T)$ 进行傅里叶变换，可以得到：

$$\begin{aligned}
\vartheta_T(v) &= \int_{-\infty}^{\infty} e^{ivk} \int_k^{\infty} e^{\gamma k} e^{-rT} (e^s - e^k) q_T(s) \mathrm{d}s \mathrm{d}k \\
&= \int_{-\infty}^{\infty} e^{-rT} q_T(s) \int_{-\infty}^s (e^{s+\gamma k} - e^{(1+\gamma)k}) e^{ivk} \mathrm{d}k \mathrm{d}s \\
&= \int_{-\infty}^{\infty} e^{-rT} q_T(s) \left(\frac{e^{(\gamma+1+iv)s}}{\gamma+iv} - \frac{e^{(1+\gamma+iv)}}{\gamma+1+iv} \right) \mathrm{d}s \\
&= \frac{e^{-rT}}{\gamma^2 + \gamma - v^2 + i(2\gamma+1)v} \int_{-\infty}^{\infty} q_T(s) e^{(\gamma+1+iv)} \mathrm{d}s \\
&= \frac{e^{-rT}\varphi(v-(\gamma+1)i)}{\gamma^2 + \gamma - v^2 + i(2\gamma+1)v} \tag{5-17}
\end{aligned}$$

其中，φ 表示特征函数式。利用傅里叶逆变换，可以得到看涨期权定价式（5-18）。

$$c(k,T) = \frac{e^{-\gamma k}}{\pi} \int_0^{+\infty} e^{-ivk} \vartheta(v) \mathrm{d}v \tag{5-18}$$

期权公式 $c(k,T)$ 满足可积性的有效条件是 $\vartheta(0)$ 为正定，且 $\vartheta(0) = \frac{\phi(-(\gamma+1)i)}{\gamma^2+\gamma} < \infty$。这将产生一系列的 γ：(γ_+, γ_-)，令 $\gamma_{Max} = \gamma_+ - 1$，$\gamma_{Min} = \gamma_- - 1$，根据 Lord 等的推导[209]，区间 $(\gamma_{Min}, \gamma_{Max})$ 内的 γ 需要满足以下条件：

$$\gamma = \arg\min[-\gamma k + \ln\varphi_F(t_0, T, -(\gamma+1)i)] \tag{5-19}$$

使用数值积分计算中的梯形规则进行积分，欧式期权定价表达式（5-18）可重新表述为式（5-20）。

$$\int_0^{+\infty} e^{-ivk} \vartheta(v) \mathrm{d}u \approx \sum_{j=0}^{N-1} e^{-iv_j k} \vartheta'(v_j) \eta \tag{5-20}$$

其中，η 为离散化的网格步长，积分格点 v_j 是等间距地选取的，即 $v_j = \eta j$，η 值应该充分小以确保积分的近似值属性良好，而 ηN 的值应该足够大以确保积分范围外的特征函数值为 0。

为运用 FFT 算法，需要对式（5-20）进行修改。通常欧式期权现时价格周围的执行价格一定区间范围内的期权交易最为活跃，考虑等间距的对数执行价 $k_u =$ $-b + \lambda u$，其中，$b = N\lambda/2$，$u = 0, 1, \cdots, N-1$，对数行权价范围区间为 $(-b,$ $b)$，λ 是连续的对数执行价间距。式（5-20）可修改为式（5-21）。

$$\sum_{j=0}^{N-1} e^{-iv_j k_u} \vartheta'(v_j) \eta = \sum_{j=0}^{N-1} e^{-i\lambda u \eta j} e^{i\frac{N\lambda}{2}\eta j} \vartheta'(v_j) \eta \qquad (5-21)$$

令 $h_j = e^{i\frac{N\lambda}{2}\eta j} \vartheta'(v_j) \eta$，并假设 $\lambda\eta = 2\pi/N$，即可对 h_j 应用 FFT。当网格步长的密度固定时，为了增加欧式期权的计算精度，需要不断增加 N，因而会造成计算时间的增加。从 FFT 程序的假设条件 $\lambda\eta = 2\pi/N$ 中可以看出，积分网格区间 η 与对数执行价网格区间成反比，唯一增加密度，降低 $\lambda\eta$ 的方法便是增加 N。这时，需要引入更为有效的计算方法。Chourdakis[210] 在欧式期权定价方法中引入了 Bailey，Swarztrauber[211] 提出了分数阶快速傅里叶变换技术（FRFT）。FRFT 在 LVSV 模型的特征函数估值量大时快速计算优势明显，其计算无须满足 FFT 的某些假设条件，同时只需要将对数执行价格上下区间 ±20% 范围内的数值考虑在内，与金融市场上的真实期权交易范围相符，因而节省了大量的过程计算时间。

定义分数阶参数 $\varepsilon = \lambda\eta$，对于任意的 ε，分数阶傅里叶变换 FRFT 能够有效地计算方程 $\sum_{j=0}^{N-1} e^{-i2\pi k j \varepsilon} h_j$。当 $\varepsilon = 1/N$ 时，FFT 是 FRFT 的特例。虽然 FRFT 三次使用了 FFT 计算程序，但其优点在于能够独立地选择格点 η 和 λ。实际上，选择良好的积分网格和缩小基础资产价格交易范围内的对数执行价网格，不仅避免了大量输入向量造成的计算负担，还能够得到较好的欧式期权价格近似值。令 $y_j = h_j e^{-\pi i j^2 \varepsilon}$，$z_j = e^{\pi i j^2 \varepsilon}$，则 FRFT 的表达式为：

$$F_k(x, \varepsilon) = e^{-\pi i k^2 \varepsilon} \otimes D_k^{-1}(D_j(y) \otimes D_j(z)) \qquad (5-22)$$

其中，$\otimes$ 代表元素相乘，$e^{-\pi i k^2 \varepsilon}$ 的计算结果不依赖于被积函数，可以通过提前预算和保存来加快计算速度，$D_j(\cdot)$ 是使用 FFT 算法得到的连续傅里叶变换 $\sum_{j=0}^{N-1} e^{i\frac{2\pi}{N} k j} h_j$。在此基础上，计算函数 $\vartheta(v)$，并应用积分计算中的梯形规则来近似数值积分和 FRFT 算法，最终得到式（5-18）的期权价格。

第四节　改进的粒子群优化算法

研究发现，直接使用金融市场中的期权数据进行欧式期权定价模型的参数估计比使用金融时间序列收益数据更具有实际意义。非完美市场下欧式期权定价模型的参数估计大多不存在解析解，并且模型参数众多，包含了随机波动、跳跃行为等潜在变量，增加了计算过程的复杂性。LVSV 模型的参数估计涉及高维积分，使传统的极大似然估计和矩估计计算方法施行困难。并且，使用金融市场上真实的期权数据估计模型参数构成的非线性优化问题容易陷入局部极值，脱离全局最优，以至于使期权定价和套期保值结果不可靠。常用的估计方法有：①最小线性二乘法估计。该方法的优点是计算过程简洁，只需要求解大型方程组，缺点是回归方程的残差较大，预测得到的精度不高。②求解无约束优化问题的拟牛顿法。该方法在进行模型参数优化的过程中，容易陷入局部极值，使所得到的模型偏离实际。同时该方法还要求被优化的函数存在偏导，这在实际问题中一般很难得到满足。因此，如何寻找一种快速有效的优化算法对模型的参数进行估计是重要的研究方向。刘志东等[212] 使用 MCMC 方法抽样了 Lévy 跳跃过程驱动的 OU 模型，然而使用智能优化算法估计该类模型的参数更简捷有效，特别是能够极大地缩短计算时间。Fang 等[213] 指出，高维度模型参数的确定属于非线性组合优化问题，并且目标函数关于模型参数求解的最优解大多是病态问题，不存在解析解，这时就需要引入智能优化算法。但是直接采用粒子群智能算法进行参数估计会存在着估计结果误差较大的缺点。因此，本章对智能优化算法提出了一些改进，并用改进后的搜索算法估计高维模型参数。

基本的 PSO 算法通过在每次迭代中发挥个体组间的合作和信息共享来搜寻最优解。首先估计粒子的目标函数，并决定每个粒子在时间 t 所经过的最好位置 pbest 和在群组里的最佳位置 gbest，然后依次迭代更新粒子的速率和位置。由于 PSO 算法中的粒子总是朝着自身历史上的最佳位置运动，并且聚集在群组中最佳位置的周围，这往往会导致粒子种群快速收敛效应的形成，还会导致粒子陷入局部最优解和过早收敛的现象。此外，使用真实金融市场数据去估计非线性的最优模型参数也极易陷入局部最优解，造成衍生品定价的不准确。所以，在金融衍生品定价中提高 PSO 算法的计算效率的重要性不言而喻。

Kennedy 等[164]提出了基本的粒子群算法，该方法假设每个粒子在 n 维空间中飞行，$X_i = (x_{i1}, x_{i2}, \cdots, x_{in})$ 为粒子 i 的当前位置，$V_i = (v_{i1}, v_{i2}, \cdots, v_{in})$ 为粒子 i 的当前飞行速度，$p_i = (pbest_{i1}, pbest_{i2}, \cdots, pbest_{in})$ 为粒子 i 的个体最优位置。空间中的粒子根据个体和群体飞行经验进行动态调整，其飞行的速度 v_{ij} 和位置 x_{ij} 更新方程满足式（5 – 23）。

$$v_{ij}(t+1) = v_{ij}(t) + c_1 r_1 (pbest_{ij}(t) - x_{ij}(t)) + c_2 r_2 (gbest_j(t) - x_{ij}(t))$$

$$x_{ij}(t+1) = x_{ij}(t) + v_{ij}(t+1) \tag{5-23}$$

其中，c_1、c_2 为学习因子，c_1 可以调节空间中的粒子飞向自身最好位置的飞行步长，c_2 可以调节空间中的粒子飞向群体最优的飞行步长，r_1、r_2 为 $[0, 1]$ 内的随机数，$gbest_j(t)$ 为进化到第 t 代时粒子群的最优位置的第 j 维分量。第一个式子中的第一项为惯性项；第二项为认识项，表示从自身的历史中进行学习，也叫作个体认知；第三项式是群体信息的综合体现，表示粒子自身根据群体信息作出的调整，是粒子之间互相协调的体现。所谓社会性，是指当某一个个体看到空间中的其他个体对某一行为加强时，自身也会加强对该行为的执行概率。

为提高粒子群初始化的精确度，减少空间中粒子后期的搜索时间，Yang 和 Lee[204]提出了多区域（multi – basin）PSO 算法，使粒子群体中的粒子个体保持在多个区域范围进行探索以避免搜索算法出现早熟、陷入局部最优。为了增加粒子的多样性，Pehlivanoglu[214]提出了参数变异的多频振动 PSO 算法。本章在此基础上，基于变异的思想，提出了粒子群参数和种群自适应变异的多区域自适应 PSO 算法（MAPSO）。进行初始粒子的多区域搜索以改进粒子初始化效果，根据算法的收敛情况自适应地确定调整概率，然后利用混沌遍历属性以避免陷入局部最优。改进的粒子群优化算法包括了如下三种操作：种群初始化多区域局部搜索；粒子群参数自适应变异；种群全局自适应变异。

一、种群初始化多区域局部搜索

此步骤使用线性局部搜寻方法从随机生成的初始参数集 Θ_i 中寻找局部的最

小值。局部搜索的迭代公式为 $\Theta_{i+1} = \Theta_i + l_i d_i$，$d_i = -M(i)^{-1} \nabla f(\Theta_i)$。其中，$l_i$ 为相位步长，d_i 代表梯度方向，$M(i)$ 为非奇异的平方矩阵，为海塞矩阵的近似，且满足正定性，并且 $d_i \nabla f(\Theta_i) = -\nabla f(\Theta_i)^T M(i)^{-1} \nabla f(\Theta_i) < 0$。在每次迭代时便更新梯度方向 d_i，相位步长 l_i 满足 Wolfe 条件，即 $f(\Theta_i + l_i d_i) \leq f(\Theta_i) + z_1 l_i \nabla f(\Theta_i) d_i$，$\nabla f(\Theta_i + l_i d_i)^T d_i \geq z_2 \nabla f(\Theta_i) d_i$，其中，$z_1$，$z_2 \in [0, 1]$。

定义收敛到局部极值的单个区域为 $W(\Theta_n) := \{\Theta \in R^n : \lim_{i \to \infty} \Theta_i = \Theta^n\}$，在全局收敛的局部搜索方法基础上，首先将整个搜索空间 R^n 划分为多个区域 $W(\Theta_n)$，在每个区域中包含了各自的初始粒子群收敛的最优值，同一区域内的初始粒子群收敛到相同的目标函数值。经过局部搜索初始化后的参数集 $S_1 = (\Theta_1^1, \Theta_2^1, \cdots, \Theta_n^1)$ 优于最初参数集 $S_0 = (\Theta_1^0, \Theta_2^0, \cdots, \Theta_n^0)$。

二、参数自适应变异

空间中的粒子在追随最优粒子的过程中表现出了强烈的趋同性和递减的速率，为增加粒子的多样性，防止落入搜寻中的局部最优，根据空间中每个粒子与最优粒子的距离 $L = \sqrt{\sum_{i=1}^{D} (x_{1i} - x_{2i})^2}$，对种群中聚集严重的粒子引入交叉和变异算子进行参数的自适应变异，自适应地确定搜寻算法收敛下的调整概率。依次将种群中的粒子顺序取出，判断取出的粒子和备份的多区域初始化最优粒子之间的变量空间距离是否小于设定的阈值 $\Delta \tau = (1 - t/T)^p \times (ub - lb)$。如果小于设定的阈值，则进行交叉操作，以加强粒子的中间区域搜索。其中，D 为空间中粒子的维数，即 LVSV 模型中需要估计的参数个数，x_{1i}，x_{2i} 是种群中的任意粒子，t 和 T 分别是当代迭代次数和最大迭代次数，ub 和 lb 是问题的上下限，p 是调节参数。

在算法初期空间中的粒子具有多样性，此时设置较大的阈值适宜进行种群的调整。随着算法迭代进行，粒子种群趋向于聚合状态，此时需要设置较小的阈值，以便使更多的粒子进行交叉操作和变异操作。其中，交叉操作遵循的规律为 $bx_1 = x_1 e + x_2 (1 - e)$，$bx_2 = x_1 (1 - e) + x_2 e$。其中，$bx_1$，$bx_2$ 是交叉生成的新粒子，e 是 $(0, 1)$ 内的随机数列。交叉操作后再计算新粒子的适应值，若适应度值变好，则使用新的粒子替换掉原来旧的粒子；若适应度值变坏，则引进变异操作，在粒子的周围加强细搜索。变异操作遵循的规律为 $cx_1 = x + (1 - t/T)^q (ub - x)$，$cx_2 = x - (1 - t/T)^q (x - lb)$。其中，$cx_1$，$cx_2$ 分别是变异生成的新粒子，q 是变异的权值。经过交叉操作、变异操作之后，将全局最优粒子沿着上下限方向移动很小的距离，以得到一组新粒子，再重新计算该组粒子的适应度值，进而选择适应度值更佳的粒子来代替最优粒子。

三、种群全局自适应变异

为避免搜寻算法陷入局部最优，进而引入了混沌变量，以借助混沌遍历性属性，带领着粒子群趋向于最优解。根据种群中的粒子趋同趋势和适应度值差异，给空间中的每个粒子设置变异概率。定义趋同度 $O_t = 1 / [1 + u \sqrt{\dfrac{1}{n} (\sum_{i=1}^{n} (fit_i^t - fit_{mean}^t)^2)}]$，其中，$u$ 是调整因子，fit_i 是第 i 个粒子在第 t 代迭代的适应度值，fit_{mean} 是全部的粒子在第 t 代迭代后的平均适应度值。当种群聚集程度增大时，适应度值的差别将会变小，从而使趋同度 Q_t 变大。设置变异概率 $P_{mu} = \sin\left(\dfrac{\pi}{2} \times \dfrac{f_{gbest}^t}{f_i^t} \times O_t \right)$，当满足 $rand < P_{mu}$ 时，对粒子进行变异，能够使其跳出局部极值。然后对满足变异条件的粒子进行混沌变异，混沌变异遵循的规律为 $x_{ijm} = x_{ijmin}^t + \rho_{ij}^{t+1} (x_{ijmax}^t - x_{ijmin}^t)$，$x_{ij}^{new} = 0.5(x_{ij} - x_{ijm})$。其中，$\rho_{ij}^{t+1}$ 是 (0, 1) 内遍历的混沌变量，x_{ijm} 是第 i 个粒子在第 j 维变异后的值，x_{ijmin}^t，x_{ijmax}^t 分别表示第 t 次迭代中经历的最小、最大值，x_{ij}^{new} 是变异后生成的新粒子。

四、多区域自适应 PSO 算法流程设计

步骤 1：随机初始化种群，更新迭代公式 Θ_{i+1}，在多区域参数空间集 Θ_n 上调整粒子的种群规模和速率 V_i，得到多区域局部搜索备份的粒子数。

步骤 2：按照式（5 - 23）更新粒子的速度 v_{ij} 和位置 x_{ij}，记录全局最优粒子 $gbest$ 和历史最优粒子 $pbest$。

步骤 3：对种群中的粒子根据条件进行交叉变异操作。

步骤 3.1：判断顺序取出的粒子与全局最优粒子空间距离 L 是否符合阈值条件 $\Delta \tau$，若不符合，移向下一个粒子，重复步骤 3.1，否则转下一步。

步骤3.2：对满足阈值条件 $\Delta\tau$ 的粒子进行交叉操作生成新粒子 bx_i，若适应度值更优，则替换该粒子，移向下一个粒子，重复步骤3.1，否则转步骤3.3。

步骤3.3：进行变异操作生成新粒子 cx_i，计算新粒子适应度值并与原粒子比较，替换适应度值差的粒子，转向下一个粒子，重复步骤3.1，更新全局最优粒子 $gbest$ 和粒子历史最优 $pbest$。

步骤4：根据趋同度 Q_t 计算变异概率 P_{mu}，判断粒子是否满足混沌变异条件，若满足，则根据混沌变异式 x_{ijm} 自适应变异，并计算粒子适应值，更新全局最优粒子 $gbest$ 和粒子历史最优 $pbest$。

步骤5：判断算法是否满足终止条件。若满足，则终止算法，输出 $gbest$ 和 $pbest$，若不满足，则 $t = t + 1$，转至步骤2。

第五节　实证研究

一、基于 MAPSO 的 LVSV 模型期权定价

实证研究数据选取 Wind 数据库中自 2015 年 9 月至 2016 年 4 月期间的逐月最后一个周五恒生指数欧式期权数据。由于期权价格波动较大和交易量较低，为提高计算效率，剔除了期权到期日小于 10 天和大于 200 天的数据，年交易日按照惯例 250 日进行计算，行权价为 25 档，将所有欧式期权数据按照到期日的不同划分为短期期权（10~59 天内到期）、中期期权（60~90 天内到期）和长期期权（90 天以上内到期）。使用上文中特征函数基础的 FRFT 算法计算方差伽马随机波动 VGSV 过程和经典调和稳定分布驱动的随机波动 CTSSV 过程下的恒生指数欧式期权价格，参数估计分别采用原有的 PSO 算法和改进后的 MAPSO 算法进行。

传统中模型参数的校正一般是通过最小化样本内的二次定价误差来实现的。参数寻优使用的是梯度基础的优化方法。如果最小化问题受约束于紧集，并且目标函数是非凸的，则梯度下降算法将不能找到最小值。考虑到参数校正的约束有

限，资产价格随机过程产生的误差可能会产生许多的最小值。从误差函数的三维地形图上可以看到平坦的区域，在此区域内误差函数对模型参数的变化敏感性较低。然而，进行参数估计的 Lévy 测度不仅对输入价格较为敏感，而且对搜寻算法中的数值初始点也较为敏感。

本书中的目标函数使用式（5-24）的均方根误差，需要求解的最优参数集 Θ 满足调和稳定分布驱动的随机波动模型在所有行权价和到期日下的期权交易价格与市场真实价格之间的均方根误差全局最小这一条件。分别使用传统的 PSO 和改进的 MAPSO 算法对 LVSV 模型进行参数估计。优化方案的好坏在很大程度上依赖于所选取的参数初始值。结合着以上文献的合理结果以及需要估计的参数的经济含义，经过大量测试，最终确定了参数的初始值。因而，搜寻算法初始化参数设置如下：学习因子 $c_1 = c_2 = 2$，变异权值 $q = 2$，调整因子 $u = 0.1$，迭代速度上限 1.5，抑制因子 $\gamma = 1.5$，最大迭代次数 150 次，连续运行 10 次，取均值作为测试结果。

$$RMSE(\Theta) = \sqrt{\sum_{T_i} \sum_{K_j} \frac{(O^{mark} - O^{model})^2}{N_{obs}}} \qquad (5-24)$$

其中，T_i（$i = 1, 2, \cdots, n$）和 K_j（$j = 1, 2, \cdots, n$）分别代表不同的到期日和行权价，N_{obs} 表示期权数据总数，Θ 是 LVSV 模型的参数集，O^{mark} 和 O^{model} 分别是恒生指数欧式期权市场价格和 LVSV 模型模拟的价格。

表 5-1 给出了两种智能优化算法下 LVSV 模型的参数估计结果。首先，本章所构建的 CTSSV 模型，参数 $\alpha \in$（0, 1），说明在使用 CTSSV 过程拟合恒生指数期权数据时，股票指数收益率分布呈现出尖峰厚尾特性，同时金融资产价格随机过程具有有限方差。传统的 PSO 算法与改进后的 MAPSO 算法计算的 CTSSV 右尾衰减速率 λ_+ 均快于左尾衰减速率 λ_-，尾部参数的不一致说明我国恒生指数收益率密度分布呈现出左偏的特征，CTSSV 模型能够捕获恒生指数收益率分布的尖峰厚尾特性以及有偏特征。改进后的 MAPSO 算法得到的 CTSSV 模型刻画的收益率密度分布的负偏程度大于使用传统的 PSO 算法的相应结果。PSO 与改进后的 MAPSO 算法计算的 VGSV 模型的参数 C 小于参数 G，证明了恒生指数呈现左偏的特征。LVSV 模型捕获了金融资产价格随机过程中资产价格的无限跳跃，而价格过程中的无限活跃程度跳跃也是导致收益率密度分布出现超额峰度值的原因之

一。其次，改进后的 MAPSO 算法下的 CTSSV 模型的波动率均值回复速率和波动率方差参数 κ、η 均大于 VGSV 模型的相应部分，而波动率的长期均值 λ 小于 VGSV 模型的相应成分得到的结果。这是由于无限纯活跃的经典调和稳定 CTS 过程相较于方差伽马 VG 过程，更容易同时捕获金融资产价格随机过程中的高频小型跳跃和大规模的突发式跳跃，从而降低了波动率扩散中的持续性，随机波动率模型在与经典调和稳定 CTS 过程相结合后，进一步增强了模型的解释力。表 5-1 中以 RMSE 作为 LVSV 模型参数估计的目标函数，在相同的期权数据集下，CTSSV 模型的平均误差为 0.5287，VGSV 模型的平均误差为 1.9861，CTSSV 模型计算的误差明显小于 VGSV，拟合优度更高。实证研究表明，在反映资产价格过程中的波动性和随机跳跃，以及收益率分布的尖峰厚尾和有偏特征上，CTSSV 过程具有显著优势。

表 5-1　参数估计结果

模型	PSO 估计结果	MAPSO 估计结果	PSO RMSE	MAPSO RMSE
VGSV $(C, G, M, \kappa, \lambda, \eta)$	(17.2673, 19.3841, 23.5004, 5.3851, 0.7426, 0.0352)	(12.8192, 18.4826, 25.2175, 6.9133, 0.6845, 0.0123)	2.1501	1.8220
CTSSV $(c, \lambda_+, \lambda_-, \alpha, \kappa, \lambda, \eta)$	(5.3815, 28.2283, 14.1572, 0.7316, 8.0359, 0.6198, 0.0524)	(6.3837, 36.5317, 13.1927, 0.5210, 8.2631, 0.4617, 0.0562)	0.5952	0.4622

使用两种智能优化算法对两类跳跃随机过程模型分别模拟 10 次，然后取平均值，图 5-2 给出了 PSO 和改进后的 MAPSO 算法下使用 VGSV 模型（左）与 CTSSV 模型（右）计算的目标函数平均收敛曲线图，算法最大迭代数均为 150 代，粒子数均为 50。可以看到，VGSV 模型下的 PSO 算法在第 129 代收敛，而改进后的 MAPSO 算法在第 113 代收敛；而在使用 CTSSV 模型的估计中，传统的 PSO 算法在第 114 代后达到稳定值，改进的 MAPSO 算法在第 104 代达到稳定。利用原有的 PSO 算法与改进后的 MAPSO 群体搜索算法能有效地避免丢失最优解，跳出局部极小值，从而以较好的概率收敛到全局极值，得到最优的参数集

Θ。改进的 MAPSO 算法在经过多区域初始化之后，能够迅速地定位到搜索区域；参数和种群自适应变异后，增加了空间中粒子的多样性，算法跳出了局部极值，因而在估计 LVSV 模型的最优参数集 Θ 时，算法的收敛速度更快，寻优的精确度更高。

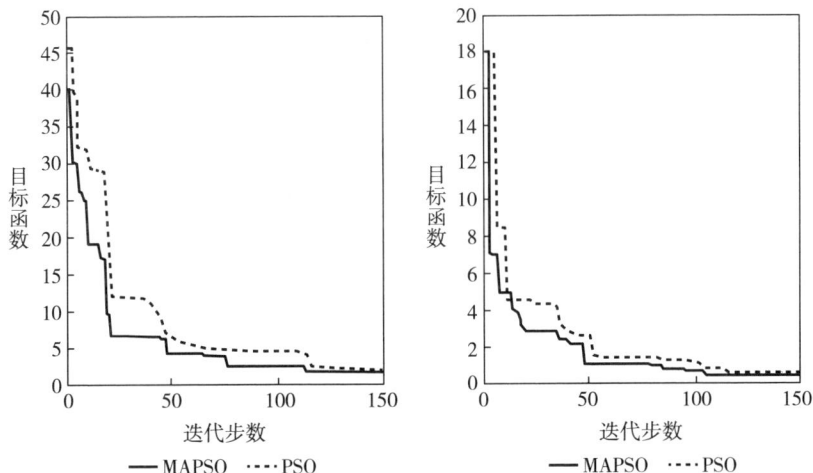

**图 5-2　PSO 与 MAPSO 算法下 VGSV 模型（左）与 CTSSV
模型（右）目标函数收敛曲线**

为了进一步地考察改进后的智能优化算法估计参数的有效性，图 5-3、图 5-4 给出了使用改进后的 MAPSO 算法得到的 LVSV 模型参数来计算 VGSV 模型和 CTSSV 模型的欧式期权价格以及相应的期权隐含波动率三维图。欧式期权定价的计算包含了所有行权价和短期、中期、长期到期日期限。从直观上看，CTSSV 模型的期权价格拟合效果优于 VGSV 模型，使用 LVSV 模型计算的深度实值期权定价结果要好于虚值期权定价计算结果。VGSV 模型的短期期权定价效果要好于长期期权定价结果，而 CTSSV 模型的拟合结果在短期、中期和长期期权中定价结果差别不大，均较好地拟合了金融市场数据，体现出了 CTSSV 模型明显的先进性。使用改进后的 MAPSO 算法得到的参数集进行欧式期权定价和隐含波动率的计算，能较好地拟合真实期权市场交易数据，刻画出恒生指数期权的波动率微笑特性，说明改进后的 MAPSO 算法在实证中提高了搜索精度，并且

CTSSV 模型计算的定价误差小于 VGSV 模型的相应结果。

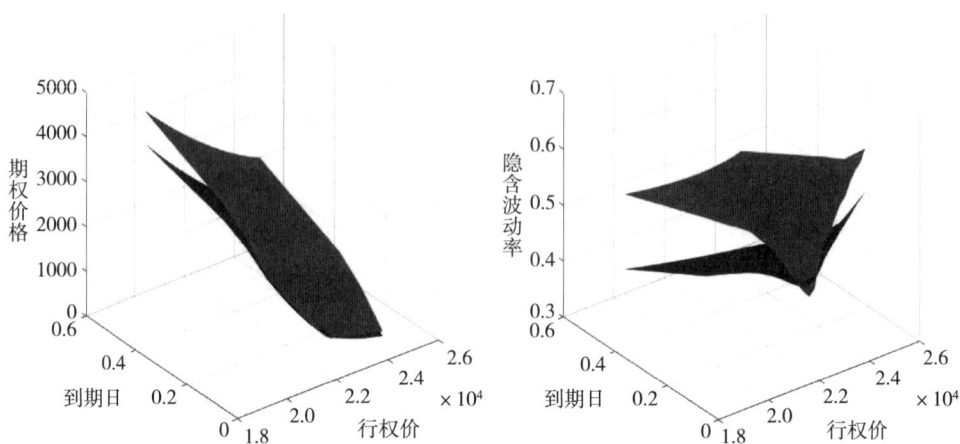

图 5-3　基于 MAPSO 的 VGSV 模型期权定价
与隐含波动率

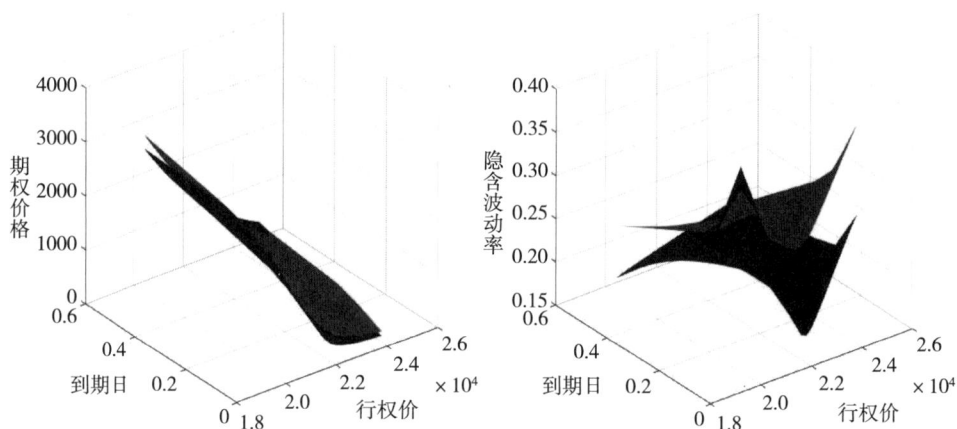

图 5-4　基于 MAPSO 的 CTSSV 模型期权定价
与隐含波动率

注：灰色代表 LVSV 模型模拟曲面，黑色代表恒生指数期权市价。X 轴与 Y 轴分别代表行权价与到期日。

进一步地，对使用改进后的 MAPSO 算法计算得到的 VGSV 模型和 CTSSV 模型的欧式期权价格的误差按照价值区间（K/S）和到期日进行了分类。按照价值区间（K/S）可划分为实值期权（ITM，K/S < 0.97）、平价期权（ATM，0.97 <

K/S<1.03）和虚值期权（OTM，K/S>1.03）；指数期权的到期日分类仍按照前文的短期、中期、长期进行分类，计算结果如表 5 - 2 所示。平均来看，CTSSV 模型的 RMSE 值总体上要小于 VGSV 模型计算的 RMSE 值。与 BS 期权定价模型相比，CTSSV 模型与 VGSV 模型在不同的到期期限的定价效果均要好于 BS 模型期权定价效果。具体而言，VGSV 模型计算的实值期权（ITM）误差 1.5839 要小于平价期权（ATM）计算的误差 1.842 和虚值期权（OTM）计算的误差 1.8824。VGSV 模型短期期权得到的误差均值 1.478 小于中期期权得到的误差 1.677 和长期期权误差值 2.1533，这说明方差伽马随机波动模型适合于进行短期期权的预测。而 CTSSV 模型的实值期权误差和平价期权所得到的误差均较小，其值分别为 0.174 和 0.2783，除了计算所得的虚值期权定价误差（0.5725）稍大外，在各到期期限内拟合效果均良好，证明了 CTSSV 模型的优越性，说明经典调和稳定分布与随机波动过程相结合后，增强了模型的解释力。

表 5 - 2　期权定价误差分类

模型	价值区间（K/S）	看涨期权定价误差		
		RMSE		
		短期期权	中期期权	长期期权
BS	ITM（<0.97）	2.1752	2.4788	2.6941
	ATM（0.97~1.03）	1.9593	2.2412	2.8504
	OTM（>1.03）	2.2104	2.3922	3.0015
VGSV	ITM（<0.97）	1.2152	1.4771	2.0593
	ATM（0.97~1.03）	1.5904	1.7083	2.2274
	OTM（>1.03）	1.6284	1.8456	2.1732
CTSSV	ITM（<0.97）	0.1439	0.1965	0.1817
	ATM（0.97~1.03）	0.2303	0.2668	0.3377
	OTM（>1.03）	0.6219	0.5362	0.5593

二、LVSV 模型的方差最优期权套期保值策略

本小节考虑在不完美市场中的欧式期权对冲问题。在 B - S 期权定价模型下，Delta 对冲策略是欧式期权价格公式关于标的资产进行求导所得到的份额，是一

种完美的连续对冲策略。而对于包含 Lévy 跳跃过程的期权定价模型求导通常不存在解析式，这使得完美的对冲策略通常不存在。并且由于等价鞅测度的存在，会使解也并不唯一。

对冲的行为可以解释为通过构造资产组合对终值进行复制。二次对冲策略是通过在风险中性的环境下最小化对冲的均方误差而得到的对冲策略。然而，使用对冲误差的风险中性方差作为衡量标准来测量风险并不符合实际交易情况。因为对于投资组合而言，在风险中性方差较小时，组合的盈利或者是损失错的方差波动有可能会较大。因而有必要在真实概率测度下分析方差对冲策略。给予初始资本金，通过最小化设定的方差最优标准来选择自融资策略。Galtchouk – Kunita – Watanable 分解将真实概率测度下的收益分解为初始资本、自融资策略下的收益和鞅过程三部分。

投资者出售欧式期权合约后，通过货币账户和标的资产的交易来规避风险。使用方差最优的准则度量风险，要求在零时刻连续对冲的资产组合的均方误差最小化。在风险中性概率测度下，若金融资产价格满足 B – S 期权定价模型的假设条件，则欧式看涨期权的方差最优对冲策略即为 Delta 对冲策略。非完美的金融市场欧式期权套期保值策略依赖于所选取的 LVSV 期权定价模型。使用前文所估计的参数和期权定价结果，使套期保值策略损益路径的模拟变得可能，这就为套期保值策略误差的计算提供了基础，进而可以用来评价套期保值的有效性，以平衡头寸调整的频率与交易成本之间的关系。

在不完美的金融市场中，完美的对冲策略一般并不存在。通常是采用方差最优的对冲策略[215-216]。本章将选择方差 – 最优的动态套期保值策略以分析 LVSV 模型刻画的期权市场套期保值的有效性，采用均方对冲误差最小化来得到方差最优的对冲策略。套期保值策略数据的选取与前文相同，欧式期权到期日与执行价的选择也与前文一致，无风险利率的选取采用香港银行间一年期同业拆借利率（HIBOR）。Hubalek 等[217]提出的方差 – 最优套保策略不是采用最小化局部方差而是采用最小化全局方差的方法进行套保。Kallsen 等[218]推导了时变 Lévy 模型下的方差最优期权套保策略的解析式。方差最优对冲被定义为在风险中性测度 Q 下期望的套保误差的平方项最小化，令初始资本金为 c_0，自融资交易策略为 ζ_t，则套期保值过程满足下式：

$$(V_0, \zeta_t) = \inf_{\zeta \in D} E^Q \left[e^{-rT}(S_T - K)^+ - c_0 + \int_0^T \zeta_t \mathrm{d}S_t \right]^2 \tag{5-25}$$

其中，集合中 D 包含了所有可行的对标的资产的自融资交易策略。方差最优策略 ζ_t 满足使自融资的投资组合总损失最小化。括号内的表达式表示的是对冲资产组合的误差，需要同时满足条件 $E\left[\int_0^T \zeta_t \mathrm{d}S_t\right]^2 < \infty$。

在推导方差最优的自融资策略之前，先给出 Lévy 跳跃过程驱动的随机波动率模型中期权与标的资产的随机积分引理。以变量 X_t 表示纯跳跃的 Lévy 随机过程，则 e^X 也为鞅过程，v_t 满足随机波动率过程，V_t 表示 v 在时间区间 $[0, t]$ 上的定积分。变量 X_t 表示的纯跳跃随机过程与 v_t 表示的随机波动率之间相互独立，金融资产价格过程满足 $S_T = S_0 e^{X(V_t)}$，标的资产 S 和以 S 为标的资产的期权价格 c 的随机积分形式为：

$$S_t = S_0 + \int_0^t \int S_{t_-}(e^x - 1)v_t J_X(\mathrm{d}t, \mathrm{d}x)$$

$$c_t = c_0 + \int_0^t \int (c_t - c_{t_-})v_t J_X(\mathrm{d}t, \mathrm{d}x) \tag{5-26}$$

其中，J_X 表示 X_t 的泊松随机测度。

进而对 ζ_t 微分求解，可以得到 LVSV 模型的欧式看涨期权的方差最优对冲策略表达式：

$$\zeta_t = \frac{Ke^{-rT}}{\pi S_t} \int_0^\infty \Re \left\{ \frac{\Psi(u-2i-i\gamma) - \Psi(u-i-i\gamma) - \Psi(-i)}{\Psi(-2i) - 2\Psi(-i)} e^{(iu+1+\gamma)(r\tau + \ln\frac{S_t}{K})} \frac{\varphi(u-i-i\gamma)}{(iu+\gamma+1)(iu+\gamma)} \right\} \mathrm{d}u \tag{5-27}$$

其中，$\Re$ 代表函数实数部分，τ 的含义同前文，Ψ 是 LVSV 模型的特征指数。

证明：资产组合在初始时刻的均方误差为

$$E^Q\left[e^{-rT}(S_T - K)^+ - c_0 + \int_0^T \zeta_t \mathrm{d}S_t\right]^2$$

$$= E^Q\left\{\int_0^t \int (\zeta_t S_t(e^x - 1)(c_t - c_{t_-}))v_t J_X(\mathrm{d}t, \mathrm{d}x)\right\}^2$$

$$= \int_0^T E^Q\left\{\int (\zeta_t S_t(e^x - 1)(c_t - c_{t_-}))^2 v_t \prod{}_X(\mathrm{d}x)\right\}\mathrm{d}t \tag{5-28}$$

对式（5-28）求导并令等式为 0，可以得到自融资的方差最优对冲策略如下所示。

$$\zeta_t = \frac{\int (c_t - c_{t_-})(e^x - 1)\Pi_X(dx)}{S_t \int (e^x - 1)^2 \Pi_X(dx)}$$

$$= \frac{\dfrac{Ke^{-rT}}{\pi} \int \int_0^\infty \Re\left\{ (e^x - 1)(e^{(iu+1+\gamma)x} - 1)e^{(iu+1+\gamma)(r\tau+\ln\frac{S_t}{K})} \dfrac{\varphi(u-i-i\gamma)}{(iu+\gamma+1)(iu+\gamma)} \right\} du\Pi(dx)}{S_t \Psi(-2i) - 2\Psi(-i)}$$

$$= \frac{\dfrac{Ke^{-rT}}{\pi} \int_0^\infty \Re\left\{ (\Psi(u-2i-i\gamma) - \Psi(u-i-i\gamma) - \Psi(-i))e^{(iu+1+\gamma)(r\tau+\ln\frac{S_t}{K})} \dfrac{\varphi(u-i-i\gamma)}{(iu+\gamma+1)(iu+\gamma)} \right\} du}{S_t \Psi(-2i) - 2\Psi(-i)}$$

$$(5-29)$$

假设代理人在初始时刻卖出看涨期权合约，为对冲风险构造初始投资组合 $\zeta_0 S_0$，资产组合头寸调整的频率为间隔 Δ_t 天。代理人在下一个交易日清空交易资产的头寸，并计算平衡资产所带来的收益，在此基础上构造新的头寸，在下一个交易日重复操作，以此类推。其中，ζ_t 可以根据方差最优的对冲策略公式求得。

采用平均相对误差（ARPE）指标衡量对冲策略的误差。计算 ARPE 误差以衡量采用不同模型计算的套期保值方差最优对冲策略效果，并和传统的 Delta 对冲结果进行比较。Delta 对冲和基于 LVSV 模型的方差最优对冲误差的计算分别按照调整频率为静态对冲，两周间隔的频率和一周间隔的频率进行，利用 FRFT 的计算步骤和改进后的 MAPSO 参数估计式，计算结果如表 5-3 所示。

表 5-3　套期保值误差 ARPE

模型与策略	调整频率		
	静态对冲	两周间隔	一周间隔
CTSSV 方差最优	0.3854	0.1214	0.0748
VGSV 方差最优	0.3116	0.1725	0.1003
Delta 对冲	0.4198	0.2367	0.1902

表 5-3 中每行估计值对应着同一模型下不同头寸的调整频率的相对误差值。随着调整频率的加快，两类策略下的 ARPE 误差值明显下降。LVSV 模型的方差-最优对称效果好于经典的 Delta 对冲效果。CTSSV 模型与 VGSV 模型相比，在高

频交易时调整头寸时误差值更小，意味着 CTSSV 模型能够更好地描述和预测股市，无限活跃程度下调和稳定分布的引入增强了模型的解释力。而在静态对冲时，两类套保策略计算的估计值差别不大。更进一步地，图 5 - 5 描绘了 CTSSV 模型与 VGSV 模型在该段套期保值策略期间内套保成本（Hedge Cost）的损失分布频率（Frequency）图。与 VGSV 模型相比，CTSSV 模型的损失分布更稳定。

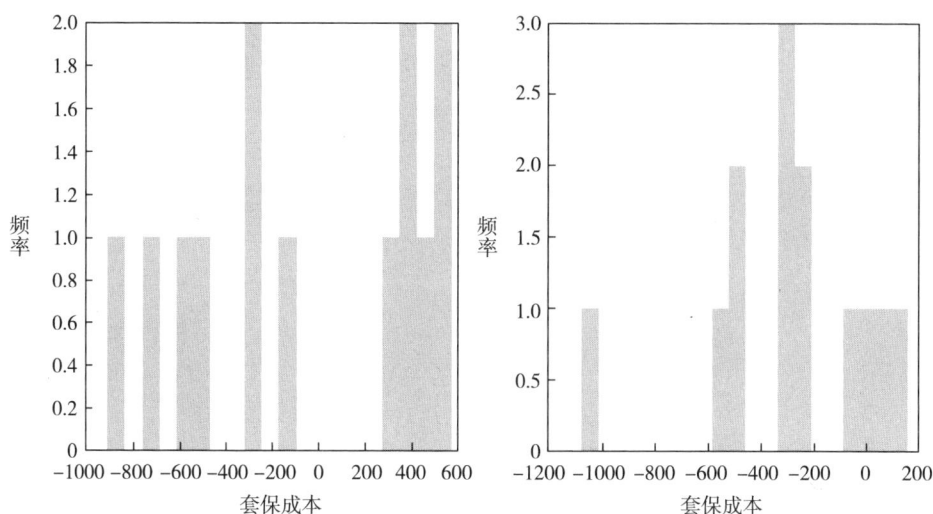

图 5 - 5　CTSSV（左）与 VGSV（右）模型方差 - 最优套期保值损失分布图

第六节　本章小结

经典的 B - S 期权定价模型无法刻画波动率微笑现象和收益率程式化现象，本章将经典调和稳定分布引入随机波动模型，重构了无限活跃纯跳跃 Lévy 过程驱动的随机波动模型，并推导了相应的特征函数式；使用分数阶傅里叶变换技术得到欧式期权定价解析式，提出了多区域自适应 PSO 算法，对恒生指数期权数据进行定价和方差 - 最优套期保值。

　　实证研究结果表明，CTSSV 模型能够捕获收益率尖峰厚尾、有偏特征及波动率微笑现象，准确反映市场波动形态和跳跃强度，在期权数据拟合上具有优越性。MAPSO 算法增加了粒子多样性，用于参数估计时，收敛速度更快，估计精度提高。相比于 VGSV 模型，CTSSV 模型期权定价和套期保值误差更小，用于衍生品建模和套期保值效果更稳健。

第六章　基于改进 PSO 算法的调和稳定 Lévy 跳跃随机波动过程美式期权定价

　　本章将收益波动的随机时间变化引入到正态调和稳定过程以构建时变的正态调和稳定模型，主要研究内容包括：通过将广泛应用的无限活跃调和稳定 Lévy 过程从属于积分 CIR 过程，构建起了时变调和稳定 Lévy 过程。利用傅里叶 – cosine 方法对具有提前执行特征的美式期权定价，其中，采用了正交方法和 FFT 技术。提出了改进的 PSO 智能算法并用其进行模型参数校正。然后，使用 OEX 美式期权数据研究定价误差，并进行了相应的分析。

第一节　问题提出

　　当前，各类奇异期权包括美式期权、亚式期权、障碍期权、百慕大期权等在金融市场的场内外被大量应用，这些奇异期权构成了其他复杂金融产品的基石。而其路径依赖型特征使模型定价困难，以往的美式期权定价模型也是以正态分布假设为前提，但正态分布假设在解释衍生品动态特征上不够灵活，[219-220] 寻找适合市场需要的美式期权定价模型的研究也大都致力于上述限制性假设条件的放开。研究也已经发现，金融资产收益率是尖峰厚尾的，收益波动存在集聚性。因而，美式期权定价的基础模型研究也转移到既包含收益的随机波动又包含跳跃行为的跳跃扩散模型上。[221] Zaevski 等[46] 使用带有调和稳定 Lévy 跳跃的随机波动过程来展示跳跃行为。本书的贡献之处在于从时变的经典调和稳定模型拓展到了时变的正态调和稳定模型，重构了时变调和稳定模型框架结构。

在无限活跃 Lévy 模型下，美式期权价格可以通过求解偏积分微分方程得到。但随着奇异核奇异性的增加，标准的时步法不再有效，这时就需要引进其他有效的数值技术。关于 Lévy 过程下的美式期权估值技术的修正方法的研究逐渐增多，[222] 既需要满足估值技术的稳健性，又需要满足计算的快速有效性。基于 FFT 的方法，由于进行了傅里叶变换，传统上被认为是有效的，只要特征函数已知，就可以被用来解决各类资产价格动态过程下的衍生品定价问题。在这些方法中，本书选择傅里叶－cosine 方法进行 TSSV 模型的美式期权定价研究。只要 TSSV 模型的特征函数表达式已知，该方法在计算提前执行期权上计算效率较高。与其他基于 FFT 的方法相比，FFT－cosine 方法计算准确性更高，从而能为后面的参数估计提供基础。并且在不考虑精确性的情况下，基于 FFT 的余弦方法的计算复杂性也远远低于基于 FFT 的卷积方法的计算复杂性。当美式期权价格已知时，可以很容易地计算出它的相应希腊字母。基本思想是利用傅里叶－cosine 级数展开式来替换转移概率密度函数，而概率密度函数又与特征函数高度相关。在 Lévy 过程美式期权价格计算中，这些被积函数往往是极度震荡的，FFT 方法使用相对较好的格点得到预期的精确度，并且，cosine 方法使用的格点数相对较少。在计算中，使用 Richardson 外插技术从百慕大期权为美式期权定价。其中，采用重复性 Richardson 外插技术来提高美式期权计算中的计算效率和准确性。

Yang 和 Lee[214] 提出的多区域 PSO 算法，旨在增加粒子的多样性，并通过 Lévy 期权定价参数估计过程验证了智能优化算法在参数估计中的有效性。基于此，本书提出一种改进的动态惯性权值 PSO 算法以提高参数估计的效率，并将其应用在新构建的模型中进行参数估计。

相较于以往的研究，本书的贡献之处在于将收益波动的随机时间变化引入到正态调和稳定过程且构建了时变的正态调和稳定模型，并与时变的经典调和稳定模型相比较。新构建模型框架的优势在于同时反映了基础资产的无限活跃跳跃行为和时变波动率的集聚效应。另外，在美式期权定价中使用了 Fourier－cosine 方法进行估值。为了提高参数估计的效率，对新构建的模型使用改进的 PSO 算法进行参数估计，以解决使用局部搜索技术和 PSO 算法求解非线性优化问题的低效率问题。

第二节　时变调和稳定 Lévy 过程

采用随机过程模型描述随机波动率要好于区制转换模型和时间序列方法的原因在于特征函数式解析存在，模型可以方便地用于后期的参数估计。本书中，将随机时间变化引入到调和稳定过程，扩展了原有的时变 Lévy 过程框架。Carr 等[41]使用包括 VG – CIR 和 NIG – CIR 模型的时变 Lévy 过程为欧式期权定价。通过将正态调和稳定分布和随机时间变化纳入模型框架捕获市场上的信息内容，并对其进行美式期权定价。

本小节将定义一类新的拥有无限活跃度跳跃的 Lévy 过程，进而构建 NTS 模型。令 φ 表示风险中性测度下的调和稳定 Lévy 过程，X_t 是平方可积的，右连续左极限的独立增量过程。风险中性测度下的股票价格过程 S_t 可被表达成 $S_t = S_0\exp((r+\omega)t+X_t)$，其中 ω 满足 $e^{-\omega t}=\varphi_{X_t}(-i)$。假设收益率过程服从调和稳定分布过程，并特别关注于两类调和稳定分布：经典调和稳定分布和正态调和稳定分布。

在完备概率空间 (Ω, F, P) 中，滤子 $(F_t)_{0\le t<\infty}$ 满足一般假设。通过将独立的调和稳定过程 G_t 作为布朗运动过程的随机时间项，能构造正态调和稳定过程 NTS。NTS 模型的密度函数较为复杂，但其特征函数容易得到，从而能方便地进行实际数据拟合。

正态调和稳定过程可以通过时变布朗运动过程构造。将算术布朗运动的物理时间变换成从属过程 $X_t=\mu T_t+\sigma W_{T_t}$，可以得到时变布朗运动过程。时变布朗运动过程是构造方差伽马过程、正态逆高斯过程和正态调和稳定过程的基础，有必要了解其基本属性。利用从属过程 T_t 和布朗运动过程 W_t 的条件期望和独立性性质特点，得到其概率密度函数和特征函数表达式。

$$f_{X_t}(y) = \frac{\mathrm{d}}{\mathrm{d}y}F_{X_t}(y) = \int_0^\infty \frac{1}{\sqrt{2\pi\sigma^2 s}}e^{-\frac{(y-\mu s)^2}{2\sigma^2 s}}f_{T_t}(s)\,\mathrm{d}s \qquad (6-1)$$

$$\varphi_{X_t}(u) = \varphi_{T_t}\left(u\mu + \frac{iu^2\sigma^2}{2}\right) \tag{6-2}$$

使用时变布朗运动过程构造正态调和稳定过程的具体步骤为：假设 W_t 表示标准布朗运动过程，G_t 是独立的调和稳定过程 TS，G_1 服从分布 $TS(\theta, 2^{-\theta}\theta^{-1}(v/(1-\theta))^{\theta-1}, 2^{\theta}(v/(1-\theta))^{-\theta})$，则 $X_t = \mu G_t + \sigma W(G_t)$ 表示 NTS 过程。并且，X_1 服从 (μ, v, σ, θ)。VG 模型和 NIG 模型都可看成是该模型的特殊形式。G_t 的矩母函数为：

$$Ee^{uG_t} = \exp\left\{t\int(e^{ux}-1)\frac{1}{\Gamma(1-\theta)}\left(\frac{v}{1-\theta}\right)^{\theta-1}x^{-\theta-1}\exp\left(\frac{\theta-1}{v}x\right)_{1|x>0|}(dx)\right\}$$

$$= \exp\left\{\frac{(1-\theta)t}{v\theta}\left(1-\left(1-\frac{uv}{1-\theta}\right)^{\theta}\right)\right\} \tag{6-3}$$

依据 Rachev、Kim 和 Bianchi[44] 的研究，NTS 分布的特征函数解析式计算如下：

$$\varphi_{NTS_{X_t}}(u) = \exp\left(\frac{(1-\theta)t}{v\theta}\left(1-\left(1-\frac{\left(iu\mu-\frac{\sigma^2u^2}{2}\right)v}{1-\theta}\right)^{\theta}\right)\right) \tag{6-4}$$

其中 Γ 是伽马函数，C，λ_-，λ_+，α 分别表示经典调和稳定分布模型的参数，$\alpha \in (0, 2)$ 并且 $\alpha \neq 0$，λ_-，λ_+，$\alpha > 0$。此外，μ，v，σ，θ 分别表示正态调和稳定分布模型中的参数，其中，$\mu \in R$，$\theta \in (0, 1)$，v，$\sigma > 0$。可以发现，NTS 过程的特征函数对数关于 t 是线性的，在有限时间内拥有无限次跳。

众所周知，从特征函数的快速傅里叶变换中得到的 Lévy 测度在反映随机分布的跳跃行为和跳跃结构中起到了关键作用，Lévy 测度不仅反映了不同过程的跳跃强度，且与相应过程的概率密度函数密切相关。测度分布的宽度与密度分布的峰部相关，测度分布的高度与密度分布函数的尾部相关。

$$v_{CTS}(dx) = \frac{C_2 e^{-\lambda_+ x}}{x^{1+\alpha}}1_{x>0} + \frac{C_2 e^{-\lambda_-|x|}}{|x|^{1+\alpha}}1_{x<0} \tag{6-5}$$

$$v_{NTS}(dx) = \sqrt{\frac{2}{\pi}}\left(\frac{v}{1-\theta}\right)^{\theta-1}\frac{e^{\frac{\mu x}{\sigma^2}}|x|^{-\theta-\frac{1}{2}}}{\sigma\Gamma(1-\theta)}\left(\mu^2 - \frac{2(\theta-1)\sigma^2}{v}\right)^{\frac{\theta}{2}+\frac{1}{4}}$$

$$K_{\theta+\frac{1}{2}}\left(\sqrt{\frac{x^2}{\sigma^2}\left(\frac{\mu^2}{\sigma^2}-\frac{2(\theta-1)}{v}\right)}\right) \tag{6-6}$$

其中 K 表示第三类修正的 Bessel 函数，$v_{CTS}(\mathrm{R}) = v_{NTS}(\mathrm{R}) = \infty$，表明 CTS 和 NTS 均是具有无限活跃跳跃属性的纯跳跃过程。

NTS 模型的概率密度函数可由特征函数近似得到。TSSV 过程中的随机变量 X 的概率密度函数 f_X 可由特征函数 $\varphi(u)$ 利用式（6-7）、式（6-8）所示的傅里叶变换的逆变换得到。如式（6-7）、式（6-8）所示，离散傅里叶变换算法（DFT）从向量 $(x_1, \cdots, x_N)$ 映射到向量 $(y_1, \cdots, y_N)$ 离散地近似傅里叶变换。

$$f_X(x) = \frac{1}{2\pi}\int_{-\infty}^{+\infty} e^{-iux}\varphi_X(u)\,\mathrm{d}x \tag{6-7}$$

$$x_j = \sum_{k=1}^{N} y_k e^{-i\frac{2\pi(j-1)(k-1)}{N}} \quad (j=1, \cdots, N) \tag{6-8}$$

收益时间序列通过上式来计算 NTS 模型的概率密度函数。概率密度函数是在提前确定的点上进行估计的。根据实际观测到的收益，取离其最近的点得到估计的概率密度估计值。一般文献中，往往采用极大似然法来最大化收益率的估计概率以推导模型的参数估计值，进而对信息矩阵求逆得到参数标准差。

DFT 算法将积分区间划分为大小为 $2a/N$ 的等间距积分区间，并利用中值定理近似以减少误差。从中可以看出 N 和 a 的取值重要性，参数 a 影响抽样距离和插值区间，相应的 N 影响了计算复杂性。合理的选择是在插值误差、抽样误差以及离散误差之间寻求一个折中点。近似的准确性由每个区间的被积函数决定。

快速傅里叶变换能有效地执行 DFT 算法，尤其当 N 是 2 的倍数时，并且按照下述公式在点 x_j 处近似概率密度函数。

$$f_X(x_j) \approx \frac{1}{2\pi}\int_{-a}^{+a} e^{-iux_j}\varphi(u)\,\mathrm{d}u$$

$$= \frac{a}{N}(-1)^{j-1} i e^{i\frac{\pi(j-1)}{N}} \mathrm{FFT}_j\left(\left((-1)^{k-1}\varphi(u_k^*)\right)_{k=1,\cdots,N}\right) \tag{6-9}$$

其中 $\alpha \in \mathrm{R}$，表示傅里叶变换的积分极限；j 和 $k \in \{1, \cdots, N=2^q\}$，$q \in N$，本书中取 $q=15$，其取值会影响到积分步骤次数，$u_k = -a + (2a/N)(k-1)$，$u_k^* = (u_{k+1}+u_k)/2$，$x_j = -N\pi/2a + (\pi/a)(j-1)$。

Lévy 测度决定着相对应的随机过程的跳跃行为。NTS 过程的 Lévy 测度解析表达式为：

$$\prod_{NTS}(\mathrm{d}s) = \sqrt{\frac{2}{\pi}}\left(\frac{v}{1-\theta}\right)^{\theta-1}\frac{e^{\mu s/\sigma^2}|s|^{-\theta-\frac{1}{2}}}{\sigma\Gamma(1-\theta)}\left(\mu^2 - \frac{2(\theta-1)\sigma^2}{v}\right)^{\frac{\theta}{2}+\frac{1}{4}}$$

$$\mathrm{K}_{\theta+\frac{1}{2}}\left(\sqrt{\frac{s^2}{\sigma^2}\left(\frac{\mu^2}{\sigma^2}-\frac{2(\theta-1)}{v}\right)}\right)\mathrm{d}s \qquad (6-10)$$

其中，K 是第三类修正的巴塞尔函数。以 m_n 表示 n 阶中心矩，则 4 阶中心矩解析式如下所示：

$$m_1 = \mu t$$

$$m_2 = (\sigma^2 + \mu^2 v)t$$

$$m_3 = \left(3\sigma^2 + \frac{\mu^2 v(2-\theta)}{1-\theta}\right)\mu v t$$

$$m_4 = \left(\mu^4 v^2 \frac{(2-\theta)(3-\theta)}{(1-\theta)^2} + 6\mu^2\sigma^2 v \frac{2-\theta}{1-\theta} + 3\sigma^4\right)v t + 3(\sigma^2 + \mu^2 v)^2 t^2 \qquad (6-11)$$

各阶矩的计算有助于深入了解各个参数的作用。NTS 模型中的参数 μ 决定着密度函数的偏度，经济意义表示金融资产的平均收益；v 控制着超过正态分布的超额峰度，从二阶矩公式可以看出，整体金融风险由非系统性风险 σ^2 和系统性风险 $\mu^2 v$ 构成；θ 影响着收益率密度函数的形状，意味着该参数可以刻画金融市场中的经济信息含量，进而表现出不同的经济状态。当 $\theta = 1/2$ 时，由于 TS 分布转化为逆高斯分布，NTS 分布就转化为 NIG 分布；当 θ 趋近于 0 时，TS 分布的极限分布是 Gamma 分布，NTS 分布就转化为 VG 分布。从中可以看出的是，金融时间序列的峰度越高，θ 值就越大，参数 θ 可以为收益率提供不同程度的斜度和峰态。

NTS 模型作为随机过程本身并不能反映波动率的均值回复特性，因而将随机波动添加到 NTS 资产定价模型中。对于波动率聚集效应的随机时间变化模型的选择，由于 CIR 平方根过程的均值回复属性，使其成为经典的描述随机波动的动态模型，波动率动态 y_t 可由方程式 $dy_t = \kappa(\eta - y_t)dt + \lambda\sqrt{y_t}dW_t$ 描述，其中参数 κ，η，λ 的含义同前所述，满足 Feller 条件 $2\kappa\eta \geq \lambda^2$ 以保证 CIR 过程在变换测度时是严格为正的。作为时间变化率的测度，根据经济事件加速或者减慢时间维度。定义 $[0, t]$ 时间维度上的随机时间变化变量 Y_t 为 $Y_t = \int_0^t y(s)\mathrm{d}s$，则 Y_t 的特征函数可通过式（6-12）表达出来。

$$\varphi(u,\ t,\ y_0) = \frac{\exp\left(\dfrac{\kappa^2\eta t}{\lambda^2}\right)}{\left[\cosh\left(\dfrac{\gamma t}{2}\right) + \dfrac{\kappa}{\gamma}\sinh\left(\dfrac{\gamma t}{2}\right)\right]^{2\kappa\eta/\lambda^2}}\exp\left(y_0\dfrac{2iu}{\kappa + \coth\left(\dfrac{\gamma t}{2}\right)\gamma}\right) \quad (6-12)$$

with $\gamma = \sqrt{\kappa^2 - 2\lambda^2 iu}$

时变 Lévy 过程相当于将 Lévy 过程定义在随机时间刻度上。这种方法的特点是，时变波动率控制着时间维度，Lévy 过程的跳结构反映价格变化中的不连续性，从而不确定的经济活动引起不确定的波动率。接下来将 CIR 平方根过程嵌入到调和稳定分布中以构建时变调和稳定过程模型。以 X_t 表示 NTS 过程，$Z_t = X_{Y_t}$ 表示将时变波动率从属于 NTS 过程，则 Z_t 为时变 NTS 过程，与时变 CTS 过程的构造过程类似。Z_t 的特征函数可以通过式（6-13）计算得到。

$$\varphi_{Z_t}(u,\ t) = \varphi_{Y_t}(-i\psi_{X_t}(u),\ t) \quad (6-13)$$

其中，$\Psi(u)$ 表示相应的特征指数。

将 Heston 模型中的布朗运动过程替换成 NTS 过程，可得到 NTSSV 过程。该方法具有普遍的适用性，跳跃结构更加复杂，经济含义更加明显，实际上提供了构建 Lévy 随机波动模型框架的广义思路。布朗运动过程可被替换为任意其他随机过程。纯跳跃无限活跃 Lévy 过程驱动的随机波动模型包括两部分：一部分为纯跳跃 Lévy 过程，用来控制金融资产价格动态演化过程，另一部分为随机波动过程，通过调整时间变化率来控制价格波动和跳跃频率的强度。TSSV 过程耦合了 Lévy 跳跃过程和随机波动过程，能同时反映收益率序列 $\ln(S_t/S_0)$ 的跳跃行为和波动特征。它不仅克服了纯跳跃 Lévy 模型不能反映潜在波动率扩散项的缺陷，也克服了单纯随机波动模型不能刻画资产收益率众多小型跳跃波动的缺点。TSSV 模型用于拟合期权市场实际数据，能有效地刻画波动率微笑现象。TSSV 模型的对数收益特征函数由式（6-14）计算得到。

$$E(e^{iu\ln\frac{S_t}{S_0}}) = \exp\left\{iurt + \frac{2\psi(u)Y_0(1-e^{-\Pi t})}{2\Pi - (\Pi-\kappa)(1-e^{-\Pi t})} - \frac{k\eta}{\lambda^2}\left[2\ln\left[1 - \frac{\Pi-\kappa}{2\Pi}(1-e^{-\Pi t})\right] + (\Pi-\kappa)t\right]\right\}$$
$$= \exp[iurt + \tau(t,\ u)] \quad (6-14)$$

其中，$\Pi = \sqrt{\kappa^2 - 2\psi(u)\sigma^2}$，$\Psi(u)$ 指代纯跳跃 Lévy 过程的特征指数，κ、η、λ 是 CIR 随机波动率过程的参数。

在风险中性测度 Q 下，收益率过程的特征函数是真实概率测度 P 下的特征函数和均值修正因子的乘积 $\exp((r-q)t)/E[\exp(S(t))\mid v_0]$。同时，$Q$ 测度下的概率密度函数可通过特征函数的快速傅里叶变换得到。图 6-1 展示了随机波动率正态调和稳定模型中 NTS 边际分布的四个参数对 NTSSV 密度函数（Density）的影响。其中，θ 和 ν 与 *NTSSV* 模型的密度函数的峰部的尖锐程度呈负向关系，μ 影响着 *NTSSV* 密度分布函数的总位置，σ 影响着密度函数的形状。

第三节　Fourier - cosine 方法基础的 TSSV 美式期权定价

快速傅里叶变换算法直接用在欧式期权定价上能显著提高效果，但 FFT 算法不能直接用在路径依赖期权定价上。在傅里叶变换基础上的变换方法可用于这类提前执行期权。由于随机波动率调和稳定过程具备良好的属性，即特征函数显示存在。Fang 和 Oosterlee[200] 分别引入了傅里叶余弦方法和傅里叶卷积方法（Fourier - convolution）用于指数 Lévy 模型的美式期权定价。仿真效果对比证明：Fourier - cosine 算法比 Fourier - convolution 算法更有效，并且傅里叶 cosine 数值算法具有高效且指数收敛的特点。其中，对于具有提前执行特征的期权计算，使用了正交算法。Andricopoulos 等[224] 实证发现，参考有限差分算法，对等时间间隔的数据，正交算法在计算给定执行价格的障碍期权时，极大地提高了收敛速度。可以看到，对于具有单项资产的期权合约，数值计算方法相较于蒙特卡洛模拟方法，具有速度快、效率高的特点。数值计算表明，使用 Fourier - cosine 方法能快速地实现容许的精确度，cosine 级数算法被证明是代数收敛的，因此在期权定价中得到了越来越多的应用。

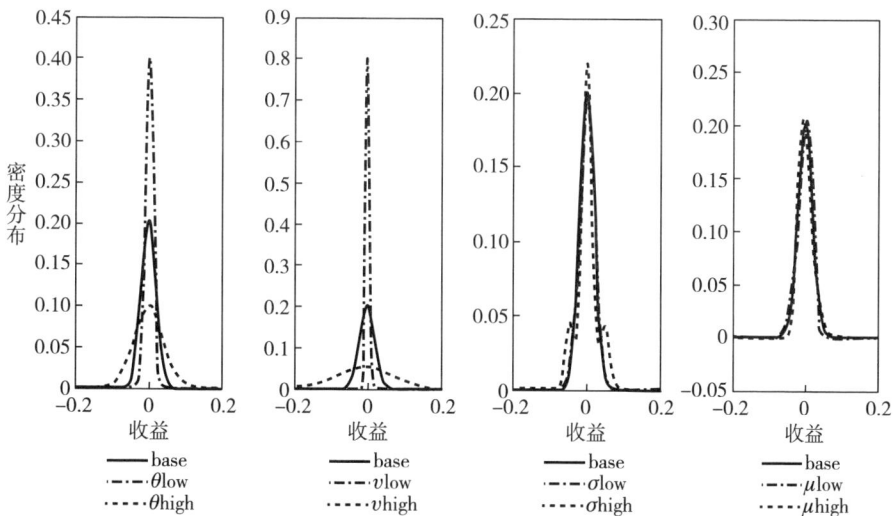

图 6-1 NTSSV 模型风险中性概率密度分布

美式期权定价可以在到期时间 T 之前的任意时间执行，对此，Chang[223] 提出了重复性 Richardson 外插技术从百慕大期权快速、准确地计算美式期权，重复性 Richardson 外插技术被用来提高美式期权的计算效率和准确性。该方法假设美式期权 $A_\Delta(t_0, St_0)$ 能从百慕大期权价格 $V_\Delta(t_0, St_0)$ 中近似得到，使用四点 Richardson 外插技术，令 $\Delta_k = 2^{-k}$，$k = n$，$n+1$，$n+2$，$n+3$，则美式期权可近似为 $A_\Delta(t_0, St_0) = (1/21) \times [64V_{\Delta(n+3)}(t_0, St_0) - 56V_{\Delta(n+2)}(t_0, St_0) + 14V_{\Delta(n+2)}(t_0, St_0) - V_\Delta(t_0, St_0)]$。调和稳定随机波动模型的美式期权定价问题就转化为相对应的百慕大期权定价问题。因此，Fourier - cosine 方法能有效地计算本书所构建的 TSSV 过程框架下的 Lévy 过程。

百慕大期权可以在到期日期前设定的执行日执行，行权时，持有者获得投资收益。两个连续行权日期之间的估值过程可以看成是欧式期权定价过程。在计算百慕大期权时，使用牛顿迭代法寻根。一般迭代 5～10 次，便可达到可接受的计算精度。令 t_0 表示初始时刻，t_m 表示行权时间，$v(x, t_m)$、$c(x, t_m)$ 和 $g(x, t_m)$ 分别表示在时间 t_m 格点 x 上的期权价格函数、连续值和相应的支付函数，$\Delta_t = t_m - t_{m-1}$，$t_0 < t_1 < \cdots < t_M = T$，状态变量 x、y 表示 m 时刻和 $m+1$ 时刻资产价格与行权价格比值的对数，f 表示条件概率密度函数，则对于 $m = M$，$M-1$，$\cdots$，2 的

期权价格公式满足：

$$c(x, t_m) = e^{-r\Delta_t}\int_{-\infty}^{+\infty} v(y, t_{m+1}) f(y\,|\,x)\,\mathrm{d}y \qquad (6-15)$$

$$v(x, t_m) = \max(g(x, t_{m+1}), c(x, t_{m+1})) \qquad (6-16)$$

其中，$c(x, t_m) = e^{-r\Delta_t}\int_{-\infty}^{+\infty} v(y, t_{m+1}) f(y\,|\,x)\,\mathrm{d}y$。

当期权价格函数的余弦级数系数已知时，可以对上式应用 Fourier – cosine 方法。Fourier – cosine 方法的核心是概率密度函数 f 的余弦级数系数与它相应的特征函数高度相关。由于当自变量的绝对值趋向无穷大时，密度函数值快速趋近于 0，那么概率密度函数可以通过在截断区间 (a, b) 上的 cosine 级数展开计算得到。

$$f(y\,|\,x) = \sum_{k=0}^{N-1} A_k(x)\cos\left(k\,\pi\frac{y-a}{b-a}\right) \qquad (6-17)$$

其中，在计算求和项时，首项要乘 1/2，级数系数 $A_k(x)$ 可以表示为：

$$A_k(x) = \frac{2}{b-a}\int_a^b f(y\,|\,x)\cos\left(k\,\pi\frac{y-a}{b-a}\right)\mathrm{d}y \qquad (6-18)$$

在计算傅里叶系数的解析式之前，先计算一下两个积分：

$$\int_c^d e^{nx}\cos\left(k\,\pi\frac{x-a}{b-a}\right)\mathrm{d}x$$

$$= \frac{1}{n^2 + \left(\frac{k\,\pi}{b-a}\right)^2}\left[ne^{nd}\cos\left(k\,\pi\frac{d-a}{b-a}\right) - n\cos\left(k\,\pi\frac{c-a}{b-a}\right)e^{nc} + \right.$$

$$\left.\frac{k\,\pi}{b-a}\sin\left(k\,\pi\frac{d-a}{b-a}\right)e^{nd} - \frac{k\,\pi}{b-a}\sin\left(k\,\pi\frac{c-a}{b-a}\right)e^{nc}\right] \qquad (6-19)$$

$$\int_c^d \cos\left(k\,\pi\frac{x-a}{b-a}\right)\mathrm{d}x = \begin{cases}\frac{b-a}{k\,\pi}\left[\sin\left(k\,\pi\frac{d-a}{b-a}\right) - \sin\left(k\,\pi\frac{c-a}{b-a}\right)\right], & k\neq 0\\ d-c & k=0\end{cases} \qquad (6-20)$$

交换求和与积分算子可以得到：

$$c_1(x, t_m) = \frac{1}{2}(b-a)e^{-r\Delta_t}\sum_{k=0}^{\infty} A_k(x)\frac{2}{b-a}\int_a^b v(y, t_m)\cos\left(k\,\pi\frac{y-a}{b-a}\right)\mathrm{d}y \qquad (6-21)$$

利用 $A_k(x)$ 与调和稳定随机波动模型的特征函数 $\varphi(u)$ 之间的关系，可以得到：

$$A_k(x) = \frac{2}{b-a}\mathrm{Re}\Big(e^{-ik\pi\frac{a}{b-a}}\int_a^b e^{i\frac{k\pi}{b-a}y}f(y\mid x)\,\mathrm{d}y\Big) = \frac{2}{b-a}\mathrm{Re}\Big(e^{-ik\pi\frac{a}{b-a}}\varphi_{TSSV}\Big(\frac{k\pi}{b-a}\Big)\Big)$$

$$(6-22)$$

其中，Re 表示取实数部分。

根据上述的公式推导，可以得到调和稳定随机波动过程下的欧式期权定价公式表达式：

$$\hat{c}(x,t_{m+1}) = e^{-r\Delta_t}\sum_{k=0}^{N-1}\mathrm{Re}\Big(e^{-ik\pi\frac{x-a}{b-a}}\varphi_{TSSV}\Big(\frac{k\pi}{b-a}\Big)\Big)\int_a^b v(y,t_m)\cos\Big(k\pi\frac{y-a}{b-a}\Big)\mathrm{d}y$$

$$(6-23)$$

其中，令 $V_k(t_{m+1}) = \int_a^b v(y,t_m)\cos\Big(k\pi\frac{y-a}{b-a}\Big)\mathrm{d}y$，$V_k(t_{m+1})$ 表示第 k 个期权值 $v(y,t_m)$ 的余弦级数系数，它包括两部分：一部分积分 $C(a,x^*,t_m,)$，区间范围从 a 到时刻 t_m 的提前行权边界 x^*，其计算根据牛顿的寻根算法决定；另一部分积分 $G(a,x^*,t_m,)$，区间范围从提前行权边界 x^* 到 b，分别根据下面的公式计算得到。

$$G_k(x_1,x_2,t_m) = \frac{2}{b-a}\int_{x_1}^{x_2}g(x,t_m)\cos\Big(k\pi\frac{y-a}{b-a}\Big)\mathrm{d}x$$

$$C_k(x_1,x_2,t_m) = \frac{2}{b-a}\int_{x_1}^{x_2}c(x,t_m)\cos\Big(k\pi\frac{y-a}{b-a}\Big)\mathrm{d}x \qquad (6-24)$$

进一步，可得看涨期权和看跌期权下的 G_k 表达式。

$$G_k(x_1,x_2,t_m) = \begin{cases}\dfrac{2}{b-a}K(\chi_k(x_1,x_2)-\Psi_k(x_1,x_2)) \\[2mm] \dfrac{2}{b-a}K(\Psi_k(x_1,x_2)-\chi_k(x_1,x_2))\end{cases} \qquad (6-25)$$

$$\hat{C}_k(x_1,x_2,t_m) = e^{-r\Delta_t}\mathrm{Re}\Big(\sum_{j=0}^{N-1}\varphi_{TSSV}\Big(\frac{j\pi}{b-a}\Big)V_j(t_M)M_{k,j}(x_1,x_2)\Big) \qquad (6-26)$$

其中，$\sum_{j=0}^{N-1}\varphi_{TSSV}\Big(\frac{j\pi}{b-a}\Big)M_{k,j}(x_1,x_2)$ 表示矩阵和对角矩阵的乘积，可以表述为矩阵和向量乘积表达式。对于连续值 C_k 和其近似值的误差分析，详见 Fang 和

Oosterlee[200]的研究结果。当截断区间［a，b］选取的足够大时，误差能够指数收敛。其中，公式其他各部分系数的表达式为：

$$\chi(x_1, x_2) = \frac{1}{1+\left(\frac{k\pi}{b-a}\right)^2} \begin{pmatrix} \cos\left(k\pi\frac{x_2-a}{b-a}\right)e^{x_2} - \cos\left(k\pi\frac{x_1-a}{b-a}\right)e^{x_1} + \frac{k\pi}{b-a}\sin\left(k\pi\frac{x_2-a}{b-a}\right)e^{x_2} \\ -\frac{k\pi}{b-a}\sin\left(k\pi\frac{x_1-a}{b-a}\right)e^{x_1} \end{pmatrix}$$

$$(6-27)$$

$$\Psi_k(x_1, x_2) = \begin{cases} \left(\sin\left(k\pi\frac{x_2-a}{b-a}\right) - \sin\left(k\pi\frac{x_1-a}{b-a}\right)\right)\frac{b-a}{k\pi} & k\neq0 \\ d-c & k=0 \end{cases} \quad (6-28)$$

$$M_{k,j}(x_1,x_2) = \frac{2}{b-a}\int_{x_1}^{x_2} e^{ij\pi\frac{x-a}{b-a}}\cos\left(k\pi\frac{x-a}{b-a}\right)dx \qquad (6-29)$$

其中，k，j=0，1，…，N−1，i表示虚数单元。FFT算法能有效地应用到矩阵乘法计算中。

对$M_{k,j}$应用$e^{i\alpha} = \cos(\alpha) + i\sin(\alpha)$，$M^c$为Hankel矩阵，$M^s$为Toeplitz矩阵。

$$并且，M_{k,j}^c(x_1, x_2) = \begin{cases} \frac{(x_2-x_1)\pi i}{b-a} & k=j \\ \frac{\exp\left(i(j+k)\frac{(x_2-a)\pi}{b-a}\right) - \exp\left(i(j+k)\frac{(x_1-a)\pi}{b-a}\right)}{j+k} & k\neq j \end{cases}$$

$$(6-30)$$

$$M_{k,j}^c(x_1, x_2) = \begin{cases} \frac{(x_2-x_1)\pi i}{b-a} & k=j \\ \frac{\exp\left(i(j-k)\frac{(x_2-a)\pi}{b-a}\right) - \exp\left(i(j-k)\frac{(x_1-a)\pi}{b-a}\right)}{j-k} & k\neq j \end{cases}$$

$$(6-31)$$

对于截断区间（a，b）的选取，Fang和Oosterlee[200]根据经验，提出了如下的截取计算公式：

$$(a, b) = \left((c_1+\ln(S_0/K)) - L\sqrt{c_2+\sqrt{c_4}}, \ (c_1+\ln(S_0/K)) + L\sqrt{c_2+\sqrt{c_4}}\right)$$

$$(6-32)$$

其中，L 的选取依赖于可接受的容忍度水平。经过反复测试发现，对到期日期较短的期权合约，适宜选取较大的 L 值。当 N 取值足够大的时候，级数截断误差可以忽略不计。c_1，$\cdots$，c_4 代表 TSSV 模型的特征函数的累积矩。选择加入 c_4 是为了准确刻画金融资产收益率过程的概率密度函数的尖峰厚尾属性。以 X_T 代表 TSSV 过程，n 阶矩的计算可由下面计算得到：

$$c_1 = rT + \ln \frac{S_0}{K} + (\mathrm{E} e^{u X_T}) \,' \,|_{u=0}$$

$$c_2 = \left(rT + \ln \frac{S_0}{K} \right)^2 + 2 \left(rT + \ln \frac{S_0}{K} \right) (\mathrm{E} e^{u X_T}) \,' \,|_{u=0} + (\mathrm{E} e^{u X_T}) \,'' \,|_{u=0}$$

$$c_4 = \left(rT + \ln \frac{S_0}{K} \right)^4 + 4 \left(rT + \ln \frac{S_0}{K} \right)^3 (\mathrm{E} e^{u X_T}) \,' \,|_{u=0} +$$

$$6 \left(rT + \ln \frac{S_0}{K} \right)^2 (\mathrm{E} e^{u X_T}) \,'' \,|_{u=0} + 4 \left(rT + \ln \frac{S_0}{K} \right) (\mathrm{E} e^{u X_T}) \,''' \,|_{u=0} + (\mathrm{E} e^{u X_T}) \,''' \,|_{u=0}$$

$$(6-33)$$

在获得百慕大期权价格之后，美式期权定价可以通过对具有多个提前执行日期的百慕大期权价格应用 Richardson 外插技术获得。Fourier – cosine 级数展开方法，不仅可以用来为美式期权定价，还可用来为障碍期权定价。对于这些期权，只要首个提前执行日期的级数系数已知，系数便可以从收益支付函数中递归得到。

第四节　参数估计的改进 PSO 算法

随机波动调和稳定 Lévy 过程模型的参数估计过程涉及高维积分变量，大部分的密度函数没有解析形式，使似然估计方法和矩估计方法计算困难。此外，利用真实市场数据进行参数校正构成了一个非线性问题，使普通的优化方法结果不再稳定。随机波动的引入增加了参数的数目，同时也增加了计算过程的复杂性。因此，传统的优化技术不能得到最优解集。然而，随机波动调和稳定 Lévy 过程模型的特征函数的解析存在为利用智能优化算法进行参数校正提供了可能。

本章在前一章变异思想的基础上，基于参数和种群自适应变异的多区域自适应 PSO 算法进行搜索，进行初始粒子的多区域搜索以改进初始化效果，根据算法收敛情况自适应的确定调整概率，利用混沌遍历属性避免陷入局部最优。MAPSO 算法包括如下操作：种群初始化多区域局部搜索；粒子群参数自适应变异；种群全局自适应变异。在此基础上，首先使用 MAPSO 算法进行参数估计，然后对 PSO 算法中尚待改进的部分继续进行改进，进行参数的二次估计。

在 PSO 算法中，假设每个粒子在 n 维空间中飞行，$X_i = (x_{i1}, x_{i2}, \cdots, x_{in})$ 代表粒子 i 的当前位置，$V_i = (v_{i1}, v_{i2}, \cdots, v_{in})$ 表示粒子 i 的当前飞行速度，$p_i = (pbest_{i1}, pbest_{i2}, \cdots, pbest_{in})$ 是粒子 i 的个体最优位置。粒子根据个体和群体的飞行经验动态地调整相应的速率和位置。可以看到粒子的飞行速度影响到了算法的全局收敛性。当粒子速率设置过大时，会使粒子过快地飞越全局最优解所在的区域，当接近最优解时，由于缺乏有效控制和对飞行粒子进行约束，容易导致忽视最优解，而转向其他区域寻找局部解。

为了有效估计 TSSV 模型的参数，针对 MAPSO 算法尚存在改进的部分，在 MAPSO 算法基础上进一步提出了改进的 PSO 算法（IPSO），即非线性动态惯性权值 PSO 算法。由于粒子的速度和位置依赖于参数设定，本书通过引入惯性权值 ω 得到具有改进全局搜索能力的 IPSO 算法。然后每个粒子的速率和位置通过 pbest 和 gbest 得到更新。

$$v_{ij}(t+1) = \omega v_{ij}(t) + c_1 r_1 (pbest_{ij}(t) - x_{ij}(t)) + c_2 r_2 (gbest_j(t) - x_{ij}(t))$$
$$x_{ij}(t+1) = x_{ij}(t) + v_{ij}(t+1) \tag{6-34}$$

其中 ω 指代惯性权值，参数 c_1 和 c_2 表示认知系数，r_1 和 r_2 代表（0，1）间均匀分布的随机数，c_1 能调整粒子飞向自身最好位置的飞行步伐，c_2 能调整粒子飞向种群最优位置的飞行步伐，$gbest_j(t)$ 是当粒子群体向第 t 代演化的最优位置的第 j 维成分。

为了平衡全局搜索能力和局部算法的导向能力，当每个粒子的目标值倾向于收敛或者接近局部最优值时，惯性权值增加，当每个粒子的目标值是分散的，相对应的惯性权值就会减少。同时，对于比目标函数值平均值高的粒子，我们分配较小的惯性权值因子以便得到相应的粒子。相反，对于具有较低平均目标函数值的粒子，分配较大的惯性权重因子，以便使粒子向更合理的搜索区域移动。粒子的非线性动态惯性权重随着目标函数值自动地进行变化，其公式可以表达成式 $(6-35)$。

$$
\omega = \begin{cases} \omega_{min} - \dfrac{(\omega_{max} - \omega_{min}) \times (f - f_{min})}{f_{avg} - f_{min}} & f \leqslant f_{avg} \\[3mm] \omega_{max} & f > f_{avg} \end{cases} \tag{6-35}
$$

其中，f 表示粒子的目标函数值，f_{avg} 和 f_{min} 分别表示平均目标值和粒子的最小目标值。

另外一点需要改进的地方是在算法搜寻过程中缺乏多样性，表明变异算子能够增加种群的多样性。近来，Chen 等[225] 提出了一个新的 PSO 算法，将一个老化的领导者引入以增加粒子的多样性。为了增加算法中群落的多样性，改进的算法同时考虑了动态惯性权重和老化的领导者以提高多样性水平、增加搜索的效率。众所周知，具有较高多样性程度的粒子将会获得更好的表现。在 Chen 等[225] 的研究中，利用一个生命周期控制算子以调整领导者的老化速度，而本书中使用下列改进的比率计算领导力。

$$
Ratio = \left| \frac{f(gbest_i) - f(gbest_{i-1})}{f(gbest_{i-1})} \right| \tag{6-36}
$$

$gbest$ 的生命周期随着领导力增加，通过上面的 Ratio 值反映。这与 Chen 等[224] 所使用的算子控制规则类似，更新后的领袖者情形被分为四类，并进行逐步迭代。当随机选中的粒子能使学习目标多样化时，对其进行区分。

IPSO 算法的设计能较好地克服早期收敛的问题，但没有明显地破坏原有算法的收敛特征。理论上，改进后的优化算法既具有原来算法的诸多优点，又克服了其诸多缺点。因此，本书将应用该方法为 TSSV 模型下的美式期权估计进行参数校正，以验证其应用在金融模型中的表现力。

第五节　实证结果

一、描述性统计

在本部分我们实证分析两类随机过程模型的子类模型在美式期权定价中的表现。通过使用 Fourier - cosine 方法和改进的粒子群优化算法对调和稳定随机波动下的美式期权估值，使用的美式期权数据为 2016 年 3 月 31 日的 OEX 美式期权数据，包括了所有到期日合约，数据来自于 Bloomberg 数据库。当天交易的标普 100 指数为 915.75 点，无风险收益率值为 0.59%。我们对比了三类时变无限活跃 Lévy 过程模型，即随机波动率正态逆高斯模型（NIGCIR）、随机波动率经典调和稳定模型（CTSSV）和随机波动率正态调和稳定模型（NTSSV），并通过这三类模型来考察建模的效果。在进行实证研究之前，我们考察了标普 100 指数从 2010 年 1 月 4 日到 2015 年 12 月 1 日的收益率特征。研究发现，SP100 指数表现出尖峰厚尾属性，偏度值为 - 0.1862，峰度值为 6.7023。负的偏度值表明收益率分布是左偏的，峰度值超过正态分布的峰度值 3，表明了其存在尖峰属性。图 6 - 2 给出了 SP100 指数分位数（Quantiles of SPX）与标准正态分位数的 QQ 图（QQ plot）之间的关系。其中，横轴表示标准正态分位数（Standard Normal Quantiles），从图中可以看出其不同于正态分布的非对称属性；图 6 - 2 的 SP100 指数收益序列（SPX returns）表明 SP100 指数的波动率集聚效应和无限跳跃属性，其中，横轴表示跳跃的次数（Time）。

二、参数估计结果

从实际的角度出发，我们最小化真实市场观测值和模型产生的价格之间的均方根误差（RMSE）目标函数。此外，还可以选择平方绝对百分比误差（ARPE）作为目标函数。在此，一并给出定义。

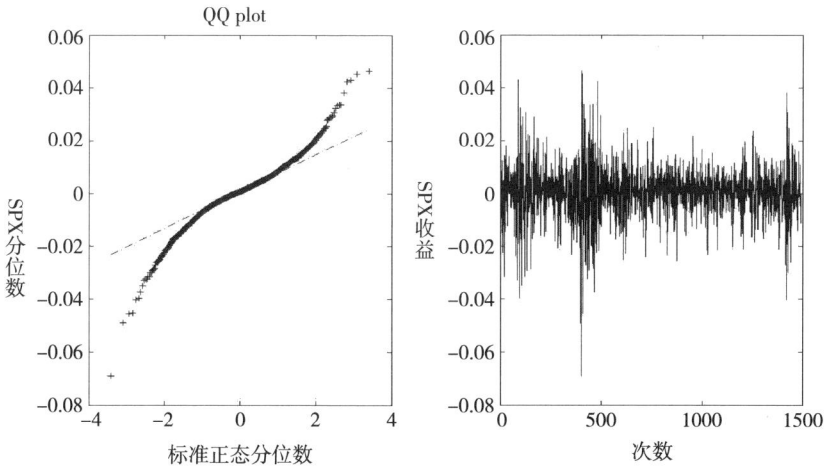

图 6 - 2 指数收益的 QQ 图（左）和收益序列（右）

$$RMSE = \sqrt{\sum_{t_i} \frac{\left(O_{market} - O_{model}(\Theta)\right)^2}{N}} \qquad (6-37)$$

$$ARPE = \frac{1}{O_{average}} \sum_{i=1}^{N} \frac{\left|O_{market} - O_{model}(\Theta)\right|}{N} \qquad (6-38)$$

其中，t_i 表示不同到期日，O_{model} 表示从所建立模型中得到的期权价格，Θ 表示参数集，O_{market} 表示 SP100 指数期权价格的市场观测值。

由于上述方程关于参数集的最小化问题构成了一个病态问题，该问题没有解析解也不能保证全局最小。所以，我们使用 IPSO 智能算法进行优化以便得到全局最优解。在优化程序中，NTSSV 参数（μ，ν，σ，θ，κ，η，λ）移动进入区间（-0.1，0，0.1，0，0.01，-5，-5）和（0.1，20，0.1，1，10，10，5）之间；CTSSV 参数（C，λ_-，λ_+，α，κ，η，λ）移动进入区间（0.01，5，0.1，0.2，0.01，-5，-5）和（2，30，20，1，10，10，5）之间；NIGCIR 参数（α，β，δ，κ，η，λ）移动进入区间（0.01，-19，0.01，0.01，-5，-5）和（20，19，10，10，10，5）之间。引入参数的下方和上方边界是为了限制搜索区域以得到合理的解。粒子数目是 50，认知系数 $c_1 = c_2 = 2$，惯性权重取值为 $\omega_{max} = 0.9$，$\omega_{min} = 0.6$。相应的模型参数估计结果如表 6 - 1 所示，随后将会进一步应用到期权定价结果中。

表 6 - 1 模型参数结果

模型	参数						
NIGCIR	α 17.3501	β -6.9182	δ 5.6671	κ 9.3751	η 0.0877	λ 0.6122	
CTSSV	C 5.2138	λ_- 19.1139	λ_+ 24.0052	α 0.6173	κ 7.4505	η 0.0824	λ 0.8826
NTSSV	μ -0.0425	ν 6.9716	σ 0.0822	θ 0.8347	κ 7.9214	η 0.0866	λ 0.9142
NTS	μ -0.0627	ν 12.1754	σ 0.0914	θ 0.8214			

从表 6 - 1 中的估计结果来看，NTSSV 模型的数据拟合效果最好，在所对比的模型中最适合用来对金融市场股票建模。NTSSV 模型除了具备 NTS 模型的优良特性外，还具有允许收益的时变方差的优点。决定着密度函数分布的参数 θ 的值结果类似，均为 0.8。然而反映波动率的内在结构的参数 ν 在 NTS 中估计值为 12.1754，大于在 NTSSV 中的估计值 6.9716，表明 NTS 模型难以解释市场未来预期的不确定的波动信息。NTS 模型以及 NTSSV 模型中的参数 μ 的估计结果均小于 0，表明 SP100 指数的密度函数分布是左偏的。注意到，由于 NTS 模型相对于 NIGCIR 模型参数更少，NTS 模型更具有表现力。CTSSV 模型的估计结果 $\lambda_+ = 24.0052 > \lambda_- = 19.1139$ 以及 NIGCIR 模型中参数取值为负 $\beta = -6.9182$，验证了收益率分布左偏的结论。当考虑波动率扩散成分，TSSV 模型中波动率均值回复参数 κ 的取值、方差波动参数 η 的取值低于相对应的 NIGCIR 模型中的估计值，这主要是由于调和稳定过程在捕获收益率的无限活跃属性上具有强大的表现力，降低了波动扩散的持续性。

为考察新建立的模型，我们计算了参数估计后的 NTSSV 期权定价模型在不同到期期限（Maturity）和不同执行价（Strike）下的隐含波动率曲面（Volatility Surface），并在图 6 - 3 中给出了计算后的三维图。从图 6 - 3 中看出，NTSSV 模型能有效地展示波动率偏度，从而有效地反映市场行为。将随机时间变化引入到调和稳定过程能使模型更准确地对期权数据进行刻画。

隐含波动率曲面

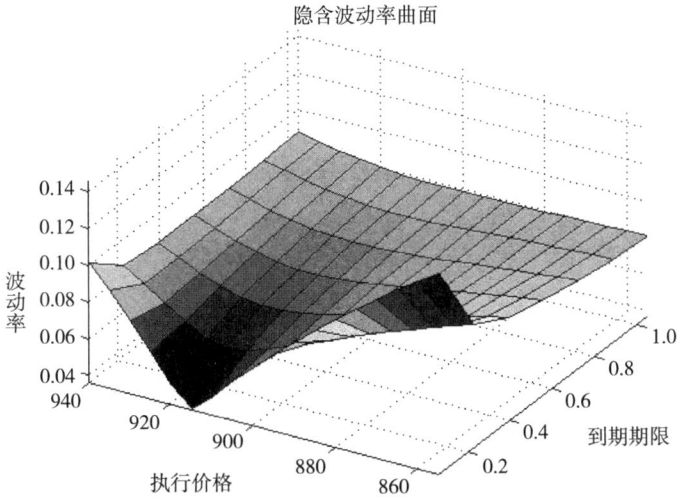

图 6 − 3　NTSSV 模型中波动率曲面

通过 IPSO 算法，我们使用真实期权数据得到了多个模型的最优估计结果。在参数估计程序中，最大迭代次数为 200，粒子数目为 50。图 6 − 4 展示了中间目标函数分别使用 PSO 和 IPSO 算法进行参数估计并将其应用到 CTSSV 模型和 NTSSV 模型上的收敛情形。其中，横坐标表示代数（Generation），纵坐标表示适应度函数（Fitness Function）。从图 6 − 4 中可以看出，PSO 算法下对于 CTSSV 模

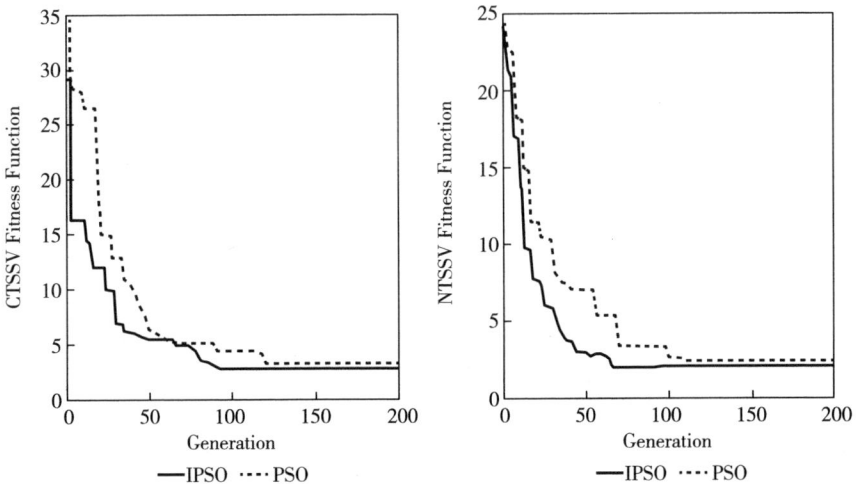

图 6 − 4　目标函数关于 IPSO 和 PSO 算法的收敛性

型需要120代才能收敛，而对于NTSSV模型需要110代收敛到稳定的最小值。然而，IPSO算法下，两个模型都只需要大约90代达到收敛。PSO算法的收敛效果相对于IPSO算法显得明显不佳。IPSO算法明显能产生更有效的结果。

三、期权定价结果

在得到合理的参数估计结果和有效的计算方法后，下一步对选取的定价日OEX美式看跌期权进行定价。按照到期日期的长短对不同到期日期权进行划分，并分别进行实证研究，包括短期（<40天）、中期（40~90天）和长期（>90天）三类。假设股票收益率服从CTSSV随机过程和NTSSV随机过程，以及NTS随机过程。表6-2展示了使用IPSO算法进行参数估计得到的RMSE值和ARPE值。所得结果按照到期日类型和价值状态（K/S）进行分类。

表6-2　定价误差

模型	价值状态	短期		中期		长期	
	(K/S)	RMSE	ARPE	RMSE	ARPE	RMSE	ARPE
CTSSV	ITM（<0.96）	3.5122	0.0338	3.4231	0.0285	3.5315	0.0345
	ATM（0.96~1.04）	3.1897	0.0342	3.3305	0.0329	3.5037	0.0402
	OTM（>1.04）	3.4358	0.0459	3.6203	0.0401	3.5122	0.0413
NTSSV	ITM（<0.96）	2.9806	0.0271	2.9246	0.0225	2.9588	0.0299
	ATM（0.96~1.04）	2.0021	0.0195	2.1231	0.0201	2.2608	0.0217
	OTM（>1.04）	2.2977	0.0262	2.3057	0.0278	2.2217	0.0233
NTS	ITM（<0.96）	4.3455	0.0659	5.6244	0.0794	6.4520	0.0973
	ATM（0.96~1.04）	4.1216	0.0623	5.9026	0.0722	6.1184	0.0814
	OTM（>1.04）	5.2133	0.0744	5.8906	0.0901	6.0052	0.0826

从表6-2中的结果可以明显看出，当使用真实市场数据进行参数估计时，时变调和稳定模型的表现效果好于纯跳跃调和稳定模型。无限活跃纯跳跃NTS模型擅长于反映整个到期日的偏度，但在反映期限结构的随机波动上缺乏自由度，而这一点可以由时变Lévy模型来反映。对于CTSSV模型和NTSSV模型，计算得到包含三类价值状态和三类到期期限的各自平均RMSE误差值分别为3.451和

2.4528，而 NTS 模型下包含三类价值状态和三类到期期限的估计值为 5.5192。确切地说，相比于 NTS 模型，时变无限活跃跳跃模型在长期到期日和中期到期日的 ATM 期权和 OTM 期权上得出了明显更小的定价误差。

　　然而，对于 ATM 期权，所有模型的定价误差都相对较小。对于所有模型的 OTM 期权，计算得到 NTSSV 模型的平均 RMSE 值 2.275 比 CTSSV 的所得值 3.5228 小 35.42%。而对于 ITM 期权，计算得到 NTSSV 模型的平均 RMSE 值 2.9547 比 CTSSV 模型的值小 15.31%，表明无限活跃 NTS Lévy 过程在 OTM 期权估值中表现出明显优势。由于具有共同的随机时间钟作用着除调和稳定部分之外的剩余部分，CTSSV 模型和 NTSSV 模型的结果并不完全不同。表中的数值结果也表明 NTSSV 模型的 ARPE 值相对于其他过程来说更小。从较长期到期日的计算结果可以看出，NTSSV 模型要表现出相对更好的效果。总之，所提到的 TSSV 框架所得到的美式期权价格误差具有良好的属性。

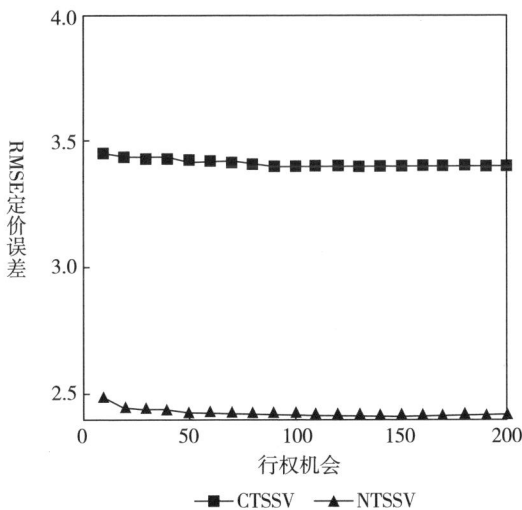

图 6 - 5　CTSSV 模型和 NTSSV 模型下的计算效率

　　在计算过程中，我们应用 Richardson 外插技术，通过不断增加百慕大期权的行权机会来近似美式期权。然后，我们选择实际市场数据作为参考值，考察了 CTSSV 模型下和 NTSSV 模型下的 RMSE 定价误差随着行权机会从 10 到 200 的变化情况。可以看出，当行权机会增加时，在 Fourier - cosine 方法下两类模型的定价误差下降的均值结果比较平滑和稳定，这也验证了 cosine 方法的有效性。图 6 – 5 给出了 RMSE 定价误差随着行权机会的变化情况，可以看出，NTSSV 模型的表现好于 CTSSV 模型。

第六节　本章小结

基于实证背景下的金融资产异象合理地拒绝了 B – S 期权定价假设。本书利用调和稳定过程的无限活跃属性构建了正态调和稳定模型的拓展模型，吸收进 Heston 类型的随机波动率以刻画收益和波动过程中的分布特征。随机波动率正态调和稳定模型中包含的随机时间能使波动率的变化具有时变性，进而在允许基础资产价格跳跃的无限活跃属性时通过加快或者放缓时间钟来调节波动率集聚性。采用 Fourier – cosine 方法和 Richardson 外插技术逼近美式期权，使美式期权定价变得可行。随后，提出了改进的粒子群优化算法，加快参数估计的速度和效率。

实证研究表明：时变调和稳定过程在不同到期日下的美式期权定价拟合效果较好，特别是 NTSSV 模型，在所有的模型中表现出最小的误差。模型具有灵活的结构既包含跳跃成分又允许波动率动态的存在。将平方根时间变化引入到纯跳跃无限跳跃调和稳定分布中能有效地提高美式期权定价的效果，验证了我们所重新构建的模型框架的优越性。

第七章　基于调和稳定 Lévy 跳跃随机波动过程的风险测度和投资组合策略

本章通过将无限活跃调和稳定 Lévy 过程引入到可积的平方根 CIR 过程,进而丰富了时变调和稳定 Lévy 过程框架。利用时变调和稳定 Lévy 过程的相应模型的特征函数的傅里叶变换,可以推导出模型概率密度函数的解析表达式,进而计算极端风险 VaR_δ 风险值和 $CVaR_\delta$ 风险值。在此基础上,使用上述模型分析了股票投资策略的风险调整准则,包括 $STAR_{(1-\delta)100\%}$ 比率和 $R_{(\alpha,\beta)}$ 比率,采用 Christoffersen 似然比检验和 Berkowitz 似然比检验对不同的模型进行后验检验以考察预测的准确性。然后基于 Lévy 过程随机波动模型研究了股指成分股的投资组合策略,并进行了调和稳定随机波动模型下的投资组合的分布特征分析。

第一节　问题提出

金融极端风险的频发成为现代金融市场的重要特征。金融衍生工具的广泛应用为规避和利用金融风险提供了有效方式。衍生工具的发展和资产证券化趋势促使资本市场波动增加,极端市场风险成为金融机构面临的重要风险。同时,传统的风险管理方法表现出的缺陷明显,众多金融机构因风险管理不善而导致了巨额亏损。因而,将风险特征定量化,以便准确地测量风险成为金融市场风险管理的首要问题。

金融风险是指金融资产未来预期遭受损失的可能性。金融风险可以进一步划分为市场风险、信用风险和操作风险。市场风险是指由于市场价格的不利变化而导致的市场价值波动的风险。信用风险是指由于债务人信用状况及履约能力发生变化而导致的债权人资产遭受损失的风险。操作风险是指由于操作系统失灵而导致的风险。这里的金融风险主要是指市场风险。特别地，金融极端风险测度和投资组合调整策略在很大程度上依赖于基础资产动态的建模。[226]大量的证据已表明金融资产收益率分布的正态分布假设不符合金融市场的实际情形，如前文提到的收益率分布的尖峰厚尾性、非对称性和波动率的集聚效应等，都会导致股票价格的随机跳跃。前文研究已经证明了随机波动和跳跃是股票价格动态的重要表现形式，解释了金融市场异象存在的原因。所以，当构建模型描述资产价格动态时，有必要同时吸收收益率的随机波动和尖峰厚尾成分。当前，大量的研究都致力于放松上述限制性假设，大量可观测到的金融异象包括收益分布的非正态性和异方差特征引起了大量学者对替代模型的研究，如收益方差的随机波动性和价格过程中的无限跳跃行为。[227]

资产收益率分布的有偏和尖峰厚尾属性对极端风险管理具有重要的含义，这意味着在金融市场中极值事件更可能发生，反过来，也强调了在金融数据建模中使用厚尾分布的重要性。金融危机期间风险管理的失败说明需要更多合理的金融模型来描述收益率分布特征。[228-229]VaR 风险价值是近些年来最常用的度量极端风险的方法，它是指资产价值中暴露于风险中的价值部分。通俗地讲，是在某一段持有期内，投资组合在给定的置信水平下所面临的最大潜在损失，可以用来测度单项证券资产或者是证券投资组合。CVaR 测度方法弥补了 VaR 测度方法的不足，[230]Stoyanov 等[231]论证了 CVaR 对尾部指数的稳定性。但是在 CVaR 测度中考虑到波动率的集聚性能有助于提高测算的准确性。股票选择准则在投资组合优化中起了重要作用。[232]常用的股票选择准则是 Sharpe 比率，在资产收益率服从正态分布时有效。而在资产收益率服从非正态分布时则需要使用其他的股票选择准则。进一步地，可以将 CVaR 作为收益的极端风险测度，在风险股票选择准则的基础上分析投资组合的策略。

本章与前述文献相比的主要贡献在于，将正态调和稳定过程从属于时变的随机波动过程，进而构建起时变的调和稳定随机波动模型框架，以捕获实际金融数据的分布特征。通过在概率计算时利用傅里叶变换技术，推导了调和稳定随机波动过程的概率密度函数的表达公式，以及累积密度函数、VaR 极端风险价值和 CVaR 极端风险价值的表达式。然后，使用上述模型估计了恒生指数的极端风险状况以捕获其金融异象，并运用风险调整的股票选择准则进行投资组合绩效分析。

第二节　时变调和稳定 Lévy 过程

TSSV 模型框架允许金融资产收益动态过程的无限活跃跳跃行为和金融市场中持续观测到的时变波动率现象。通过将 NTS 分布和 CTS 分布从属于随机波动过程，捕获了资产收益率分布的尖峰厚尾属性、有偏特性和波动率集聚效应。由于 α 稳定分布存在着无限阶矩，引入调和稳定分布能够有效地提高在有限矩内金融数据解释收益分布厚尾现象和非对称现象的表现力。TS 分布由 α 稳定律乘以相应的矩函数产生的 Lévy 测度得到。这一类分布在表现金融资产收益分布的非对称性、尖峰和厚尾性特征上要好于 α 稳定分布，α 稳定分布在表现金融市场的尾部特征上显得过于肥厚。此外，TS 分布的无限活跃特征能够更好地描述基础资产价格过程的无限跳跃现象。[233] 并且，Lévy 跳跃过程特征函数以闭形解形式存在使利用快速傅里叶变换方法推导这些分布的密度函数成为可能，进而可以计算出极端风险价值和条件风险价值。

第三节　时变调和稳定 Lévy 过程的 FFT

一、PDF 和 CDF 的 FFT

通过利用相应的特征函数的傅里叶变换，Menn 和 Rachev[234] 推导了 α 稳定分布的概率密度函数的解析表达式，克服了单纯使用稳定分布函数不能用于密度计算的缺点，Scherer 等[235]将该方法推广到 CTS 模型。TSSV 过程的特征函数的解析式存在，方便了这类随机过程在市场极端风险测度和投资组合管理中的应用。快速傅里叶变换技术能够被用来加速计算的速度。因此，使用 FFT 技术能够有效地推导出相应的 PDF、CDF、VaR 和 CVaR。而在极端风险测度和投资组合策略中 VaR 和 CVaR 的计算公式至关重要。

随机变量 X 的特征函数被定义为概率密度函数的傅里叶变换，所以，概率密度函数可以通过特征函数的逆傅里叶变换得到。TSSV 过程中随机变量 X 的概率密度函数 f_X 可以通过特征函数 $\varphi(u)$ 利用公式中傅里叶变换的逆变换得到。根据数学知识，离散傅里叶变换（DFT）从向量 $(x_1, \cdots, x_N)$ 到向量 $(y_1, \cdots, y_N)$ 离散地逼近傅里叶变换。

$$\varphi_X(u) = E[e^{iuX}] = \int_{-\infty}^{+\infty} e^{iux} f_X(x) \, dx \tag{7-1}$$

$$f_X(x) = \frac{1}{2\pi} \int_{-\infty}^{+\infty} e^{-iux} \varphi_X(u) \, dx \tag{7-2}$$

$$x_j = \sum_{k=1}^{N} y_k e^{-i\frac{2\pi(j-1)(k-1)}{N}} \quad (j = 1, \cdots, N) \tag{7-3}$$

快速傅里叶变换算法能够高效地执行离散傅里叶变换算法，在点 x_j 按照式（7-4）近似概率密度函数。

$$f_X(x_j) \approx \frac{1}{2\pi} \int_{-a}^{+a} e^{-iux_j} \varphi(u) \, du$$

$$= \frac{a}{N} (-1)^{j-1} i e^{i\frac{\pi(j-1)}{N}} \mathrm{FFT}_j \left(\left((-1)^{k-1} \varphi(u_k^*) \right)_{k=1,\cdots,N} \right) \tag{7-4}$$

其中，$\alpha \in \mathbf{R}$，表示傅里叶变换的积分极限，j 和 $k \in \{1, \cdots, N = 2^q\}$，$q \in N$，影响了积分步骤数目，$u_k = -a + (2a/N)(k-1)$，$u_k^* = (u_{k+1} + u_k)/2$，$x_j = -N\pi/2a + (\pi/a)(j-1)$。

DFT 算法将积分空间划分为大小为 $2a/N$ 的相等间距，并利用中值规则进行近似以最小化误差。可以看出，N 和 a 的取值具有重要影响，参数 a 影响抽样距离和插值区间，参数 N 影响计算的复杂性。一个合理的选择是在插值误差的抽样误差和离散化误差中寻找折中点。而近似的属性是由每个区间的被积函数所决定的。

二、VaR 和 CVaR

Kim 等[236]论证了在 $\rho > 0$ 时，TSSV 过程的变量 X 的累积分布函数 $F_X = P$ （$X <$ x）可以通过方程式（7-5）计算得到。

$$F_X(x) = \frac{e^{\rho x}}{\pi} \Re \left\{ \int_0^\infty e^{-iux} \frac{\varphi_X(u+i\rho)}{\rho - iu} \mathrm{d}u \right\} \qquad (7-5)$$

则下列公式（7-6）成立：

$$\int_0^\infty e^{-iux} \frac{\varphi_X(u+i\rho)}{\rho - iu} \mathrm{d}u \approx \sum_{k=1}^N e^{-iu_k^* x_j} \frac{\varphi_X(u_k^* + i\rho)}{\rho - iu_k^*} \frac{2a}{N} \qquad (7-6)$$

使用计算方程 $x_j u_k^* = -\pi(2k-1)/2 + (2\pi/N)((2k-1)/2)(j-1)$，$F_X$ 的累积分布函数可以表达成式（7-7）的形式：

$$F_X(x) = \frac{e^{\rho x}}{\pi} \Re \left(\frac{2a}{N} e^{-i\frac{\pi}{N}(j-1)} \times \mathrm{FFT}_j \left((-1)^{k-1} \times i \times \frac{\varphi_X(u_k^* + i\rho)}{\rho - iu_k^*} \right) \right) \quad (k=1, \cdots, N)$$

$$(7-7)$$

VaR_δ 被定义为概率 δ 下的超额损失，刻画了收益或损失在目标期内的分布的分位数。VaR 测度已成为银行和金融机构的标准风险测度准则。VaR 的定义和计算具备严谨的统计学支持，适合于对极端风险大小进行定量的测度。通过 VaR 方法，投资者可使用统一的风险度量指标，对股票市场、基金市场、衍生品市场等不同市场风险进行衡量。作为风险测量的工具，可用来对尾部风险进行事前的估算和预测。但其本身具有很多缺点，如不满足可加性等。这就经常会出现投资组合的 VaR 大于组合中各成分的 VaR 之和。VaR 方法本质上观测的是某个置信水平的分位点，却无法刻画左尾风险，不能反映分位点下方的风险信息，在极端情况下将失灵。因而 VaR 不能作为真实的风险测度。

CVaR 测度作为 VaR 测度的较优可替代测度，计算了平均损失的严重程度，并由超过 VaR 的平均值计算得到。CVaR 被称为一致性风险计量方法，满足次可加性、单调性、平移不变性和正齐次性等特性，是投资组合管理的有效工具。在最优投资组合选择问题中，有多种方法可以用于计算 CVaR。CVaR 不仅提供了损失超过 VaR 的信息，并且是投资组合权重的凸函数和平滑函数。使用 CVaR 测度相对于 VaR 测度的优势在于除了满足一致性风险测度属性外，还包含了尾部风险测度。[237]

随机变量 X 的风险测度 VaR 和 CVaR，分别被定义为：

$$VaR_p(X) = -\inf\{x \mid P(X \leqslant x) \geqslant p\} = -F_X^{-1}(p) \qquad (7-8)$$

$$CVaR_p(X) = \frac{1}{\delta}\int_0^\delta VaR_p(X)\,\mathrm{d}p \qquad (7-9)$$

可以看出，VaR 是由三个要素决定的，持有期、置信水平和证券组合收益率的分布特征。持有期表示计算哪段时间内的持有资产最大损失值，适宜根据所持有基础资产的特点来决定；置信水平反映了金融机构对风险的偏好程度，其值越高意味着越厌恶风险，希望得到较准确的预测结果；对金融资产分布的分析是进行下一步尾部风险值计算的前提。计算 VaR 的关键在于构造出资产价值变化的概率分布。现实中很多资产收益率都存在厚尾特征，以正态分布的假设基础会低估真实的 VaR 值，因此关键是需要准确估计资产收益率的分布特征。

根据 Kim 等[236]的研究，可以推导出采用时变调和稳定过程描述的金融资产收益率过程，在尾部概率 δ 下的 VaR_δ 可以表示成 TSSV 分布的累积密度函数的逆函数，即 $VaR_\delta(X) = F_X^{-1}(\delta)$。对于 TSSV 过程，在置信水平 δ 下的 $CVaR_\delta$ 解析公式如式（7-10）所示。

$$CVaR_\delta(X) = VaR_\delta(X) - \frac{e^{VaR_\delta(X)\rho}}{\pi(1-\delta)}\Re\left(\int_0^\infty e^{-iuVaR_\delta(X)}\frac{\varphi_X(u+i\rho)}{(u+i\rho)^2}\mathrm{d}u\right) \qquad (7-10)$$

第四节　投资组合策略中的风险调整准则

金融市场中，投资收益和风险往往相伴存在。惯性策略下投资组合选股的传统方法主要是估计单个股票在一段时间内实现的累积收益。累积收益作为一个简单的测量准则，没有考虑到基础资产价格过程中的风险成分。为了吸收金融市场上的风险状况信息，风险测度如方差等被用来捕获超额收益的额外风险。然而，均值－方差框架中方差测度的缺陷在于它并没有包含投资者对风险的态度，也没有满足一致性风险测度属性。选用不同的风险度量指标会直接影响到资本分配和投资绩效评估的不同。

考虑到金融收益率表现出尖峰厚尾性、非对称性和波动率集聚特性，风险调整的准则被应用在时变调和稳定分布的选股中。CVaR 作为一项保守性的测度方法，估计了超过 VaR 的平均损失程度，满足单调性、次可加性和同质性属性。在股票收益率过程具有连续累积分布函数的假设下，CVaR 就是相对应水平下的期望尾部损失。相关研究发现，基于 CVaR 的收益风险准则能够有效地捕获金融数据的实际特征。[238] 因此，本书选取了 Rachev 等[44] 提出的 STAR 比率和 R 比率来反映除了 Sharpe 比率以外的其他风险状况，包含金融市场的程式化金融异象。我们根据投资组合持有期内最终财富最大化原则对比了这些比率。

Sharpe 比率测算了超额收益和其相应偏差的比值，可以通过式（7 – 11）表示出来：

$$\text{Sharpe} = \frac{E(r - r_f)}{\sigma(r - r_f)} \tag{7 – 11}$$

其中，r_f 表示无风险收益率，分母中的 σ 表示标准差。该比率同时考虑了下偏差和上偏差。投资组合中的 Sharpe 比率越大意味着单位标准差之内的收益水平越高。当假设资产收益率过程服从非高斯分布时，使用 Sharpe 比率得到的投资组合序列结果可能会不准确。

$\text{STAR}_{(1-\delta)100\%}$ 比率将 Sharpe 比率中的标准差分母替换成条件风险价值 CVaR，更关注于下侧风险，可以被表述为：

$$\text{STAR}_{(1-\delta)100\%} = \frac{E(r - r_f)}{\text{CVaR}_{(1-\delta)100\%}(r - r_f)} \tag{7 – 12}$$

$\text{STAR}_{(1-\delta)100\%}$ 比率中置信水平 δ 的不同选择表明下侧风险的不同风险水平，代表了投资者对尾部风险的态度。δ 值的水平越高，投资者越表现出风险厌恶的态度。

应用到双边尾部分布不同置信水平的 $\text{R}_{(\alpha,\beta)}$ 比率是负的超额收益的 $\text{ETL}_{\alpha100\%}$ 与超额收益的 $\text{ETL}_{\beta100\%}$ 的比值。它测量了期望的上侧尾部收益和下侧尾部损失，可以表示成：

$$\text{R}_{(\alpha,\beta)} = \frac{\text{ETL}_{\alpha100\%}(r_f - r)}{\text{ETL}_{\beta100\%}(r - r_f)} \tag{7 – 13}$$

其中，α 和 β 分别表示左尾和右尾不同的置信水平。这个比率同时测量了期望的右尾收益超过 $\alpha\%$ 水平时和期望的右尾损失超过 $\beta\%$ 水平时，为超额损失补偿的超额收益。然而，它没有考虑到置信水平 α 和 β 之间的值。$\mathrm{STAR}_{(1-\delta)100\%}$ 比率和 $\mathrm{R}_{(\alpha,\beta)}$ 比率能够估计具有厚尾特征的投资组合收益率。

第五节　实证研究

一、参数估计

我们估计了 VGCIR 模型、CTSSV 模型和 NTSSV 模型的参数以考察预测的效果，选取区间为 2008 年 1 月 3 日到 2015 年 12 月 31 日，在该区间内中国金融市场在 2008 年和 2015 年分别经历了两次大的下跌期。每日的估计值是由香港恒生指数（HSI）所要估计的当日之前的 5 年历史收益数据得到的。无风险利率选取中央银行发行的 90 天基准存款利率。图 7 - 1 给出了恒生指数收益序列（Returns）、波动率序列（Volatility）、偏度（Skewness）和峰度序列（Kurtosis）的变化情况。如图 7 - 1 所示，恒生指数在股票价格动态中表现出不规则的无限跳跃，从波动率序列中可以看出波动序列在表现出均值回复特性外还具有持续性和集聚性，偏度和峰度序列变化表明恒生指数收益率具有左偏的特点。四个统计量的大小随时间逐日发生变化。

表 7 - 1 列出了参数估计结果，为了简单地评估拟合优度和尾部拟合效果，计算了 Kolmogorov Smirnov（KS）统计量和相应的 p 值，以及 Anderson - Darling（AD）统计量。如表 7 - 1 所示，三个模型在 1% 置信水平下均通过了 KS 检验和 AD 检验，这说明了时变调和稳定 Lévy 过程模型的建模优越性。此外，三个模型的 p 值均大于 1%。VGCIR 模型的 AD 统计量大于相应的时变调和稳定模型，意味着 TSSV 模型能够更好地描绘实证分布的厚尾行为。从统计量中看到，NTSSV 模型拟合数据最佳，最适合于进行市场数据实证检验。NTSSV 模型中参数 μ 的负值说明 HSI 收益率的左偏特点。CTSSV 分布的估计结果 $\lambda_{+}=29.7948>\lambda_{-}=$

16.5312，验证了收益率分布的左偏特点。根据前述理论，CTSSV 模型中的形状参数值 α 估计结果表明恒生指数收益序列具有尖峰厚尾的属性。观察波动率扩散成分，TSSV 模型中波动率均值回复参数 κ 估计值和波动率方差 η 估计值均小于VGCIR 模型中的对应值。这可能是由于调和稳定分布在捕获收益序列的无限活跃属性上具有更强的能力，以至于降低了波动率扩散成分的持续性。

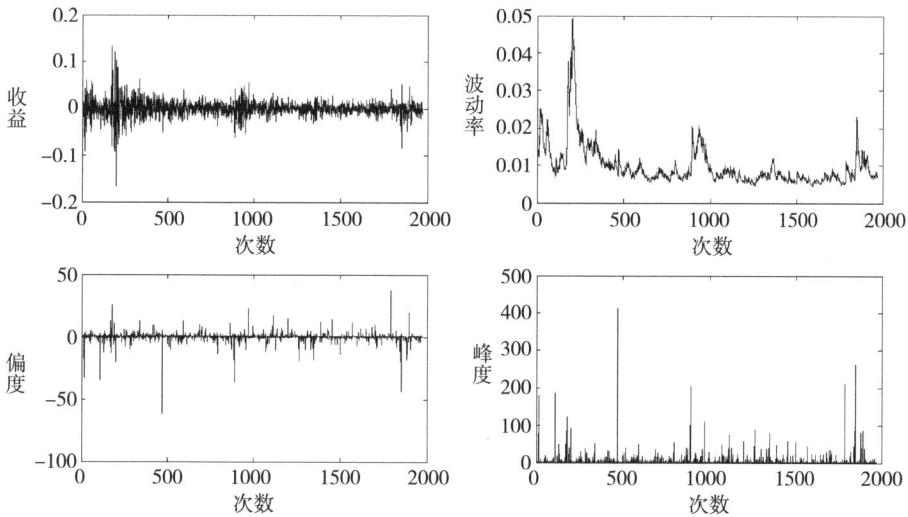

图 7-1　恒生指数统计量

表 7-1　估计结果

模型	参数						KS（p 值）	AD
VGCIR	C_1	G	M	κ	η	λ	0.0437	0.3674
	14.5429	18.2635	23.1738	9.5438	0.6547	0.6283	(0.0039)	
CTSSV	C_2	λ_-	λ_+	α	κ	η	λ	0.0423	0.1233
	6.0066	16.5312	28.7948	0.7264	7.3655	0.4218	0.8973	(0.0995)	
NTSSV	μ	ν	σ	θ	κ	η	λ	0.0325	0.0915
	-0.0728	15.3949	0.0623	0.6743	7.8994	0.3645	0.9106	(0.1782)	

二、VaR 和 CVaR 后验检验

使用 VGCIR 模型、CTSSV 模型和 NTSSV 模型，计算了恒生指数 99% 的 VaR

和99%的CVaR。只有能够准确预测风险的VaR和CVaR模型才是有效的。当使用蒙特卡洛模拟法获得了尾部风险值后,需要对实际的损益值超过预测估计值的概率进行检测。即为了评价预测的精确性,对预测结果进行后验检验。后验检验是检验模型的计算结果对实际损失的覆盖程度,即实际损失与预期损失是否一致有效。检验方法有多种,如Kupiec失败率检验、Christoffersen似然比(CLR)检验和Berkowitz似然比(BLR)检验。

Kupiec失败率检验,假定置信水平为α,失败的期望概率为$p^* = 1 - \alpha$,实际的考察天数为T,失败天数是N,则失败频率是$p = N/T$。原假设为$p^* = p$,通过检验理论失败频率是否明显不同于实际失败频率,来对模型准确性进行评价。Kupiec利用似然比检验零假设,相应的统计量为:

$$LR = -2\ln((1-p^*)^{T-N}(p^*)^N) + 2\ln((1-p)^{T-N}p^N) \qquad (7-14)$$

若假设成立,则LR服从卡方分布,否则,当LR大于卡方分布临界值时,拒绝原假设。

可以看到,Kupiec检验仅是关注了VaR的例外个数,而没有考虑这些失败发生的时间变化。如果模型正确,失败的发生应该是独立、同分布的。若失败的发生表现出集聚现象,则模型很难捕捉到资产价格过程的波动特性。Christoffersen统计量保证了后验检验失败率是互相独立的,也就是保证了联合检验失败率的独立性。在零假设下,Christoffersen统计量渐近服从自由度是2的卡方分布。与点预测和区间预测相比,Berkowitz检验可以对金融风险的预测分布进行密度预测检验。

本章选择使用CLR检验和BLR检验进行回溯测试。后验检验的全部数据被分为三个阶段,包含两个波动的阶段,分别是2008年到2009年次贷危机期间和2015年股灾期间,以及一个相对平稳的阶段,即2010年到2014年期间。以区间检验为基础的CLR检验计算了真实损失超过预期VaR的次数,它包括无条件覆盖率CLR检验(CLR$_{uc}$)、CLR独立性检验(CLR$_{ind}$),以及覆盖率和独立性联合检验(CLR$_{cc}$)。以密度为基础的BLR检验通过计算累积分布函数的逆函数来执行独立性检验(BLR$_{ind}$)和估计尾部分布预测的精度(BLR$_{tail}$)。在表7-2中,列出了三段时间内两个统计量和相应的p值。

表 7 - 2　预测的后验检验

模型	2008 年 1 月 5 日到 2009 年 12 月 31 日					
	CLR_{uc}（p 值）	CLR_{ind}（p 值）	CLR_{cc}（p 值）	BLR_{ind}（p 值）	BLR_{tail}（p 值）	失败次数
VGCIR	15.8247 **(0.0004)**	0.0571 (0.8352)	20.3046 **(0.0003)**	4.0517 (0.0411)	17.6723 **(0.0005)**	12
CTSSV	12.5477 **(0.0005)**	0.7381 (0.7879)	8.4326 (0.0170)	3.8574 (0.0472)	13.1422 **(0.0037)**	11
NTSSV	5.1436 (0.0152)	0.0526 (0.8349)	9.1433 (0.0114)	2.9781 (0.0849)	7.2662 (0.0405)	9
模型	2010 年 1 月 5 日到 2014 年 12 月 31 日					
	CLR_{uc}（p 值）	CLR_{ind}（p 值）	CLR_{cc}（p 值）	BLR_{ind}（p 值）	BLR_{tail}（p 值）	失败次数
VGCIR	2.5429 (0.1537)	1.7225 (0.1579)	11.1345 **(0.0041)**	1.3226 (0.2475)	11.0142 **(0.0051)**	10
CTSSV	2.3617 (0.1549)	0.3546 (0.5341)	9.1703 (0.0002)	0.9536 (0.3266)	9.8824 **(0.0089)**	10
NTSSV	2.4788 (0.1541)	0.9468 (0.3625)	8.2146 (0.0168)	0.8024 (0.3695)	7.3824 (0.0398)	8
模型	2015 年 1 月 5 日到 2015 年 12 月 31 日					
	CLR_{uc}（p 值）	CLR_{ind}（p 值）	CLR_{cc}（p 值）	BLR_{ind}（p 值）	BLR_{tail}（p 值）	失败次数
VGCIR	8.3243 **(0.0024)**	0.4336 (0.5001)	16.3964 (0.0005)	4.0434 (0.0586)	13.4725 **(0.0017)**	5
CTSSV	7.3615 **(0.0065)**	0.7381 (0.3994)	9.2936 (0.0102)	2.8761 (0.0873)	10.5899 **(0.0036)**	6
NTSSV	5.3957 (0.0183)	0.3962 (0.5328)	8.3858 (0.0162)	3.0015 (0.0788)	8.2434 (0.0157)	4

注：黑体的 p 值表明拒绝原假设。

　　由表 7 - 2 可以得出，在两个波动阶段，VGCIR 模型通过了 CLR_{ind} 检验和 BLR_{ind} 检验，没有通过 1% 置信水平下的 CLR_{uc}、CLR_{cc} 和 BLR_{tail} 统计检验。CTSSV 模型没有通过 1% 置信水平下的 BLR 检验中的 BLR_{tail} 尾部检验，只有 NTSSV 模型通过了 CLR 检验和 BLR 检验。而所有时变的 Lévy 过程模型均通过了 CLR_{ind} 独立性检验和 BLR_{ind} 检验。从 BLR_{tail} 检验的结果可以看出，利用 NTSSV 模型的 CVaR 在三个阶段都没有被拒绝。在 2010 年到 2014 年之间相对平稳的阶段，VGCIR 没有通过

1% 置信水平下的 CLR_{cc} 检验和 BLR_{tail} 检验，BLR_{tail} 检验拒绝了 CTSSV 模型，CTSSV 模型和 NTSSV 模型的后验检验效果区别不是很明显，只有 NTSSV 模型同时通过了 CLR 检验和 BLR 检验。因此可以看出，NTSSV 分布适合于进行金融风险测度。

三、TSSV 模型的投资组合统计总结

对于投资组合策略研究，我们使用恒生指数成分股的 50 个样本股票进行，选取的样本和后验检验所使用的样本相同。在等权值投资组合进行六个月持有期的估值之前，先对样本股票六个月的排序期进行排序。全部股票被分为 10 个等权值的子类进行投资组合，用 $Group_{good}$ 表示基于风险调整的准则得到的股票投资组合中得分最高的前 10% 的股票，用 $Group_{bad}$ 表示基于风险调整的准则得到的股票投资组合中得分最低的后 10% 的股票。使用调和稳定随机波动模型得到的投资组合策略统计量总结如表 7-3 所示，计算结果分别基于 Sharpe 比率、$STAR_{99\%}$ 比率和 $R_{99\%,99\%}$ 比率计算准则，包括均值、偏差、偏度、峰度和最终财富值，其中，最终财富值是单位初始财富值最终得到的累计投资组合累积收益。

表 7-3　投资组合收益和统计量总结

模型	比率	投资组合	均值	偏差	偏度	峰度	最终财富
CTSSV	Sharpe ratio	$Group_{good}$	0.0003	0.0305	-0.0207	6.1746	5.1536
		$Group_{bad}$	-0.0001	0.0314	-0.0163	7.3288	0.2805
	STAR (99%)	$Group_{good}$	0.0002	0.0292	-0.0353	6.6571	5.8269
		$Group_{bad}$	-0.0002	0.0305	-0.0258	7.7463	0.5531
	R ratio (99%, 99%)	$Group_{good}$	0.0001	0.0291	-0.0174	6.3304	5.2174
		$Group_{bad}$	-0.0002	0.0303	-0.0165	7.5284	0.4825
NTSSV	Sharpe ratio	$Group_{good}$	0.0004	0.0293	-0.0188	6.4531	4.8234
		$Group_{bad}$	0.0001	0.0295	-0.0143	7.1544	0.2903
	STAR (99%)	$Group_{good}$	0.0002	0.0291	-0.0315	6.1256	6.1273
		$Group_{bad}$	-0.0002	0.0284	-0.0297	7.3201	0.4684
	R ratio (99%, 99%)	$Group_{good}$	0.0002	0.0291	-0.0152	6.6094	5.6108
		$Group_{bad}$	-0.0001	0.0282	-0.0139	7.3953	0.4112

由表 7-3 可知，在所有的收益风险比率中 NTSSV 模型的 Sharpe 比率得到的日均值最大，为 0.0004。其次是 CTSSV 模型的 Sharpe 比率结果。使用 STAR 比率得到的 $Group_{good}$ 和 $Group_{bad}$ 收益平均值最低。关于这三个比率的波动偏离值区别不大，但是 $Group_{bad}$ 组得到的值一般大于 $Group_{good}$ 组的相应值。可以直观地看出，$R_{99\%,99\%}$ 比率相对于其他两个比率得到的偏离值较低，CVaR 基础的替代性规则不仅波动偏差更小，而且效果要好于其他比率准则计算结果。尽管 Sharpe 比率绩效表现稍微较差，使用 NTSSV 模型下的偏差相比 CTSSV 模型要相对更小。此外，使用 Sharpe 比率的估计值要高于使用其他两个替代性比率，意味着使用方差作为风险指标的投资策略比使用条件风险价值作为风险指标的风险更大。使用 $STAR_{99\%}$ 比率得到的偏度值最小值为 CTSSV 模型的 -0.0353。对比 $Group_{good}$ 组投资组合与 $Group_{bad}$ 组投资组合结果发现，$Group_{good}$ 组投资组合得到相对较高的峰度值，意味着更高的收益策略与更低的偏度相关。在峰度估计中可以发现相似的结果，在三个收益风险比率计算结果统计中，大的峰度值都落在了 $Group_{bad}$ 组的投资组合中。从投资组合策略观测期的最终财富来看，使用三个收益风险比率都得到了正的收益。在所有的标准中，最大值 6.1273 出现在 NTSSV 分布的 $STAR_{99\%}$ 比率中，紧随其后的是 $R_{99\%,99\%}$ 比率，其值为 5.6108。使用 TSSV 模型得到的投资组合的最终财富的最小结果出现在采用 Sharpe 比率准则的计算中，其值分别为 0.2805 和 0.2903。这些结果表明使用 CVaR 作为风险测度的策略可以更好地刻画尾部风险。

四、TSSV 模型的投资组合分布分析

实证研究已表明资产收益率不服从正态分布，而是表现出超额的峰部和厚尾的属性。此外，收益率分布也呈现出非对称的现象。时变的调和稳定 Lévy 过程的构建为投资组合优化提供了一个良好的建模框架。本小节将考察使用不同的股票选择准则得到的投资组合分位数（$Group_{good}$ 和 $Group_{bad}$）收益与不同的时变调和稳定分布参数估计的关系。为了考察不同 Lévy 过程对随机波动过程的拟合效果，使用 Kolmogorov 距离（KD）统计量测度已实现样本分布和估计的密度的累积密度函数的距离，以判断哪个模型更接近于真实收益率。投资组合估计结果如表 7-4 所示。

表7-4 投资组合估计结果

模型	比率	投资组合	C_1	G	M	κ	η	λ	KD
VGCIR	Sharpe ratio	$Group_{good}$	12.5623	12.6894	20.3576	9.8774	0.7539	0.5117	0.0416
		$Group_{bad}$	13.4639	12.1476	20.4682	9.8847	0.7498	0.5334	0.0374
	STAR (99%)	$Group_{good}$	15.1004	13.2261	17.4495	9.2562	0.7002	0.4967	0.0381
		$Group_{bad}$	14.8737	11.1769	18.0726	9.2738	0.7134	0.5238	0.0388
	R ratio (99%, 99%)	$Group_{good}$	9.5812	10.1318	17.2577	9.0013	0.7285	0.5861	0.0385
		$Group_{bad}$	11.3058	9.7562	17.3966	9.5682	0.7340	0.5649	0.0389

模型	比率	投资组合	C_2	λ_-	λ_+	α	κ	η	λ	KD
CTSSV	Sharpe ratio	$Group_{good}$	4.7925	13.8751	25.1723	0.7267	7.5957	0.5114	0.7391	0.0285
		$Group_{bad}$	4.8022	14.9942	24.3305	0.6172	7.5524	0.5002	0.7410	0.0256
	STAR (99%)	$Group_{good}$	5.2581	12.3974	27.8453	0.7936	7.6989	0.5386	0.7732	0.0301
		$Group_{bad}$	6.6549	11.5463	23.2962	0.5234	7.5212	0.5113	0.7835	0.0296
	R ratio (99%, 99%)	$Group_{good}$	5.1920	15.7751	27.9545	0.8405	7.6234	0.5962	0.6954	0.0311
		$Group_{bad}$	5.7433	16.1245	26.3088	0.8169	7.0548	0.5677	0.7033	0.0287

模型	比率	投资组合	μ	ν	σ	θ	κ	η	λ	KD
NTSSV	Sharpe ratio	$Group_{good}$	-0.0329	15.4115	0.0514	0.7267	7.7501	0.4381	0.8265	0.0215
		$Group_{bad}$	-0.0416	17.2838	0.0309	0.7138	7.6295	0.4209	0.8149	0.0197
	STAR (99%)	$Group_{good}$	-0.0426	14.2358	0.0692	0.8736	7.8816	0.4455	0.8837	0.0142
		$Group_{bad}$	-0.0574	16.8831	0.0755	0.5541	7.6466	0.3721	0.8562	0.0156
	R ratio (99%, 99%)	$Group_{good}$	-0.0689	15.9747	0.0545	0.6648	7.8255	0.4957	0.8441	0.0223
		$Group_{bad}$	-0.0763	18.5239	0.0561	0.5125	7.0124	0.4236	0.8256	0.0175

在 VGCIR 模型中，参数 G_1 和 M 分别影响跳跃向上和向下方向的跳跃到达率。在 $Group_{bad}$ 组中 G_1 的估计值低于相应的 $Group_{good}$ 组，而 $Group_{bad}$ 组的 M 值要高于相应的 $Group_{good}$ 组。CTSSV 模型中的标度参数 C_2 与密度分布的峰部息息相关，具体来说是较小的 C_2 值对应较高的峰部。对于 Sharpe 比率、STAR 比率和 R 比率，在 $Group_{bad}$ 组中的 C_2 估计结果高于 $Group_{good}$ 组。所以，在使用排序准则进行投资策略选择时需要考虑到收益分布的尖峰特征。此外，CTSSV 模型中的形状参数 α 与 CTSSV 密度函数的峰部之间呈现出负向的关系，即 α 与收益率的尖峰厚尾属性相关。对于极端分位数下的投资组合收益率，估计的 $Group_{good}$ 分位数的

形状参数值 α 在区间（0.7267，0.8405）范围内，$Group_{bad}$ 分位数的形状参数值 α 在区间（0.5234，0.8169）范围内，这意味着具有更高均值的投资组合策略与更高的标度参数有关。所得到的 α 值都小于 2 的事实意味着高斯分布不适合于刻画投资组合收益率。由于在所有排序比率中极值分位数下的 α 最高值出现在 R 比率中，表明 R 比率通过考虑到了厚尾分布而降低了尾部风险，成为选择股票最有效的标准。CTSSV 分布中的参数 λ_+ 和 λ_- 分别从正值方向和负值方向捕获了收益分布的尾部衰减速率。如果 λ_+ 不等于 λ_-，则跳跃结构是非对称的。从三个比率的计算结果中，均有 $\lambda_+ > \lambda_-$，可以明显判断收益为左偏。此外，$R_{99\%,99\%}$ 比率计算的 λ_- 值要高于使用其他比率计算得到的结果，表明基于 $R_{99\%,99\%}$ 比率策略的投资组合所暴露的尾部风险更低，或者说该策略更擅长于控制底侧风险。由于 R 比率同时考虑向上的收益和向下的风险，能更好地用于风险管理中进行投资组合选股。

此外，NTSSV 模型中参数 μ 也能反映密度函数的偏度。从 $Group_{good}$ 分位数和 $Group_{bad}$ 分位数的负值估计结果中证实了恒生指数金融数据的非对称性，表明使用 Sharpe 比率、STAR 比率和 R 比率作为排序准则能包含收益率分布的左偏信息。收益序列中更高的峰度对应着更高的 θ 值，并且 θ 和 ν 与 NTSSV 模型的密度函数的峰部之间呈现出负向的关系。从上面的分析中可以得出：投资组合策略的均值水平峰度存在负向关系。观察不同排序准则下的波动率扩散成分可知，TSSV 模型中波动率均值回复速率 κ 和波动率方差 η 的值均小于 VGCIR 模型中对应的值，与先前得到的结论一致。此外，TSSV 模型中均值回复速率 κ 和波动率方差 η 的值在 $Group_{good}$ 中的值相对高于在 $Group_{bad}$ 中的值，除了极端值外，使用 STAR 比率和 R 比率得到的值高于使用 Sharpe 比率得到的值。进一步地，从 KD 统计量的结果可以看出，在描述投资组合收益动态上，NTSSV 模型要好于 CTSSV 模型和 VGCIR 模型，这为投资组合理论建模提供了良好的思路。

第六节　本章小结

大量证据表明金融收益率表现出尖峰厚尾、非对称和异方差、集聚效应。在本章中，首先将正态调和稳定分布过程从属于时变随机波动过程，进而构建起时变调和稳定模型，并将其应用到尾部风险管理中。该模型框架下同时包含了资产收益率的随机波动和 Lévy 跳跃，反映了收益率中的非正态特征和随机波动的集聚效应。通过采用傅里叶变换技术和特征函数进行概率的计算，推导出了 VaR 和 CVaR 的解析形式。然后，使用时变调和稳定过程描述金融资产异象，通过计算尾部风险指标 VaR 和 CVaR 对恒生指数进行了风险度量。对恒生指数 VaR 和 CVaR 风险预测进行后验分析发现，NTSSV 分布在尾部风险度量中具有更好的预测能力，在所对比的模型中最适合于进行金融尾部风险测算。更进一步地，对不同分布模型下的投资组合策略进行选择，采用风险调整的股票选择准则研究了投资组合绩效的表现。投资组合绩效表现结果表明由于 CVaR 风险测度包含了尾部风险测度，因而能得到较理想的结果。此外，从 TSSV 模型下的投资组合分布特征分析发现，在刻画组合收益的动态特性上，NTSSV 模型的表现要好于 CTSSV 模型和 VGCIR 模型，相对于其他模型提供了更为可靠的结果。

第八章 基于调和稳定 Lévy 跳跃下 copula 模型的多目标投资组合优化

本章主要研究多维 Lévy 跳跃过程，考虑调和稳定 Lévy 分布下 copula 模型的多目标投资组合优化问题。首先，使用 copula 函数对多种资产跳跃过程进行关联，并用调和稳定边缘概率密度分布刻画基础金融资产的动态分布，进而构建起 TS copula 模型。其次，使用 TS copula 函数对证券资产投资组合建模，研究带有约束条件的多目标投资组合优化问题，并给出了 NSGA – Ⅱ、SPEA – Ⅱ和 MOP-SO 三类多目标优化算法的介绍。最后，进行实证研究和相应结果的分析。

第一节 问题提出

对股指期权的定价和套期保值大多是针对单项资产而言的，而在实际中的金融投资组合应用中需要涉及多变量模型以及变量成分之间的相依性。比如一揽子期权定价、投资组合优化等。尤其是在投资组合中涉及对多项资产联合模型的设定问题。在实际中，跳跃代表着突发冲击带来的风险，在金融建模中引入跳跃解释大的收益现象就需要使用合理的工具参数化不同跳跃过程间的相关性。与一维模型相比，带跳跃的多维模型建模和参数化难度增加。将跳跃引入到多维模型的一个简单方法是采用多变量的布朗运动并且使用单变量从属过程对时间进行变化。这一方法的优点是模型形式解析上易处理。然而，这一方法对相依性关系建模缺乏灵活性，对相依关系类型的表述相当有限，只能够使用相同的类型描述成分变量间的关系。对于高斯过程，可以通过相关系数表示相依性，对于非高斯多变量过程，需要采用 copula 函数为相依性建模，尤其在跳跃风险存在的情形中，针对不同的风险源需要引入不同的 copula 函数。市场上不利消息的冲击会引起连锁反应，单纯的协方差所反映的对称相依性不足以刻画尾部事件之间的非线性相依性。通过 copula 概念，随机向量的相依结构可以从边际分布中分离出来，对边际分布和 copula 相依关系分别进行分析，避免了直接进行高维模型的参数估计等问题。建模中也可以考虑进波动率的集聚效应、有偏和厚尾现象。

近年频发的金融危机表明，传统的金融模型未能有效地反映各类市场风险，在风险管理和投资组合配置中不能忽视对尾部风险的考虑。[239] 经典的 Markowitz 投资组合理论是基于二次效应函数计算的，其正态分布假设不符合金融市场的实际情况。金融资产往往具有厚尾、有偏分布的特点，不同于正态分布的对称性和薄尾分布。金融资产之间的相关性呈现非线性结构，需要不同于简单线性关系的相依结构描述多变量之间的关系，并且相依关系具有非对称性、时变性。

多维 Lévy 过程的成分间的相依性可以由 Lévy copula 函数刻画。Kallsen 和 Tankov[240] 提出了二元情形下的 Lévy copula 的概念，使用 Lévy 随机分布为厚尾、非对称的金融变量建模，对于变量间的关联结构，采用 copula 函数对跳跃部分的关联性建模。它为使用特殊的 copula 函数为多维 Lévy 过程建模提供了一个系统的方法。虽然多维 Lévy 过程在数学计算上较为复杂，但对于具有任意成分的多维 Lévy 过程，可以描述任意可能的相依性类型。对于金融收益率中的厚尾信息因子，实证研究表明，Lévy 过程在刻画带跳的基础资产价格过程上具有明显的优势，更符合市场实际。Kalemanova 和 Schmid[241] 在 copula 框架下选择正态逆高斯边际分布对 CDOs 定价。Göncü 等[242-243] 使用方差伽马分布和 NIG 分布等 Lévy 分布对新兴市场和发达市场金融数据进行拟合对比，证明了 Lévy 分布对真实分布是有效的。Adcock[244] 直接假设资产联合分布为多变量偏 t 分布，考察投资组合的选择问题。调和稳定分布参数灵活，允许超额的峰度和偏度的存在，能适时地反映极端观测值。Anand 等[245] 假设收益率过程服从带有多元正态调和稳定分布信息因子的 ARMA – GARCH 过程，研究最佳投资组合问题。但并未考虑变量之间的非线性相关关系。

实践中，经常使用协方差矩阵估计资产间的相依性，但协方差矩阵估计高维变量间的相依性无法反映相关关系的随机性和一些类型的相依性，如秩相关性。而 copula 模型能表现非线性相关性和非对称相关性，并且不受边际分布的限制，还可对边际分布的形式单独设定，进而能捕捉风险的尾部相关性，克服了线性关系不能描述尖峰厚尾性的缺点而越来越受到重视。[246] 高斯 copula 的尾部关联为 0，无法刻画极端事件的关联性。针对高斯 copula 的缺陷，Dmarta 和 McNeil[247] 使用 t – copula 来代替高斯 copula 建模，Friend 和 Rogge[248] 采用 Clayton copula 模型等阿基米德 copula 函数来克服高斯 copula 的弱尾部相关性缺陷，以描述尾部相关特征。本章在继续采用调和稳定分布作为收益序列的边际概率分布的同时，结合不同变量间的相依结构包括高斯 copula、Skewed – t copula 和阿基米德 copula 来为多变量的资产动态过程进行建模。

基于上述考虑，本章使用 copula 函数对多种资产的跳跃进行关联，采用 TS 边缘概率密度分布刻画基础金融资产的动态分布特征，进而使用 TS copula 函数对证券资产投资组合建模，扩展了原有的 Lévy copula 模型框架。与以往研究不同的是，采用 TS copula 过程突出了基础资产的跳跃和跳跃动态间的关联结构，能够有效地捕捉到资产收益率分布的非高斯特性，使模型更贴合实际。基于 TS copula 模型，研究带有约束条件的多目标投资组合优化问题，对比分析了 NSGA – Ⅱ、SPEA – Ⅱ 和 MOPSO 三类智能优化算法在证券投资组合优化中的表现。

第二节　TS copula 函数

一、copula 函数

投资组合由多项金融资产组成，研究投资组合理论需要将视角从单变量概率分布过渡到多元联合概率分布。多元分布研究涉及到联合概率分布、边际概率分布、相关系数和协方差的概念。但相关系数和协方差概念只能反映出多元变量间的线性关系。由概率论基本知识可知，概率分布 P、累积分布函数 F 和多元随机

变量 $X = (X_1, \cdots, X_d)$ 之间的数学关系可用密度函数表示为：

$$P(X_1 \leqslant t_1, \cdots, X_d \leqslant t_d) = \int_{-\infty}^{t_1} \cdots \int_{-\infty}^{t_d} \frac{\partial^n F(x_1, \cdots, x_n)}{\partial x_1 \cdots \partial x_n} dx_1 \cdots dx_n \quad (8-1)$$

其中，通过密度函数依次对所有变量求一阶偏导，并表示成分布函数的形式。联合变量中单个变量 X_i 的边际密度 f_i 通过对其他所有变量的联合密度积分获得，即：

$$f_i(x) = \int_{-\infty}^{\infty} \cdots \int_{-\infty}^{\infty} f(x_1, \cdots, x_{i-1}, x, x_{i+1}, \cdots, x_d) dx_1 \cdots dx_{i-1} dx_{i+1} \cdots dx_d \quad (8-2)$$

对变量间的相关关系进行量化是投资组合风险分析的核心内容。以往对相关关系进行建模都直接假设多元分布函数，但是该方法不能得到合理的风险测度。由于 copula 函数通过连接不同的边际分布自由地得到多元分布函数，因而在描述多变量关联关系时其优势明显，在多维金融建模中得到了广泛的应用。使用 copula 函数可以分别指定单个投资组合成分和相依结构的行为，这样使对极值事件的建模能力大大提高。

copula 函数 $C(u_1, u_2, \cdots, u_n): [0, 1]^N \to [0, 1]$ 表示多元联合分布函数 $F(x)$ 的随机变量间的相依结构，也可以被看作具有均匀边际分布的多元分布函数。给定任意多元累积分布函数，可以唯一地定义对应的 copula 函数。相反地，给定一个 copula 函数，可以得到唯一的多变量函数。假设 n 维分布函数 F 的边际分布为 $F_1, F_2, \cdots, F_n$，根据 Sklar 定理，copula 函数可表示为：$C(F_1(x_1), \cdots, F_n(x_n)) = F(x_1, \cdots, x_n)$。其中，$F$ 代表联合累积分布函数，F_n 表示对于 $n = 1, 2, \cdots, n$ 的第 n 个边际分布。通过将逆边际分布插入到 F 中，能得到唯一的 copula 函数，即：$C(u_1, u_2, \cdots, u_n) = F(F_1^{-1}(x_1), \cdots, F_N^{-1}(x_n))$。根据该灵活的结构，可以使用边际分布为风险因子建模，然后通过设定合理的 copula 函数捕获多元变量间的相依性。

copula 函数 C 的密度函数 c 由 F 的密度函数 f 根据式（8-3）得到。

$$c(u_1, \cdots, u_N) = \frac{f(F_1^{-1}(x_1), \cdots, F_N^{-1}(x_n))}{\prod_{n=1}^{N} f_n(F_n^{-1}(x_n))} \quad (8-3)$$

由 copula 函数构造出的多维分布函数可以将联合密度函数分解为单变量密度函数和反映变量间相依性的 copula 密度函数，其具有下列属性：①对于 $\{u_1, u_2, \cdots,$

$u_n\} \neq +\infty$，copula 函数 $C(u_1, u_2, \cdots, u_n) \neq +\infty$。②函数 C 单调有下界，若 C $(u_1, u_2, \cdots, u_n) = 0$，至少有 $i \in \{1, 2, \cdots, n\}$ 使 $u_i = 0$。③C 的边际函数 C_k，$k = 1, 2, \cdots, n$ 满足对任意 $u \in R$，$C_k(u) = u$。

copula 函数族既包括能刻画对称相依性的椭圆 copula 函数，又包括能刻画非对称相依性的阿基米德 copula 函数。高斯 copula 函数隐含了这样的假设：极值事件是渐进独立的。因而低估了极值事件联合发生的概率。尽管 Student t copula 和高斯 copula 描述的尾部特征均是对称的，Student t copula 函数具有更高的尾部和更强的相关性。本章中使用非对称的阿基米德 copula 函数和 Skewed $-t$ copula 函数，[249] Skewed $-t$ copula 函数在相依性建模中允许存在更多的同质性。阿基米德 copula 函数具有不对称的尾部相依性，可定义为：$C(u_1, u_2, \cdots, u_n) = \varphi^{-1}(\varphi$ $(u_1), \cdots, \varphi(u_n))$，其中，生成元函数 φ 表示凸的减函数。当 $\varphi(t; \theta) = (t^{-\theta} - 1)/\theta$ 时，C 表示 Clayton copula 函数，具有较高的下尾部和较低的上尾部，适合于拟合金融市场下跌期间资产间的尾部相依性。当生成元函数 $\varphi(t; \theta) = (-lnt)^\theta$ 时，C 表示 Gumbel copula 函数，具有较高的上尾相关性和较低的下尾相关性，适合于拟合金融市场繁荣时期资产间的相依性。当生成元函数 $\varphi(t; \theta) = -\ln$ $((e^{-\theta t} - 1)/e^{-\theta} - 1)$ 时，C 表示 Frank copula 函数，具有肥大对称的尾部，适合于拟合变量间的极值分布。

不同的 copula 函数具有不同的金融实际应用情形，单纯地采用一种 copula 函数容易引起拟合的偏差，造成风险的高估或低估。在实际中通常需要分析多个资产间的相依性，而由于高斯 copula 是对称分布和瘦尾的，因而不适合用于金融市场风险相关性分析中。下列公式分别给出了 Clayton copula 分布函数、Gumbel copula 分布函数和 Frank copula 分布函数的公式：

$$C_{Clayton}(u, v; \theta) = (u^{-\theta} + v^{-\theta} - 1)^{-1/\theta}, 0 < \theta < +\infty \tag{8-4}$$

$$C_{Gumbel}(u, v; \delta) = \exp(-((-lnu)^\delta + (-lnv)^\delta)^{1/\delta}), 1 \leqslant \delta < +\infty \tag{8-5}$$

$$C_{Frank}(u, v; \gamma) = (-1/\gamma)\ln((1 + (e^{-\gamma u} - 1)(e^{-\gamma v} - 1))/(e^{-\gamma} - 1)^2)$$

$$\tag{8-6}$$

Clayton copula 的分布呈非对称性，对下尾变化敏感，因而能捕获风险的下尾相依性。Gumbel copula 的分布也呈非对称性，对上尾变化敏感，因而能捕获金融市场上风险的上尾相依性。

二、TS copula 函数

Kallsen 和 Tankov[240] 的 Lévy copula 函数具有下列属性：①对于 $\{u_1, u_2, \cdots, u_n\} \neq +\infty$，copula 函数 $C(u_1, u_2, \cdots, u_n) \neq +\infty$。②函数 C 单调有下界，若 $C(u_1, u_2, \cdots, u_n) = 0$，至少有 $i \in \{1, 2, \cdots, n\}$ 使 $u_i = 0$。③C 的边际函数 C_k，$k = 1, 2, \cdots, n$ 满足对任意 $u \in \mathrm{R}$，$C_k(u) = u$。可以看出，Lévy copula 的边缘分布定义域从 $[0, 1]$ 扩展到了 R^n，从而可以为 Lévy 测度函数建立相依结构。对于 Lévy copula 函数而言，一般 copula 函数的 Sklar 定理也适用。令 φ 为 $[0, +\infty)$ 上的连续单减函数，φ 具有直到 n 阶的导数，并且 $(-1)^n (\mathrm{d}^n \varphi^{-1}(t)/\mathrm{d}t^n) > 0$，则有：$C(u_1, u_2, \cdots, u_n) = \varphi^{-1}(\varphi(u_1) + \varphi(u_2) + \cdots + \varphi(u_n))$。通过对 $\varphi(u)$ 取不同的 copula 函数可以得到不同形式的 Lévy copula 函数。

调和稳定过程属于 Lévy 过程，结合了 α 稳定分布和正态分布构成的调和稳定分布，由 α 稳定分布的 Lévy 测度乘以相应的调和函数得来。它的尾部位于两者之间，避免了正态分布对真实收益率的不足刻画和对 α 稳态分布的过度刻画。调和稳定分布的从属结构的特征函数由非高斯无限可分分布变量 T 表示为 (α, θ)，其表达式可表示为式（8 - 7），密度函数 $f_T(t)$ 可由特征函数的逆傅里叶变换得到。

$$\varphi_T(u) = e^{-\frac{2\theta^{1-\alpha/2}}{\alpha}((\theta-iu)^{\alpha/2} - \theta^{\alpha/2})} \quad (\alpha \in (0, 2), \ \theta > 0) \tag{8-7}$$

$$f_T(t) = \frac{1}{2\pi} \int_{-\infty}^{+\infty} e^{-iut} \varphi_T(t) \mathrm{d}t \tag{8-8}$$

令 $X = (X_1, X_2, \cdots, X_n)$ 代表 n 维随机变量，参数向量 $\beta = (\beta_1, \beta_2, \cdots, \beta_n)^T$，向量 $\varepsilon = (\varepsilon_1, \varepsilon_2, \cdots, \varepsilon_n)^T$ 表示协方差矩阵为 $\rho_{k,l}$ 的 n 维标准正态分布。则 X 的表达式（8 - 9）可表示为参数为 $(\alpha, \theta, \beta, \varepsilon)$ 的调和稳定变量过程。同时，参数之间满足条件 $|\beta_n| < (2\theta/(2-\alpha))^{1/2}$。

$$X = \beta(T-1) + \sqrt{1 - \beta_n^2 \left(\frac{2-\alpha}{2\theta}\right)} \sqrt{T} \varepsilon \tag{8-9}$$

调和稳定分布的密度函数 $f_{TS}(x)$ 可以由高斯密度函数推导得到：

$$f_{TS}(x) = \int_0^{\infty} \frac{1}{\sqrt{(2\pi)^N |tp_{k,l}B(t)|}} e^{-\frac{1}{2}(x-\beta(t-1))^T tB^{-1}(t)(x-\beta(t-1))} f_T(t) \mathrm{d}t \tag{8-10}$$

其中，$B(t) = \sqrt{1 - \beta_k^2((2-\alpha)/2\theta)}\sqrt{1 - \beta_l^2((2-\alpha)/2\theta)}$。

在此基础上，根据 Sklar 定理 $C(u_1, u_2, \cdots, u_n) = F(F_1^{-1}(x_1), \cdots, F_N^{-1}(x_n))$ 和调和稳定边际分布可以构建起 TS copula 模型，进而推导出模型的解析表达式（8-11）。并且，TS copula 模型的连续密度函数式（8-12）$c_{TS}(u_1, u_2, \cdots, u_n)$ 可以从对 TS copula 函数的一阶求导中直接得到。

$$C_{TS}(u_1, u_2, \cdots, u_n) = F_{TS}(F_1^{-1}(x_1), \cdots, F_n^{-1}(x_n))$$

$$= \int_0^\infty \int_{-\infty}^{(F_1^{-1}(x_1) - \beta_1(t-1))\left(t - t\beta_1^2\frac{2-\alpha}{2\theta}\right)^{-\frac{1}{2}}} \cdots f_\varepsilon(g_1, \cdots, g_n) \, ds_1 \cdots ds_n f_T(t) \, dt \qquad (8-11)$$

$$c_{TS}(u_1, \cdots, u_N) = \frac{f_{TS}(F_1^{-1}(x_1), \cdots, F_n^{-1}(x_n))}{\prod_{i=1}^n f_{iTS}(F_i^{-1}(x_i))} \qquad (8-12)$$

其中，f_ε 表示协方差为 ρ 的 n 维标准正态分布密度函数。

此外，Lévy 测度的边际分布计算可以和概率测度的边际分布计算类似，使用同样的方法进行计算。根据以上思路，多变量的 Lévy 过程的相依性可以由 Lévy copula 反映。Lévy copula 对于收益组合中的每项资产，允许服从任意的边际分布，对于边际分布间的相依性设定形式灵活。同时，Lévy copula 将收益率间的尾部相关性从线性相关性中区别开来，对于向上和向下的价格跳跃规定了不同的相依类型，而尾部相关性又与风险测度具有相关性。多维 Lévy 过程的增量模拟不存在闭形解。对其模拟需要运用其他方法，如 LePage 序列表述法。

使用调和稳定分布作为边际分布能够反映出资产收益率分布的有偏、厚尾特点。单纯的 α 稳定分布模型不足以刻画资产收益率的程式化现象，而调和稳定分布模型通过调和 α 稳定分布模型具备了良好的属性。

TS copula 模型的参数估计，参考 Patton[250] 的两步极大似然估计方法进行。定义 Θ_c 为 copula 函数的参数向量，Θ_i，$i = 1, 2, \cdots, n$ 为边际分布函数 F_n 的参数向量，则有联合分布函数的密度函数如下：

$$f(x_1, x_2, \cdots, x_n; \Theta) = c(u_1, u_2, \cdots, u_n; \Theta_c) \prod_{i=1}^n f_i(x_i; \Theta_i) \qquad (8-13)$$

进而可知对数形式的似然函数表达式为：

$$\ln L(x_1, x_2, \cdots, x_n; \Theta) = \sum_{t=1}^T \left(\sum_{i=1}^n \ln f_i(x_{it}; \Theta_i) + \ln c(F_1(x_{1t}; \Theta_1), F_2(x_{2t}; \Theta_2), \cdots, F_n(x_{nt}; \Theta_n); \Theta_c) \right) \qquad (8-14)$$

可以看出，联合似然函数是单变量似然函数和 copula 似然函数之和。这一点在下面的参数估计中至关重要。考虑到 copula 函数能够分别考察边际分布函数和连接函数的特点，因而采用两步极大似然估计法进行估计。首先估计边际分布的参数 Θ_i，再根据所得的边际分布参数估计值按照式（8-15）利用极大似然法估计 copula 函数参数 Θ_c。

$$\hat{\Theta}_c = \arg\max \sum_{t=1}^{T} c(F_1(x_{1t};\hat{\Theta}_1), F_2(x_{2t};\hat{\Theta}_2), \cdots, F_n(x_{nt};\hat{\Theta}_n); \hat{\Theta}_c) \quad (8-15)$$

使用不同的 copula 函数对多变量分布的相依结构的拟合优度进行检验，评估拟合优度的方法有分位数回归图法、卡方统计量、Kolmogorov - Smirnov 距离统计量和 Anderson - Darling 统计量等。分位数回归图为分析数据集提供了直观的手段，展示了实际分位数与数据假设分布的分位数的拟合程度。如果拟合分布选择恰当，图形呈现直观的 45°线。卡方统计量分析理论模型下的频率与实际频率之间的距离，在计算之前需要先将数据进行分类。KS 距离统计量计算实际样本分布和估计的理论分布的累积分布函数之间的最大偏离程度。上述统计量没有反映出对极值事件的建模能力，AD 统计量更多地强调尾部差异，并且衍生出了专门针对上尾分位数和下尾分位数的统计量。

本书采用基于秩的 S_T 检验统计量和基于 Rosenblatt 概率积分变换的 AD 检验统计量。令 $C(\mathbf{u})$ 和 C_θ 分别表示实际累积分布函数估计值和原假设下得到的参数估计值，G 表示 N 个自由度的卡方随机变量的累积分布，则 S_T 检验统计量和 AD 统计量可表示为：

$$S_T = \int_{[0,1]^N} \sqrt{T}(C(\mathbf{u}) - C_\theta)\,dC(\mathbf{u}) \quad (8-16)$$

$$AD = -T - \frac{1}{T}\sum_{i=1}^{T}(2i-1)\{\log[G(\chi_i)] + \log[1 - G(\chi_{T+1-i})]\} \quad (8-17)$$

第三节　TS copula 多目标投资组合优化

Markowitz 的均值 - 方差理论作为投资组合选择的基础理论，假设投资者在预算约束下进行资产配置的投资决策时通过最大化投资收益或者最小化风险来最大化自身效用。本章在此基础上，放宽了同时满足投资收益最大化和风险最小化的多目标假设条件，并增加了最低资产的数目要求的约束条件，考虑基础资产服从调和稳定分布，投资资产变量间具有 copula 相依性的多目标投资组合优化问题。

考虑 n 个不同资产的单期投资过程，在投资选择过程的初始，投资者决定分配于均值收益率为 μ_i 的各资产的初始财富比率 x_i，$i = 1, 2, \cdots, n$，$x_i\mu_i$ 是在投资期末要实现的随机变量，投资组合的风险测度为 $V(x)$。由于大部分投资组合优化解仅包含少量的可行资产，因而会导致在少量资产上的过度投资。为保证投资组合的分散化，降低交易风险，使用基数约束条件，要求组合中所持有资产总数为 K，则本章的多目标投资组合优化问题可以表述为：

$$\max \sum_{i=1}^{n} x_i\mu_i$$

$$\min V(x)$$

$$\text{Subject to } \sum_{i=1}^{n} x_i = 1, x_i \geq 0$$

$$\sum_{i=1}^{n} v_i = K, v_i \in \{0,1\}$$

$$l_i v_i \leq x_i \leq h_i v_i \tag{8-18}$$

其中，v_i 表示二元变量，当投资组合中包含资产 i 时取值为 1，否则取值为 0。l_i 和 h_i 分别表示组合中所持有资产 i 的最低和最高比例。式（8-18）在最大化投资组合收益的同时最小化投资组合的风险。约束条件包括预算约束条件、基数约束条件和数量约束条件。预算约束条件保证了各资产投资比例和为 1，$x_i \geq 0$ 表示不允许卖空。基数约束条件保证了组合分散投资于 K 个资产，反映了真实投资决策过程，避免了投资的过度集中导致的交易策略失效。数量约束条件限制了单一资产的投资比例范围，避免了单类资产持有量不足和过度投资的风险。

尽管投资选择中经常采用方差作为风险测度工具，但其对称的风险测度缺点显而易见。由于 VaR 不能表示为组合资产头寸的函数，所以无法对其直接进行优化。并且，VaR 作为目标函数形成的规划问题一般不属于凸规划，求解得到的局部最优解不一定全局最优。而尾部风险概念更符合金融机构所面临的真实风险情况。CVaR 是金融资产或资产组合的损失额超过 VaR 的部分的平均值，所以

CVaR 不会小于 VaR，在风险管理时，控制住 CVaR 也就同时控制了 VaR，反之则不会成立。因此，本章使用 CVaR 作为 $V(x)$ 的风险测度工具，CVaR 定义为损失部分超过某一分位数下 VaR 值的条件期望。均值置信水平为 δ 的 VaR 定义为 $\mathrm{VaR}_\delta(X) = -\inf\{z \mid P(X \le z) \ge \delta\}$，表示概率水平 δ 下，某一金融资产或证券组合价值在未来特定时期内的最大可能损失。在此基础上，CVaR 可以表示为 $\mathrm{CVaR} = -E_{t-1}(r_t \mid r_t < -\mathrm{VaR}_\delta(X))$。

可以看出，对投资组合的研究最终归结为多目标优化问题研究。对于多目标优化的投资问题，将多目标进行单目标转化是主要方法，但这类方法也存在自身弱点，就是对每个目标在组建新目标的权重的确定上不容易进行。群智能算法为求解多目标优化问题提供了很好的效果，其群体协调搜索机制，有与多目标问题的相似性，促进了该算法在多目标投资组合领域的应用。

第四节　多目标投资组合优化算法

从优化的角度来说，一个同时满足所有目标函数的解是不存在的，但是可以找到一组折中解。由于目标之间往往是相互冲突的，增加了寻找最优解的困难，最优 Pareto 前沿面经常是非平滑和非连续的。在传统的多目标优化算法中，当比较两个备选解时，只有当一个解中的所有目标函数满足占优条件时，才有解的占优关系存在。而当目标函数增多时，经常不存在解的占优情况。所以为了更好地接近 Pareto 前沿，需要使用有效的排序算法。

基于 TS copula 的多目标投资组合需要同时优化两个目标函数，优化得到的不再是单个的最优解，而是一组最优解，即 Pareto 最优解。根据 Pareto 占优关系，资产配置 $x = (x_1, x_2, \cdots, x_n)$ 是最优投资组合当且仅当没有其他可行的组合解 $y = (y_1, y_2, \cdots, y_n)$ 使 $y_i\mu_i \ge x_i\mu_i$ 和 $V(y) \le V(x)$ 中的至少一个不等式成立。由于多目标投资组合优化的多个目标之间往往相互矛盾。一般情况下，要使多目标优化问题中每个子目标都达到最优状态是不可能的，因为一个子目标状态的改善会影响其他子目标性能的下降。因而对各个子目标之间进行折中、协调，使各个子目标能达到所需要的相对最优状态。传统求解多目标优化问题的方法是把复杂的多目标优化问题转变为单目标优化问题，一般常用的方法有线性加权和法、$\min - \max$ 法、主要目标法、平方和加权法、功效系数法等，但是不存在一种方法能够适合求解所有的多目标优化问题。根据占优关系大多只存在非占优解，导致优化解经常过度集中于几项资产，使投资避险效果不理想。并且目标函数是非线性的，基数约束条件为离散的，使用传统计算方法计算困难。为此，采用三类智能优化算法 NSGA – Ⅱ 算法 （Fast Elitist Non – dominated Sorting Genetic Algorithm）、SPEA – Ⅱ 算法 （Improved Strength Pareto Evolutionary Algorithm） 和 MOPSO 算法对问题进行求解。

一、NSGA – Ⅱ算法

Deb[251] 对多目标遗传算法 NSGA 算法进行了改进，提出了基于 Pareto 等级的快速非支配排序算法，以拥挤距离的概念取代适应度共享机制，采取精英保留机制，对交叉变异操作后得到的子代种群个体和父代种群个体同时采取环境选择竞争以产生新的后代种群。通过提出拥挤距离排序方法保持了解的多样性。

在 NSGA – Ⅱ 中，首先将种群个体按照 Pareto 支配关系分成不同的等级，计算种群中每个解的支配数目，然后基于每个个体落在的前沿面进行分层。若第一层非劣解前沿上解的支配数目为 0，则对于支配集中的每一个解的个体数应减少 1，直至个体数减少到 0，所对应解的非支配等级变为 2，重复该过程依次确定解的支配等级。可以发现，Pareto 支配等级越低，个体的优越性越高。NSGA – Ⅱ 算法引入拥挤距离函数以获取分散均匀的最优解集。在 Pareto 前沿上的解 p_k，其两侧解的目标函数值的欧式距离和的均值定义为解 p_k 的拥挤距离 $CD(p_k)$。

$$CD(p_k) = \frac{1}{m} \sum_{i=1}^{m} \frac{f_i(p_{k+1}) - f_i(p_{k-1})}{f_i^{\max} - f_i^{\min}} \tag{8 - 19}$$

其中，f_i 为连续的 Pareto 前沿点，$f^{\max}$、$f^{\min}$ 分别为近似 Pareto 前沿上第 i 个目标函数的最大值和最小值。$CD(p_k)$ 值越小代表着个体间越拥挤；相反，越大的拥挤距离值越具有优先被选择的可能。

在每个前沿面上，种群中个体按照拥挤距离值的大小降序排列。拥挤距离函数的使用保证了种群个体的多样性和均匀性。下一代种群的选择需要同时考虑当代种群以及之前产生种群的个体以保留更多的精英个体。在进行种群选择时，当两个个体的 Pareto 非支配等级不同时，选择非支配等级较小的个体以保证种群的精英化，反之，则选择拥挤距离较大的个体以保证种群的多样性。

二、SPEA - Ⅱ算法

Zitzler 和 Thiele[252] 的 SPEA - Ⅱ 相对于 SPEA 算法，改进了适应度的分配机制、个体分布的评估方法以及精英种群的更新方式。首先，SPEA - Ⅱ 算法通过吸收一个微调的适应度分配策略来考虑占优的个体数目。其次，SPEA - Ⅱ 算法使用一种改进的存档截断方法以确保边界解的存在。与 SPEA 算法不同的是，SPEA - Ⅱ 算法在每一代的存档大小是恒定的。它设置了相同规模的普通进化种群 P_t 和外部种群 Q_t。外部种群规模不变，在更新形成新种群时，适应度值小于 1 的个体进入外部种群，若个体的数量小于外部种群规模，选择进化种群中适应度低的个体进入外部种群，反之，则采用环境选择机制剔除。若放入的非支配个体的数量恰为外部种群，更新完成；若放入的非支配个体的数量小于外部种群大小，则需要选择其他新进入的个体；否则，需要剔除多余的非支配个体。根据个体间的欧式距离，距离越小，越容易被剔除。最后，运用竞标赛方法选择交配池中的个体，进行交叉变异。SPEA - Ⅱ 算法基于个体 i 的强度 $S(i)$ 概念，定义适应度函数 $G(i)$ 为：

$$G(i) = \sum_{j \in P_t + Q_t} S(j) + \frac{1}{\sigma_{i,k} + 2} \qquad (8-20)$$

其中，$\sigma_{i,k}$ 为个体 i 到个体 k 的欧式距离，$G(i)$ 由两部分构成，前一部分为粗适应度值，能通过 Pareto 支配关系进行个体排序。后者为密度函数，当个体均为非支配个体时，由于无法进行个体的适应度比较，可以利用个体的密度信息加以区别以引导有效搜索。具有较大密度值的个体周围邻近点众多，如果该个体被选中，不利于交配池中的多样性。因此，在该算法中，具有较低邻域密度值的个体将优先被选进交配池。最近邻域密度估计技术的引入是 SPEA - Ⅱ 相对于 SPEA 算法的另一个改进。通过重新定义的适应度函数，能同时标定个体的支配信息和分散情况。

三、MOPSO 算法

MOPSO 算法是对标准 PSO 算法的扩展，通过重新定义全局和局部的最优个体以获得最优解的 Pareto 前沿面来处理多目标优化问题。在单目标标准的 PSO 中，假设每个粒子在 n 维空间飞行，$X_i = (x_{i1}, x_{i2}, \cdots, x_{in})$ 为粒子 i 的当前位置，$V_i = (v_{i1}, v_{i2}, \cdots, v_{in})$ 为粒子 i 的当前飞行速度，$p_i = (pbest_{i1}, pbest_{i2}, \cdots, pbest_{in})$ 为粒子 i 的个体最优位置。全局最优粒子根据位置最好粒子能很容易得到，粒子根据个体和群体飞行经验进行动态调整，其速度 v_{ij} 和位置 x_{ij} 更新方程满足下式。

$$v_{ij}(t+1) = v_{ij}(t) + c_1 r_1 (pbest_{ij}(t) - x_{ij}(t)) + c_2 r_2 (gbest_j(t) - x_{ij}(t))$$
$$x_{ij}(t+1) = x_{ij}(t) + v_{ij}(t+1) \tag{8-21}$$

其中，c_1、c_2 为学习因子，c_1 可调节粒子飞向自身最好位置的飞行步长，c_2 可调节粒子向群体最优位置的飞行步长，r_1、r_2 为 $[0, 1]$ 内的随机数，$gbest_j(t)$ 为进化到第 t 代时粒子群的最优位置的第 j 维分量。

由于多目标优化问题有一系列的 Pareto 最优解，种群中的每个粒子应当使用 Pareto 最优解去选择全局的最优粒子。因而便增加了在多目标背景下，选取全局和局部最优粒子以引领种群的难度。一种解决的方法是通过外部存档保持和修复 Pareto 最优解。将这些解存储在外部数据库中并逐代更新，从而使非占优解得到更新。

刘衍民等[253]引入自适应网格和拥挤距离寻找 $gbest_j(t)$ 以进一步增强算法的搜索能力。该方法利用自适应网格和拥挤距离决定外部存档中粒子之间的密度。并根据密度信息保持外部存档规模，利用外部存档中非占优解的密度和拥挤距离的信息来决定全局最优粒子，从而提升粒子向 Pareto 前沿面收敛的可能性。本章所使用的 MOPSO 采用该类带自适应网格和拥挤距离的多目标粒子群算法。

对上述三种多目标智能优化算法的表现性能对比，使用下列评价准则：①超容量准则 M_1；②距离真实 Pareto 前沿面的平均距离 M_2。M_1 不仅测量算法解到最优前沿面的距离，而且测算解的多样性。在双目标时，它指代区域的概念；在三目标时，它指代容量概念；在四目标及以上时，指代超容量概念。在目标空间中，M_2 由算法所得解 i 到 Pareto 最优前沿面的欧几里得距离 d_i 测算，d_i 表示算

法解 i 到 Pareto 前沿面上最靠近的解 j 的距离，用公式表示为：

$$d_i = \sqrt{\sum_{k=1}^{m} \left(\frac{f_{ik} - f_{jk}}{f_{k_{max}} - f_{k_{min}}} \right)^2} \tag{8-22}$$

其中，f_{ik} 和 f_{jk} 分别表示第 k 个目标的解 i 和解 j，f_{max}、f_{min} 分别表示目标函数在真实解下的最大、最小值。

第五节 实证检验

作为国内股市晴雨表的指数之一，上证 50 指数由于包含不同行业的 50 只成分股而能有效地分散投资风险，成为投资者复制投资组合的代表性组合之一。同时，继次贷危机之后，国内股市 2015 年出现大崩盘，而这期间的相关研究文献较少。为考察上述智能算法的表现效果，使用上证 50 指数的 50 种成分资产在 2011 年 1 月 4 日至 2015 年 12 月 31 日的日收益率时间序列数据进行实证分析。对上证 50 指数进行描述性统计发现，指数收益率偏度值为负，峰度值明显大于 3，指数收益率呈现尖峰左偏特征，Jarque – Bera 统计量结果拒绝正态分布假设。因而，正态分布假设不符合市场实际，使用正态分布为收益率建模将严重低估风险，本章选取的调和稳定分布在拟合收益率的尖峰厚尾密度分布上具有显著优势，并在金融衍生品定价应用中得到了验证。已有文献已验证了调和稳定分布相较于其他 Lévy 分布在拟合股指收益率尖峰、厚尾分布上具有明显优势。本章的侧重点是在调和稳定分布边际条件下，考察 TS 分布与不同的 copula 相依结构模型耦合的表现情况。为避免算法的随意性，每个算法运行 10 次取平均值。对于投资组合的均值 – CVaR 问题，由于没有准确的 Pareto 有效前沿面，在计算算法的表现性能对比时，选定三类多目标优化算法的所有运行结果中的最优解集作为参考集。设定 CVaR 的置信水平 $\delta = 0.95$，基数约束 $K = 10$，最大迭代次数为 150 代，种群规模为 5，外部存储大小为 100，交叉率和变异率分别为 0.7 和 0.6，学习因子 $c_1 = c_2 = 2$，所求解问题的每个解被编码成长度为 10 的染色体。

为刻画多种资产之间的相依结构，选取 Gaussian copula、Skewed – t copula、

Clayton copula 和 Frank copula 函数分别为其建模。表 8 - 1 展示了多项资产变量下不同相依结构模型的参数估计结果和相应统计量。

表 8 - 1　不同 copula 模型参数估计结果

copula 类型	参数	标准误差	对数似然	AIC	S_T（p 值）	AD（p 值）
Gaussian	—	—	9966.1	− 22247.9	0.0274	0.0007
Skewed − t	6.2531	0.4155	22387.2	− 48628.5	0.6358	0.4928
Clayton	0.4572	0.0116	11105.6	− 27735.1	0.0345	0.0021
Frank	3.4493	0.0285	11398.4	− 29482.6	0.1631	0.0045

注：由于篇幅所限，在高维情形下 Gaussian copula 和 Skewed − t copula 的相关性矩阵并未列出，仅列出了 Skewed − t copula 的自由度估计值。

从表 8 - 1 可以看出，Skewed − t copula 的对数似然值最高，AIC 值最小，拟合效果最好，其次是 Frank copula。可推断出，阿基米德 copula 在拟合高维度的资产相关性时不如 Skewed − t copula 的拟合效果好。从 p 值结果来看，只有 Skewed − t copula 在 5% 水平下通过了 S_T 检验和 AD 检验，高斯 copula 和阿基米德 copula 模型均未完全通过检验，证明了以往的高斯边际分布假设具有误导性。因此，在拟合多变量资产数据的相依结构上，宜采用 Skewed − t copula 函数。

为直观展示 TS 边缘密度分布与不同 copula 函数耦合的联合密度分布情况，选取上证综指和深证成指收益率在相同时间区间内的日收益率数据，图 8 - 1 为双变量情形下的 TS copula 联合密度分布图。图 8 - 1 验证了与不同 copula 函数耦合的重要性。尽管调和稳定分布在捕获单变量资产分布的尖峰、厚尾、有偏性上具有明显优势，只有与合适的 copula 函数耦合后才能准确地用于多变量资产的刻画，反映联合分布的极端观测值。从图 8 - 1 可以看出，Gaussian copula 反映了对称的相依结构，对于非对称的相依结构无法反映；Skewed − t copula 允许不对称的相依结构，从而可以刻画厚尾分布；阿基米德 copula 在拟合联合分布的中部表现较好，而在尾部拟合效果不佳。采用 Skewed − t copula 非对称的 copula 形式意味着下尾处的风险相关对外部变化更敏感。在受到利空消息刺激时，风险相关性增强，而在受到利好消息刺激时，风险相依性变化不明显，即风险相依性呈现非对称的特点。

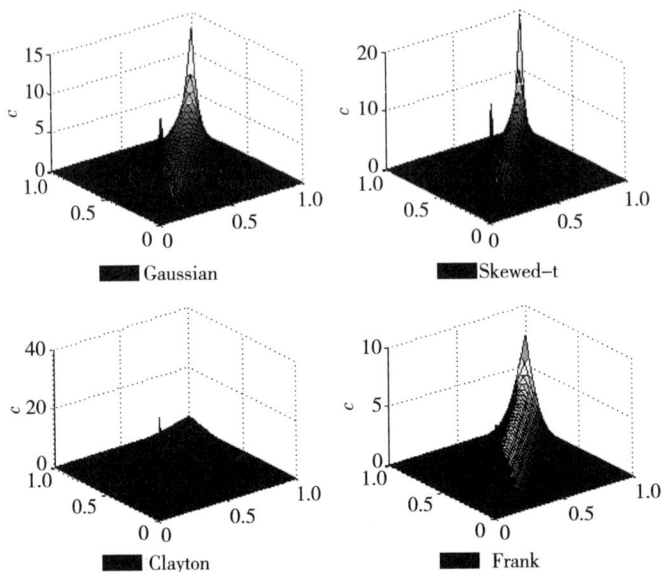

图 8 - 1　TS copula 联合密度分布

　　为比较不同优化算法在本书提出的带约束的多目标投资组合中的表现，表 8 - 2 给出了性能指标定量比较结果，为保证结果稳定性，每种算法迭代 100 次，在运行 10 次之后取平均值，多目标进化算法的优点在于单次运行即可得到一组解。保持基数约束条件不变，从 M_1 测量标准结果来看，NSGA - Ⅱ 和 MOP-SO 算法对带约束的多目标投资组合的优化性能表现类似，对参考前沿面的接近程度、算法的稳定性和精确性均相差不大，但都好于 SPEA - Ⅱ。从 M_2 测量标准来看，MOPSO 在三类算法中表现效果最好，所得到的非占优解集距离证券投资组合真实 Pareto 最优前沿面的欧氏距离最短，并且算法的鲁棒性最强，SPEA - Ⅱ 在两种准则下表现均相对较差。MOPSO 算法在解决带约束的多目标投资组合优化中表现出了明显的优势。

表 8 - 2　带约束的多目标投资组合优化算法性能表现

	M_1			M_2		
	NSGA - Ⅱ	SPEA - Ⅱ	MOPSO	NSGA - Ⅱ	SPEA - Ⅱ	MOPSO
均值	3.56E - 04	3.72E - 04	3.58E - 04	0.01055	0.01483	0.00753
标准差	2.64E - 04	7.29E - 04	2.66E - 04	0.00794	0.00946	0.00312

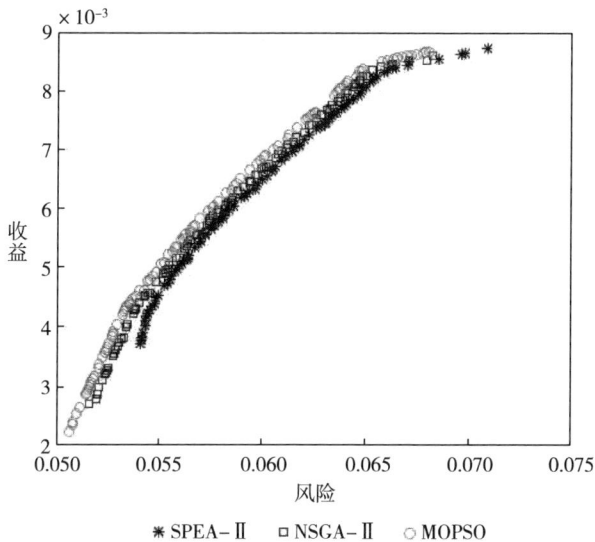

图 8 – 2　不同算法有效前沿

同时，对比了三种算法在计算上述均值上的平均运行时间，NSGA – Ⅱ 的运行时间最短，MOPSO 和 SPEA – Ⅱ 其次。为进一步考察不同的智能算法的计算精度，在小样本情形下将其与传统优化算法结果相比较。以上述所得的十种资产为总资产数目，基数约束 $K = 2$，计算三类智能优化算法与传统优化算法的误差百分比得到，NSGA – Ⅱ 方法的误差百分比最小，为 7.39%，MOPSO 和 SPEA – Ⅱ依次是 8.26% 和 11.14%。综合考虑各项指标后得出如下结论：在调和稳定分布下，考虑 Skewed – t copula 相依结构的多目标投资组合优化中，MOPSO 和 NSGA –Ⅱ算法均给出了较好的非占优 Pareto 解。

此外，图 8 – 2 描绘出了 TS copula 联合分布下的三种多目标智能进化算法的有效前沿。从前沿面结果上看，有效曲线是非光滑且非连续的。这是由于 CVaR的非凸属性和投资组合中的基数约束条件造成的。从图 8 – 2 可以看出，三类算法在解决本书提出的基于 TS copula 函数的带基数约束条件的多目标投资组合优化问题上是有效的，并且 MOPSO 算法所产生的 Pareto 非占优解优于 NSGA – Ⅱ算法和 SPEA – Ⅱ算法所产生的。

第六节　本章小结

金融资产时间序列数据呈现尖峰厚尾、有偏分布特点，并且金融资产间的相关性呈现非线性结构特征。本章放宽了已有的对资产收益率联合分布的多变量正态分布假设，由于调和稳定分布在拟合金融资产收益率分布的尖峰厚尾属性上具有明显优势，本章假设投资组合收益率的边际分布服从调和稳定分布以捕获金融数据的厚尾分布特性，并通过设定不同的 copula 模型进一步考察资产间的相关关系。同时，采用 CVaR 替代方差来测度投资组合风险。使用多目标智能优化算法在期望投资组合收益最大化的同时又期望投资风险最小化，寻找折中的最优 Pareto 解。

实证研究发现，金融资产收益率不符合正态分布，适合采用厚尾的调和稳定边际分布进行拟合。阿基米德 copula 和高斯 copula 不适合于处理高维投资组合问题，而 Skewed $-t$ copula 统计效果较好，只有 Skewed $-t$ copula 通过了 ST 检验和 AD 检验，这意味着下尾处的风险相关性对外部变化更敏感，即风险相依性呈现非对称结构。将 Markowitz 的均值 - 方差模型扩展到多目标的均值 - CVaR 模型，为解决包含多个非线性的目标和离散约束条件的投资优化问题，经过对比使用三种多目标智能进化算法进行求解发现，基于粒子群的多目标智能优化算法在求解多目标投资组合中优势明显。实证研究所得出的结论有助于理解风险相关性和金融市场风险传染，为投资组合管理提供经验。

第九章　研究结论与展望

本章对全书从跳跃甄别、欧式期权定价和美式期权定价、尾部风险管理三个方面进行了总结。阐述了本书的主要研究成果和结论，在此基础上指出了研究内容的局限，并提出了未来可能的研究方向。

第一节　主要成果及研究结论

本书的相关研究成果和相对应的结论主要包括以下几个方面：

（1）利用考虑跳跃和金融市场杠杆效应的时点波动估计方法对已实现阈值幂变差进行修正，构造新的跳跃检验统计量对跳跃进行识别，并结合阈值截断方法甄别我国股市跳跃的活动性。为考察跳跃和波动率之间的相互作用，建立了考虑杠杆效应和波动率聚集效应的波动率预测模型以考察不同模型的预测性能，并对我国沪深股市的跳跃波动行为进行实证分析。基于修正的已实现阈值幂变差的股市跳跃波动行为研究结果表明，沪深股市同时存在布朗运动成分、有限活跃跳跃和无限活跃跳跃成分，其中连续路径方差占据主体。此外，收益和波动之间的杠杆效应显著，无论短期还是长期，连续波动和跳跃波动对波动率的预测均具有显著影响，同时考虑股价的跳跃、波动和杠杆效应因素有助于更准确地刻画资产价格动态过程。研究结论能有效地提高金融资产价格动态建模的精确性，对于衍生品定价和风险管理，以及投资组合管理具有重要意义。

（2）基于 Lévy 过程跳跃、随机波动进行期权定价研究。结合波动率的高阶矩特征进行等价鞅测度变化，对我国首只股票期权进行定价，验证了调和稳定分布在刻画尖峰厚尾能力上的优越性。通过引入无限纯跳跃调和稳定分布函数，重构了 Lévy 随机波动模型。运用时变的方法将均值回复的 CIR 模型嵌入到调和稳定过程中，在调和稳定随机波动模型中，嵌入了跳跃部分和连续部分。使所构建的模型不仅具有灵活的跳结构，并且能够反映出真实市场波动率的随机性。进一步推导了期权定价表达式和套期保值策略显示解。期权定价中参数估计结果表明，金融收益时间序列模型中存在跳跃部分。相比于纯跳跃调和稳定模型，包含了随机波动结构的调和稳定随机波动模型的拟合效果得到了有效的提升。在对冲效果对比中，无论交易频率如何变化，方差最优对冲策略显著地优越于 Delta 对冲策略。这也意味着本书在期权定价中所构建的复杂模型呈现出明显的优越性。此外，美式期权定价实证研究结果表明时变的正态调和稳定随机波动模型表现效果最佳。

（3）基于 Lévy 过程跳跃、随机波动进行风险管理研究。将正态调和稳定过程从属于时变的随机波动过程，进而构建起时变调和稳定随机波动模型框架，以捕获实际金融数据的分布特征，并将其应用到尾部风险管理中。在概率计算时利用傅里叶变换技术，推导了调和稳定随机波动过程的概率密度函数的表达公式，以及累积密度函数、VaR 尾部风险价值和 CVaR 风险价值的表达式。对恒生指数 VaR 和 CVaR 尾部风险预测进行后验分析发现，NTSSV 分布在尾部风险度量中具有更好的预测能力，在所对比的模型中最适合于进行金融尾部风险测算。更进一步地，针对不同分布模型下的投资组合策略，采用风险调整的股票选择准则研究了投资组合绩效表现。从 TSSV 模型下的投资组合分布特征分析发现，在刻画组合收益动态特性上，NTSSV 模型的表现好于 CTSSV 模型和 VGCIR 模型，相对于其他模型提供了更为可靠的结果。从高维随机过程的角度为投资组合中的多项资产建模，考虑到证券投资组合优化中金融资产收益率分布的尖峰厚尾特性和多项基础资产变量之间非线性的相依结构，以调和稳定分布（TS）为边际分布，以 copula 函数描述变量之间的相关性，实证研究发现，Skewed – t copula 函数与调和稳定边际分布耦合能够有效地捕获投资组合收益率的厚尾分布和资产间非线性非对称的相依结构；MOPSO 算法和 NSGA – Ⅱ 算法在解决基于 TS copula 的多目标优化中具有有效性。

第二节 研究不足与展望

本书的研究工作仍然存在局限性，进一步可能的研究方向包括以下几个方面：

（1）在利用高频数据研究日内跳跃、波动识别中，由于缺乏交易信息，没有考虑隔夜波动率引起的隔夜风险对跳跃统计量的影响。并且由于我国股市涨跌停限制和非杠杆化交易，单纯股市的隔夜风险相对较小，因而在研究中，将隔夜风险视为日内波动率的附属品。但是，未来研究在考虑衍生品市场，如期货市场时，由于持有隔夜头寸引起的风险较大，[254]就要考虑控制隔夜风险。

（2）在期权模型中加入跳跃和随机波动项能够提升模型的定价和对冲效果。这种效果的提升是以模型复杂性的提高和拟合难度的增加为前提的。本书在进行连续时间下的期权定价时，在基础资产模型构建中并未考虑金融市场上的杠杆效应。在进一步的研究中需要额外考虑杠杆效应的影响，但杠杆效应的增加又会带来额外的参数，增加计算的复杂性。未来的研究在引入额外参数刻画经济现象的同时，要力争在模型能力提升和拟合能力增加之间达到平衡。在期权定价效果对比和对冲效果对比中，对比了众多包含无限多小型跳跃的 Lévy 随机波动模型。仅从定性的角度分析了 Lévy 随机波动模型相较跳扩散模型的优越性，还需要从定量的角度进行分析。在未来的研究中，考虑加入跳扩散模型，对比分析其与 Lévy 随机波动模型的定价效果和对冲效率。同时，本书的期权对冲研究未考虑市场上的交易费用。在实际中，随着交易频率的增加，将导致更高的交易费用。进一步的研究须考虑结合交易费用来决定最佳的套期保值时间间隔。另外，本书所提出的模型框架包含了众多模型形式，这些方法可运用到多种模型环境下和衍生品定价问题中。

（3）本书使用所构建的模型评估了 VaR 和 CVaR 的风险大小和不同模型下的投资选择问题。但没有重点考察所构建的模型在极值情形下的尾部表现。这也为模型在极值情形下的应用提供了思路。在使用 copula 函数和调和稳定分布边际函数为多维金融过程建模时，由于计算的复杂性和模型维度的增加，没有把金融收益边际的波动率集聚效应考虑进去。在进一步的研究中，可以在使用多维随机过程量化投资组合中吸收进边际收益波动的异方差效应，这样在刻画单项资产收益分布的尖峰厚尾性和资产收益间的非线性相依性的同时，也反映出了收益的随机波动特性。另外，本书的投资组合分析中仅考虑包含股票指数基础资产的风险测度和投资优化，没有考虑包含期权等金融衍生工具的投资组合风险。进一步的研究可以考虑所构建的模型在股票和期权投资组合中的风险预测能力和组合绩效表现。

参考文献

［1］Andersen T G, Bollerslev T. Answering the skeptics: Yes, standard volatility models do provide accurate forecasts ［J］. International Economic Review, 1998, 39 （4）: 885 – 905.

［2］Choi J, Kim Y S, Mitov I. Reward – risk momentum strategies using classical tempered stable distribution ［J］. Journal of Banking and Finance, 2015, 58 （9）: 194 – 213.

［3］张高勋, 田益祥, 李秋敏. 多元非线性期权定价模型及实证分析 ［J］. 系统管理学报, 2014, 23 （2）: 200 – 207.

［4］Xiong W, Yu L. The Chinese warrant bubble ［J］. American Economic Review, 2011, 101 （6）: 2723 – 2753.

［5］Black F, Scholes M. The pricing of options and corporate liabilities ［J］. The Journal of Political Economy, 1973, 81 （3）: 637 – 654.

［6］Cont R. Empirical properties of asset returns: Stylized facts and statistical issues ［J］. Quantitative Finance, 2001, 1 （2）: 223 – 236.

［7］Bollerslev T, Todorov V, Li S Z. Jump tails, extreme dependencies, and the distribution of stock returns ［J］. Journal of Econometrics, 2013, 172 （2）: 307 – 324.

［8］Andersen T G, Bollerslev T, Frederiken P, Nielsen M. Continuous – time models, realized volatilities, and testable distributional implications for daily stock returns ［J］. Journal of Applied Econometrics, 2010, 25 （2）: 233 – 261.

［9］Barndorff – Nielsen O E, Shephard N. Power variation and stochastic volatility: A review and some new results [J]. Journal of Applied Probability, 2004, 41 (1): 133 – 143.

[10] Barndorf – Nielsen O E, Shephard N. Econometrics of testing for jumps in financial economics using bipower variation [J]. Journal of Financial Econometrics, 2006, 4 (1): 1 – 30.

[11] Bollerslev T, Tauchen G, Zhou H. Expected stock returns and variance risk premia [J]. The Review of Financial Studies, 2009, 22 (11): 4463 – 4492.

[12] Corsi F, Reno R. Discrete time volatility forecasting with persistent leverage effect and the link with continuous time volatility modeling [J]. Journal of Business & Economic Statistics, 2012, 30 (3): 368 – 380.

[13] Mancini C. Non – parametric threshold estimation for models with stochastic diffusion coefficient and jumps [J]. Scandinavian Journal of Statistics, 2009, 36 (2): 270 – 296.

[14] 沈根祥. 带 Poisson 跳和杠杆效应的资产价格时点波动非参数估计 [J]. 数量经济技术经济研究, 2012, 29 (12): 82 – 96.

[15] Aït – Sahalia Y, Jacod J. Estimating the degree of activity of jumps in high frequency data [J]. The Annals of Statistics, 2009, 37 (5A): 3093 – 3128.

[16] 刘志东, 严冠. 基于半鞅过程的中国股市随机波动、跳跃和微观结构噪声统计特征研究 [J]. 中国管理科学, 2016, 24 (5): 18 – 30.

[17] 杨文昱, 马超群, 周忠宝. 伊藤半鞅框架下资产价格动态模型的非参数设定检验——基于沪深 300 股指期货超高频数据的分析 [J]. 系统工程, 2015, 33 (10): 108 – 114.

[18] Andersen T G, Bollerslev T, Diebold F X. Roughing it up: Including jump components in the measurement, modeling, and forecasting of return volatility [J]. The Review of Economics and Statistics, 2007, 89 (4): 701 – 720.

[19] Corsi F, Pirino D, Renò R. Threshold bipower variation and the impact of jumps on volatility forecasting [J]. Journal of Econometrics, 2010, 159 (2): 276 – 288.

[20] 田凤平, 杨科, 林洪. 沪深 300 指数期货已实现波动率的跳跃行为

［J］．系统工程，2014，32（2）：1－11.

［21］孙洁．考虑跳跃和隔夜波动的中国股票市场波动率建模与预测［J］．中国管理科学，2014，22（6）：114－123.

［22］王天一，黄卓．高频数据波动率建模——基于厚尾分布的 RealizedGARCH 模型［J］．数量经济技术经济研究，2012，29（5）：149－161.

［23］杨科，陈浪南．基于 C_TMPV 的中国股市高频波动率的跳跃行为研究［J］．管理科学，2011，24（2）：103－112.

［24］唐勇，张伯新．基于高频数据的中国股市跳跃特征实证分析［J］．中国管理科学，2013，21（5）：29－39.

［25］柳会珍，顾岚，胡啸兵．极端波动、跳跃和尾部风险——基于已实现波动率的股票市场风险动态预测［J］．数理统计与管理，2014，33（1）：158－169.

［26］黄苒，唐齐鸣．基于可变强度跳跃－GARCH 模型的资产价格跳跃行为分析——以中国上市公司股票市场数据为例［J］．中国管理科学，2014，22（6）：1－9.

［27］Kim Y，Rachev S，Bianchi M，Mitov I，Fabozzi F J. Time series analysis for financial market meltdowns［J］．Journal of Banking and Finance，2011，35（8）：1879－1891.

［28］Smith D R. Asymmetry in stochastic volatility models：Threshold or correlation［J］．Studies in Nonlinear Dynamics and Econometrics，2009，13（3）：1－34.

［29］Daal E，Naka A，Yu J. Volatility clustering，leverage effects，and jump dynamics in the US and emerging Asian equity markets［J］．Journal of Banking and Finance，2007，31（9）：2751－2769.

［30］吴鑫育，周海林，汪寿阳．双杠杆门限随机波动率模型及其实证研究［J］．管理科学学报，2014，17（7）：63－81.

［31］宫晓莉，庄新田，张伟平．混合 GARCH 模型下股票市场跳跃形态分析［J］．东北大学学报（自然科学版），2016（5）：746－750.

［32］Yang Z X，Yin G. Stability of nonlinear regime－switching jump diffusion［J］．Nonlinear Analysis，2012，75（9）：3854－3873.

［33］Douc R，Moulines E，Stoffer D. Nonlinear time series theory，methods， and applications with R example [M]. London: Chapman & Hall/CRC, 2014: 91 – 123.

[34] Todorov V. Econometric analysis of jump – driven stochastic volatility models [J]. Journal of Econometrics, 2011, 160 (1): 12 – 21.

[35] Kaeck A, Alexander C. Volatility dynamics for the S&P 500: Further evidence from non – affine, multi – factor jump diffusions [J]. Journal of Banking and Finance, 2012, 36 (11): 3110 – 3121.

[36] Merton R C. Option pricing when underlying stock returns are discontinuous [J]. Journal of Financial Economics, 1976, 3 (1): 125 – 144.

[37] Duffie D, Pan J, Singleton K. Transform analysis and asset pricing for affine jump – diffusions [J]. Econometrica, 2000, 68 (6): 1343 – 1376.

[38] Kou S G, Wang H. Option pricing under a double exponential jump diffusion model [J]. Management Science, 2004, 50 (9): 1178 – 1192.

[39] Barndorff – Nielsen O E. Processes of normal inverse gaussian type [J]. Finance and Stochastics, 1997, 2 (1): 41 – 68.

[40] Madan D, Carr P, Chang E. The variance gamma process and option pricing [J]. European Finance Review, 1998, 2 (1): 79 – 105.

[41] Carr P, Geman H, Madan D B, Yor M. The fine structure of asset returns: An empirical investigation [J]. The Journal of Business, 2002, 75 (2): 205 – 332.

[42] Li H, Wells M T, Yu C L. A Bayesian analysis of return dynamics with Lévy jumps [J]. The Review of Financial Studies, 2008, 21 (5): 2345 – 2378.

[43] Kim Y S, Rachev S, Bianchi M, Fabozzi F J. Tempered stable and tempered infinitely divisible GARCH models [J]. Journal of Banking and Finance, 2010, 34 (9): 2096 – 2109.

[44] Rachev S, Kim Y S, Bianchi M, Fabozzi F J. Financial models with Levy processes and volatility clustering [M]. New York : Wiley, 2010.

[45] Kim Y S, Rachev S, Bianchi M, Fabozzi F J. Financial market models with Lévy processes and time varying volatility [J]. Journal of Banking and Finance, 2008, 32 (7): 1363 – 1378.

［46］ Zaevski T S, Kim Y S, Fabozzi F J. Option pricing under stochastic volatility and tempered stable Lévy jumps ［J］. International Review of Financial Analysis, 2014, 31 (1): 101 – 108.

［47］ 吴恒煜, 朱福敏, 胡根华, 温金明. 基于参数学习的 GARCH 动态无穷活动率 Levy 过程的欧式期权定价 ［J］. 系统工程理论与实践, 2014, 34 (10): 2465 – 2482.

［48］ Mandelbrot B. The variation of certain speculative prices ［J］. The Journal of Business, 1963, 36 (4): 394 – 419.

［49］ Gong X L, Zhuang X T. Option pricing for stochastic volatility model with infinite activity Lévy jumps ［J］. Physica A: Statistical Mechanics and Its Applications, 2016 (455): 1 – 10.

［50］ Rosinski J. Tempering stable processes ［J］. Stochastic Processes and Their Applications, 2007, 117 (6): 677 – 707.

［51］ Kim Y, Rachev S, Chung D, Bianchi M. The modified tempered stable distribution, GARCH models and option pricing ［J］. Probability and Mathematical Statistics, 2009, 29 (1): 91 – 117.

［52］ Kim Y, Rachev S, Bianchi M, Fabozzi F J. Tempered stable and tempered infinitely divisible GARCH models ［J］. Journal of Banking and Finance, 2010 (34): 2096 – 2109.

［53］ Gajda J, Wyłomańska A. Tempered stable Lévy motion driven by stable subordinator ［J］. Physica A: Statistical Mechanics and Its Applications, 2013 (392): 3168 – 3176.

［54］ Barndorff – Nielsen E, Shephard N. Integrated OU processes and non – Gaussian OU – based stochastic volatility models ［J］. Scandinavian Journal of Statistics, 2003, 30 (2): 277 – 295.

［55］ Kou S G. A Jump – diffusion model for option pricing ［J］. Management Science, 2002, 48 (8): 1086 – 1101.

［56］ Fuh C D, Luo S F, Yen J F. Pricing discrete path – dependent options under a double exponential jump diffusion model ［J］. Journal of Banking and Finance,

2013，37（8）：2702 - 2713.

［57］向华，杨招军. 跳过程下的公司证券定价和最优资本结构［J］. 中国管理科学，2014，22（8）：29 - 36.

［58］罗长青，朱慧明，欧阳资生. 跳跃扩散条件下信用风险相关性度量的变结构 Copula 模型［J］. 中国管理科学，2014，22（3）：1 - 12.

［59］杨瑞成，秦学志，陈田. 基于跳扩散和随机相关的金融衍生产品定价模型研究［M］北京：科学出版社，2010.

［60］周伟，何健敏，余德建. 随机跳变广义双指数分布下的双重跳跃扩散模型及应用［J］. 系统工程理论与实践，2013，33（11）：2746 - 2756.

［61］胡素华. 连续时间资产收益模型的贝叶斯分析［M］. 上海：上海财经大学出版社，2010.

［62］杨招军，赵志明，罗鹏飞. 双指数跳收益与混合担保的企业资本结构［J］. 系统工程，2016，34（4）：26 - 32.

［63］谢赤，张娇艳，王纲金，余聪. 人民币短期利率行为研究方法的一个改进——双指数 Jump - GARCH - Vasicek 模型的构建与应用［J］. 运筹与管理，2014，23（5）：198 - 204.

［64］Adesi G B, Engle R F, Mancini L. A GARCH option pricing model with filtered historical simulation［J］. Review of Financial Studies, 2008, 21（3）：1223 - 1258.

［65］刘建桥，孙文全. 沪深 300 仿真股指期货价格不对称跳跃波动的实证分析［J］. 数理统计与管理，2010，29（6）：1096 - 1103.

［66］赵华，王一鸣. 中国期货价格的时变跳跃性及对现货价格影响的研究［J］. 金融研究，2011（1）：195 - 206.

［67］Heston St L. A closed form solution for options with stochastic volatility with applications to bond and currency options［J］. The Review of Financial Studies, 1993, 6（2）：327 - 343.

［68］Cox J C, Ingersoll J E, Ross S. A theory of the term structure of interest rates［J］. Econometrica, 1985, 53（2）：385 - 407.

［69］张金锁，金浩，邹绍辉. 基于跳扩散模型的石油价格长期趋势分析

［J］. 系统工程理论与实践，2015，35（1）：67 － 74.

［70］ Yu J F, Xu W D. Pricing turbo warrants under mixed – exponential jump diffusion model ［J］. Physica A：Statistical Mechanics and Its Applications, 2016, 451（11）：490 － 501.

［71］ Chiang M H, Li C Y, Chen S N. Pricing currency options under double exponential jump diffusion in a Markov – modulated HJM economy ［J］. Review of Quantitative Finance and Accounting, 2016, 46（3）：459 － 482.

［72］ Bates D S. Jumps and stochastic volatility：Exchange rate processes implicit in deutsche mark options ［J］. The Review of Financial Studies, 1996, 9（1）：69 – 107.

［73］ Eraker B, Johannes M J, Polson N G. The impact of jumps in returns and volatility ［J］. Journal of Finance, 2003, 53（3）：1269 － 1300.

［74］ Bollerslev T, Kretschmer U, Pigorsch C, Tauchen G. A discrete – time model for daily S&P returns and realized variations：Jumps and leverage effects ［J］. Journal of Econometrics, 2009, 150（2）：151 － 166.

［75］ Asgharian H, Bengtsson C. Jump spillover in international equity markets ［J］. Journal of Financial Econometrics, 2006, 4（2）：167 － 203.

［76］ Asgharian H, Nossman M. Risk contagion among international stock markets ［J］. Journal of International Money and Finance, 2011, 30（1）：22 － 38.

［77］ 乔高秀，刘强，张茂军. 沪深300股指期货上市对现货市场连续波动和跳跃波动的影响 ［J］. 中国管理科学，2014（10）：9 － 18.

［78］ Bakshi G, Cao C, Chert Z. Empirical performance of alternative option pricing models ［J］. The Journal of Finance, 1997, 52（5）：2003 － 2049.

［79］ Pillay E, O' Hara J G. FFT based option pricing under a mean reverting process with stochastic volatility and jumps ［J］. Journal of Computational and Applied Mathematics, 2011, 235（12）：3378 － 3384.

［80］ Kaeck A, Alexander C. Stochastic volatility jump – diffusions for European equity index dynamics ［J］. European Financial Management, 2013, 19（3）：470 － 496.

[81] Bao Q, Li S, Gong D. Pricing VX option with default risk and positive volatility skew [J]. European Journal of Operational Research, 2012, 223 (1): 246 – 255.

[82] Barndorff – Nielsen O E, Nicolato E, Shephard N. Some recent developments in stochastic volatility modeling [J]. Quantitative Finance, 2002, 2 (1): 11 – 23.

[83] Nicolato E, Venardos E. Option pricing in stochastic volatility models of the Ornstein – Uhlenbeck type [J]. Mathematical Finance, 2003, 13 (4): 445 – 466.

[84] Muhle – Karbe J, Pfaffel O, Stelzer R. Option pricing in multivariate stochastic volatility models of OU type [J]. SIAM Journal on Financial Mathematics, 2012, 3 (1): 66 – 94.

[85] Bannor K F, Scherer M. A BNS type stochastic volatility model with two – sided jumps with applications to FX options pricing [J]. Wilmott, 2013 (65): 58 – 69.

[86] Carr P, Wu L R. Time – changed Lévy processes and option pricing [J]. Journal of Financial Economics, 2004, 71 (1): 113 – 141.

[87] Figueroa – Lopez J E. Statistical estimation of Lévy – type stochastic volatility models [J]. Annals of Finance, 2012, 8 (2 – 3): 309 – 335.

[88] Yamazaki A. Pricing average options under time changed Lévy processes [J]. Review of Derivatives Research, 2014, 17 (1): 79 – 111.

[89] Liang C, Li S. Option pricing and hedging in incomplete market driven by normal tempered stable process with stochastic volatility [J]. Journal of Mathematical Analysis and Applications, 2015, 423 (1): 701 – 719.

[90] Huang J, Wu L. Specification analysis of option pricing models based on time – changed Lévy processes [J]. Journal of Finance, 2004 (59): 1405 – 1440.

[91] Carr P, Lee R, Wu L. Variance swaps on time – changed Lévy processes [J]. Finance and Stochastics, 2012, 16 (2): 335 – 355.

[92] Schoutens W, Symens S. The pricing of exotic options by Monte – Carlo simulations in a Lévy market with stochastic volatility [J]. International Journal of Theoretical and Applied Finance, 2003, 6 (8): 839 – 864.

[93] Yamazaki A. Pricing average options under time – changed Lévy processes

［J］. Review of Derivatives Research, 2014, 17（1）: 79 – 111.

［94］ Itkin A, Carr P. Pricing swaps and options on quadratic variation under stochastic time change models – discrete observations case ［J］. Review of Derivatives Research, 2010, 13（2）: 141 – 176.

［95］ Bianchi M L, Fabozzi F J. Investigating the performance of non – Gaussian stochastic intensity models in the calibration of credit default swap spreads ［J］. Computational Economics, 2015, 46（2）: 243 – 273.

［96］ Kim Y S, Lee J, Mittnik S, Park J. Quanto option pricing in the presence of fat tails and asymmetric dependence ［J］. Journal of Econometrics, 2015, 187（2）: 512 – 520.

［97］ Cartea Á, Howison S. Option pricing with Lévy – Stable processes generated by Lévy – Stable integrated variance ［J］. Quantitative Finance, 2009, 9（4）: 397 – 409.

［98］ Sven K, Young S K, Svetlozar T, et al. Option pricing with time – changed Lévy processes ［J］. Applied Financial Economics, 2013, 23（15）: 1231 – 1238.

［99］ 吴恒煜, 朱福敏, 温金明. 带杠杆效应的无穷纯跳跃 Lévy 过程期权定价 ［J］. 管理科学学报, 2014, 17（8）: 74 – 94.

［100］ Neuberger A. Realized skewness ［J］. Review of Financial Studies, 2012, 27（9）: 3423 – 3455.

［101］ Barro R. Rare disasters, asset Prices, and welfare costs ［J］. American Economic Review, 2009, 99（1）: 243 – 264.

［102］ Harvey C, Siddique A. Conditional skewness in asset pricing tests ［J］. Journal of Finance, 2000, 53（3）: 1263 – 1295.

［103］ Brooks C, Burke S P, Heravi S, Persand G. Autoregressive conditional kurtosis ［J］. Journal of Financial Econometrics, 2005, 3（3）: 399 – 421.

［104］ León A, Rubio G., Serna G. Autoregresive conditional volatility, skewness and kurtosis ［J］. The Quarterly Review of Economics and Finance, 2005, 45（5）: 599 – 618.

［105］ Klar B, Lindner F, Meintanis S G. Specification tests for the error distribution in GARCH models ［J］. Computational Statistics and Data Analysis, 2012, 56 (11): 3587 – 3598.

［106］ Chayawat Ornthanalai. Lévy jump risk: Evidence from options and returns ［J］. Journal of Financial Economics, 2014, 112 (1): 69 – 90.

［107］ 吴恒煜, 马俊伟, 朱福敏, 林漳希. 基于 Lévy 过程修正 GJR – GARCH 模型的权证定价——对中国大陆和香港权证的实证研究 ［J］. 系统工程理论与实践, 2014, 34 (12): 3009 – 3021.

［108］ Huang J X, Zhu W L, Ruan X F. Option pricing using the fast fourier transform under the double exponential jump model with stochastic volatility and stochastic intensity ［J］. Journal of Computational and Applied Mathematics, 2014, 263 (1): 152 – 159.

［109］ Creal D D. Analysis of filtering and smoothing algorithms for Lévy – driven stochastic volatility models ［J］. Computational Statistics and Data Analysis, 2008, 52 (6): 2863 – 2876.

［110］ Sun Q, Xu W D. Pricing foreign equity option with stochastic volatility ［J］. Physica A: Statistical Mechanics and Its Applications, 2015 (437): 89 – 100.

［111］ Goldstein R, Ju N, Leland H. An ebit – based model of dynamic capital structure ［J］. Journal of Business, 2001, 74 (4): 483 – 511.

［112］ Charles C, Chen L J, Fuh C D. The pricing of risk and sentiment: A study of executive stock options ［J］. Financial Management, 2013, 42 (1): 79 – 99.

［113］ Hilberink B, Rogers C. Optimal capital structure and endogenous default ［J］. Finance and Stochastic, 2002, 6 (2): 237 – 263.

［114］ Huang R, Tang Q M. Does default risk of the listed company increase since the global financial crisis? – Analysis based on the jump changes in Chinese company's asset value ［J］. Management Science and Engineering, 2012, 6 (4): 142 – 148.

［115］ Longstaff F A, Schwartz E S. Valuing American options by simulation: A simple Least – Squares approach ［J］. Review of Financial Studies, 2001, 14 (1): 113 – 147.

［116］ 张利花, 张卫国, 许文坤. 美式障碍期权定价的总体最小二乘拟蒙特

卡罗模拟方法［J］. 数理统计与管理, 2013, 32 (5): 923 - 930.

［117］刘强, 向赟. 美式期权 FHS - GARCH - LSM 定价新方法［J］. 复旦学报 (自然科学版), 2012, 51 (4): 480 - 485.

［118］Rambeerich N, Tangman D Y, Bhuruth M. Numerical pricing of American options under infinite activity Lévy processes［J］. Journal of Futures Markets, 2011, 31 (9): 809 - 829.

［119］Lord R, Fang F, Bervoets F, Oosterlee C W. A fast and accurate FFT - based method for pricing early - exercise options under Lévy processes［J］. SIAM Journal on Scientific Computing, 2008, 30 (4): 1678 - 1705.

［120］Fang F, Oosterlee C W. Pricing early - exercise and discrete barrier options by Fourier - cosine series expansions［J］. Numerische Mathematik, 2008, 114 (1): 27 - 62.

［121］Hirsa A, Madan B D. Pricing American options under variance gamma ［J］. Journal of Computational Finance, 2004 (7): 63 - 80.

［122］Almendral A, Oosterlee C W. Accurate evaluation of European and American options under the CGMY process［J］. Society for Industrial and Applied Mathematics, 2007, 29 (1): 93 - 117.

［123］刘晓倩, 周勇. 金融风险管理中 ES 度量的非参数方法的比较及其应用［J］. 系统工程理论与实践, 2011, 31 (4): 631 - 642.

［124］谢尚宇, 姚宏伟, 周勇. 基于 ARCH - Expectile 方法的 VaR 和 ES 尾部风险测量［J］. 中国管理科学, 2014, 22 (9): 1 - 9.

［125］Yamai Y, Yoshiba T. Comparative analyses of expected shortfall and value - at - risk under market stress［J］. Monetary and Economic Studies, 2002, 20 (3): 181 - 237.

［126］Acerbi C, Tasche D. On the coherence of expected shortfall［J］. Journal of Banking and Finance, 2002, 26 (7): 1487 - 1503.

［127］Amaya D, Christoffersen P, Jacobs K, Vasquez A. Does realized skewness predict the cross - section of equity returns?［J］. Journal of Financial Economics, 2015, 118 (1): 135 - 167.

［128］Cremers M, Halling M, Weinbaum D. Aggregate jump and volatility risk in the cross – section of stock returns ［J］. Journal of Finance, 2015, 70 (2): 577 – 614.

［129］Huang W, Liu Q, Rhee S G, Wu F. Extreme downside risk and expected stock returns ［J］. Journal of Banking and Finance, 2012, 36 (8): 1492 –1502.

［130］van Oordt M, Zhou C. Systematic tail risk ［J］. Journal of Financial and Quantitative Analysis, 2016, 51 (2): 685 –705.

［131］Branco M D, Dey D K. A general class of multivariate Skew – Elliptical distributions ［J］. Journal of Multivariate Analysis, 2001, 79 (1): 99 –113.

［132］郭海燕, 李纲. 广义双曲线分布模型在我国证券市场风险度量中的应用研究 ［J］. 运筹与管理, 2004, 13 (4): 106 –109.

［133］杨爱军, 林金官, 刘晓星. 基于广义双曲线分布的我国股票市场 VaR 风险度量研究 ［J］. 数理统计与管理, 2014, 33 (4): 752 –760.

［134］吴玉宝, 汪金菊. 沪深股市的相关结构分析与投资组合风险度量——基于 ARFIMA – GARCH – Copula 模型 ［J］. 运筹与管理, 2016, 25 (2): 220 – 225.

［135］王璇, 采俊玲, 汤铃, 贺健凯. 基于 BEMD – Copula – GARCH 模型的股票投资组合 VaR 风险度量研究 ［J］. 系统工程理论与实践, 2017, 37 (2): 303 –310.

［136］苟红军, 陈迅, 花拥军. 基于 GARCH – EVT – COPULA 模型的外汇投资组合风险度量研究 ［J］. 管理工程学报, 2015, 29 (1): 183 –193.

［137］Tsuchida N, Giacometti R, Fabozzi F J, Kim Y S, Frey R J. Time series and copula dependency analysis for Eurozone sovereign bond returns ［J］. Journal of Fixed Income, 2014, 24 (1): 75 –87.

［138］Benlagha N. Dependence structure between nominal and index – linked bond returns: A bivariate copula and DCC – GARCH approach ［J］. Applied Economics, 2014, 46 (31): 3849 –3860.

［139］Eric B, Mark S. Dynamic copula quantile regressions and tail area dynamic dependence in forex markets ［J］. The European Journal of Finance, 2009, 15 (7 –

8）：721 – 750.

［140］Demarta S, McNeil A J. The *t* Copula and related copulas［J］. International Statistical Review, 2005, 73（1）：111 – 129.

［141］Friend A, Rogge E. Correlation at first sight［J］. Economic Notes, 2005, 34（2）：155 – 183.

［142］Joshua C C, Kroese D P. Efficient estimation of large portfolio loss probabilities in *t* – copula models［J］. European Journal of Operational Research, 2010, 205（2）：361 – 367.

［143］Li M, Yang L. Modeling the volatility of futures return in rubber and oil——A Copula – based GARCH model approach［J］. Economic Modelling, 2013, 35（5）：576 – 581.

［144］Mike K P So, Cherry Y T Yeung. Vine – copula GARCH model with dynamic conditional dependence［J］. Computational Statistics & Data Analysis, 2014, 76（3）：655 – 671.

［145］Lu X F, Lai K K, Liang L. Portfolio value – at – risk estimation in energy futures markets with time – varying copula – GARCH model［J］. Annals of Operations Research, 2014, 219（1）：333 – 357.

［146］韦艳华, 张世英. 金融市场的相关性分析——Copula – GARCH 模型及其应用［J］. 系统工程, 2004, 22（4）：7 – 12.

［147］韦艳华, 张世英. 金融市场非对称尾部相关结构的研究［J］. 管理学报, 2005, 2（5）：601 – 605.

［148］吴振翔, 叶五一, 缪柏其. 基于 Copula 的外汇投资组合风险分析［J］. 中国管理科学, 2004, 12（4）：1 – 5.

［149］Bollerslev T, Todorov V. Tails, fears, and risk premia［J］. Journal of Finance, 2011, 66（6）：577 – 613.

［150］Bollerslev T, Todorov V, Xu L. Tail risk premia and return predictability［J］. Journal of Financial Economics, 2015, 118（1）：113 – 134.

［151］Barroso P, Santa – Clara P. Momentum has its moments［J］. Journal of Financial Economics, 2015, 116（1）：111 – 120.

［152］Kelly B, Jiang H. Tail risk and asset prices［J］. Review of Financial Studies, 2014, 27（10）：2841 - 2871.

［153］陈国进，许秀，赵向琴. 罕见灾难风险和股市收益——基于我国个股横截面尾部风险的实证研究［J］. 系统工程理论与实践, 2015, 35（9）：2186 - 2199.

［154］Boyer B, Mitton T, Vorkink K. Expected idiosyncratic skewness［J］. Review of Financial Studies, 2010, 23（1）：169 - 202.

［155］郑振龙，王磊，王路跖. 特质偏度是否被定价［J］. 管理科学学报, 2013, 16（5）：1 - 12.

［156］Holland J H. Adaptation in natural and artificial systems［M］. England: MIT Press, 1975.

［157］李晓磊，邵之江，钱积新. 一种基于动物自治体的寻优模式：鱼群算法［J］. 系统工程理论与实践, 2002, 22（11）：32 - 38.

［158］Krishnanand K N, Ghose D. Detection of multiple source locations using a glowworm metaphor with applications to collective robotics［C］//Proceedings of IEEE Swarm Intelligence Symposium［M］. Piscataway: IEEE Press, 2005: 84 - 91.

［159］莫愿斌. 群智能算法在经济模型中的应用［M］. 北京：人民邮电出版社, 2014.

［160］Deng G F, Lin W T, Lo C C. Markowitz - based portfolio selection with cardinality constraints using improved particle swarm optimization［J］. Expert Systems with Applications, 2012, 39（4）：4558 - 4566.

［161］Liu J H, Jin X, Wang T Y, Yuan Y. Robust multi - period portfolio model based on prospect theory and ALMV - PSO algorithm［J］. Expert Systems with Applications, 2015, 42（20）：7252 - 7262.

［162］Li J, Favero C, Ortu F. A spectral estimation of tempered stable stochastic volatility models and option pricing［J］. Computational Statistics and Data Analysis, 2012, 56（11）：3645 - 3658.

［163］Li J. Sequential Bayesian analysis of time - changed infinite activity derivatives pricing models［J］. Journal of Business and Economic Statistics, 2011, 29

(4)：468 – 480.

［164］ Kennedy J, Eberhart R C. Particle swarm optimization ［C］//Proceedings of IEEE International Conference on Neural Networks ［M］. New Jersey, 1995：1942 – 1948.

［165］ Krink T, Paterlini S. Multiobjective optimization using differential evolution for real world portfolio optimization ［J］. Computational Management Science, 2011, 8 (1 – 2)：157 – 179.

［166］ Fastrich B, Winker P. Combining forecasts with missing data：Making use of portfolio theory ［J］. Computational Economics, 2014, 44 (2)：127 – 152.

［167］ Pindoriya N M, Singh S N, Singh S K. Multi – objective mean – variance – skewness model for generation portfolio allocation in electricity markets ［J］. Electric Power Systems Research, 2010, 80 (10)：1314 – 1321.

［168］ Suksonghong K, Boonlong K, Goh K L. Multi – objective genetic algorithms for solving portfolio optimization problems in the electricity market ［J］. Electrical Power and Energy Systems, 2014, 58 (2)：150 – 159.

［169］ Golmakani H R, Fazel M. Constrained portfolio selection using particle swarm optimization ［J］. Expert Systems with Applications, 2011, 38 (7)：8327 – 8335.

［170］ Branke J, Scheckenbach B, Stein M, Deb K, Schmeck H. Portfolio optimization with an envelope based multi – objective evolutionary algorithm ［J］. European Journal of Operational Research, 2009, 199 (3)：684 – 693.

［171］ 曾艳姗, 李仲飞. 基于粒子群优化算法的均值 – VaR 投资组合选择 ［J］. 中山大学学报（自然科学版）, 2012, 51 (6)：1 – 9.

［172］ Anagnostopoulos K, Mamanis G. The mean – variance cardinality constrained portfolio optimization problem：An experimental evaluation of five multi objective evolutionary algorithms ［J］. Expert Systems with Applications, 2011, 38 (11)：14208 – 14217.

［173］ Anagnostopoulos K, Mamanis G. Multiobjective evolutionary algorithms for complex portfolio optimization problems ［J］. Computational Management Science, 2011, 8 (3)：259 – 279.

［174］ Yue W, Wang Y. A new fuzzy multi – objective higher order moment port-folio selection model for diversified portfolios ［J］. Physica A: Statistical Mechanics and Its Applications, 2017, 465 (1): 124 – 140.

［175］ Babaei S, Sepehri M M, Babaei E. Multi – objective portfolio optimization considering the dependence structure of asset returns ［J］. European Journal of Operational Research, 2015, 244 (2): 525 – 539.

［176］ 闫海峰. 金融衍生品定价与最优套期保值策略 ［M］. 北京: 科学出版社, 2012.

［177］ Etheridge A. 金融数学教程 ［M］. 北京: 人民邮电出版社, 2006.

［178］ Protter P. A partial introduction to financial asset pricing theory ［J］. Stochastic Processes and Their Applications, 2001, 91 (2): 169 – 203.

［179］ Sato K. Lévy Processes and infinitely Divisible Distributions ［M］. Cambridge: Cambridge University Press, 1999.

［180］ Cont R, Tankov P. Financial modelling with jump processes ［M］. London: Chapman & Hall/CRC, 2004.

［181］ Rachev S T, Kim Y S, Bianchi M L, Fabozzi F J. Financial Models with Lévy Processes and Volatility Clustering ［M］. New Jersey: Wiley, 2011.

［182］ Chen Nan, Kou S G. Credit spreads, optimal capital structure, and implied volatility with endogenous default and jump risk ［J］. Mathematical Finance, 2009, 19 (3): 343 – 378.

［183］ Longstaff F A, Schwart E S. Interest rate volatility and the term structure: A two – factor general equilibrium model ［J］. Journal of Finance, 1992, 47 (4): 1259 – 1282.

［184］ 赵华. 中国股市的跳跃性与杠杆效应——基于已实现极差方差的研究 ［J］. 金融研究, 2012 (11): 179 – 192.

［185］ Todorov V, Bollerslev T. Jumps and betas: A new framework for disentangling and estimating systematic risks ［J］. Journal of Econometics, 2010, 157 (2): 220 – 235.

［186］ 陈浪南, 孙坚强. 股票市场资产收益的跳跃行为研究 ［J］. 经济研

究，2010（4）：54 - 66.

［187］ Liu Z C, Ma F, Wang X X, Xia Z. Forecasting the realized volatility：The role of jumps［J］. Applied Economics Letters, 2016, 23（10）：736 - 739.

［188］ Andersen T G, Bollerslev T, Diebold F X, Labys P. Modeling and Forecasting Realized Volatility［J］. Econometrica, 2003, 71（2）：579 - 625.

［189］ Lee S S, Mykland P A. Jumps in financial markets：A new nonparametric test and jump dynamics［J］. The Review of Financial Studies, 2008, 21（6）：2535 - 2563.

［190］ Kristensen D. Nonparametric filtering of the realized spot volatility：A kernel - based approach［J］. Econometric Theory, 2010, 26（1）：60 - 93.

［191］ Mancini C, Renò R. Threshold estimation of Markov models with jumps and interest rate modeling［J］. Journal of Econometrics, 2011, 160（1）：77 - 92.

［192］ Aït - Sahalia Y, Jacod J. Testing whether jumps have finite or infinite activity［J］. The Annals of Statistics, 2011, 39（3）：1689 - 1719.

［193］ Liu L Y, Patton A J, Sheppard K. Does anything beat 5 - minute RV? A comparison of realized measures across multiple asset classes［J］. Journal of Econometrics, 2015, 187（1）：293 - 311.

［194］ Fama E. The behavior of stock market prices［J］. Journal of Business, 1965, 38（1）：34 - 105.

［195］ Engle R F. Autoregressive conditional heteroscedasticity with estimates of the variance of United Kingdom inflation［J］. Econometrica, 1982, 50（4）：987 - 1008.

［196］ 吴仰哲，廖四郎，林世贵. Lévy 与 GARCH - Lévy 过程之选择权评价与实证分析：台湾加权股票指数选择权为例［J］. 管理与系统, 2010, 17（1）：49 - 74.

［197］ Bakshi G, Madan D. A theory of volatility spreads［J］. Management Science, 2006, 52（12）：1945 - 1956.

［198］ Byun S J, Min B. Conditional volatility and the GARCH option pricing model with non - Normal innovations［J］. Journal of Futures Markets, 2013, 33（1）：1 - 28.

［199］ Christoffersen P, EIkamhi R, Feunou B, Jacobs K. Option valuation with conditional heteroskedasticity and nonnormality ［J］. Review of Financial Studies, 2010, 23 (5): 2139 - 2183.

［200］ Fang F, Oosterlee K. A novel pricing method for European option based on Fourier - cosine series expansions ［J］. SIAM Journal on Scientific Computing, 2008, 31 (2): 826 - 848.

［201］ Sahalia Y A, Jacod J. Estimating the degree of activity of jumps in high frequency data ［J］. Annals of Statistics, 2009, 37 (5): 2202 - 2244.

［202］ Klingler S, Kim Y S, Svetlozar T. Option pricing with time - changed Lévy processes ［J］. Applied Financial Economics, 2013, 23 (15): 1231 - 1238.

［203］ Yu C L, Li H T, Wells M T. MCMC estimation of Lévy jump models using stock and option prices ［J］. Mathematical Finance, 2011, 21 (3): 383 - 422.

［204］ Yang S, Lee J. Multi - basin particle swarm intelligence method for optimal calibration of parametric Lévy models ［J］. Expert Systems with Applications, 2012, 39 (1): 482 - 493.

［205］ Fastrich B, Winker P. Combining forecasts with missing data: Making use of portfolio theory ［J］. Computational Economics, 2014, 44 (2): 127 - 152.

［206］ Krink T, Paterlini S. Multiobjective optimization using differential evolution for real - world portfolio optimization ［J］. Computational Management Science, 2011, 8 (1): 157 - 179.

［207］ Carr P, Madan D. Option valuation using the fast Fourier transform ［J］. Journal of Computational Finance, 2001 (2): 61 - 73.

［208］ 吴鑫育，杨文昱，马超群，汪寿阳. 基于非仿射随机波动率模型的期权定价研究 ［J］. 中国管理科学, 2013, 21 (1): 1 - 7.

［209］ Lord R, Kahl C. Optimal Fourier inversion in semi - analytical option pricing ［J］. Journal of Computational Finance, 2007 (10): 1 - 30.

［210］ Chourdakis K. Option pricing using the fractional FFT ［J］. Journal of Computation Finance, 2005 (8): 1 - 18.

［211］ Bailey D H, Swarztrauber P N. The fractional Fourier transform and applications ［J］. Siam Review, 1998, 33 (3): 389 – 404.

［212］刘志东, 刘雯宇. Lévy 过程驱动的非高斯 OU 随机波动模型及其贝叶斯参数统计推断方法研究 ［J］. 中国管理科学, 2015, 23 (8): 1 – 9.

［213］Fang F, Jonsson H, Oosterle K, Schoutens W. Fast valuation and calibration of credit default swaps under Lévy dynamics ［J］. Journal of Computational Finance, 2010, 14 (2): 57 – 86.

［214］Pehlivanoglu Y V. A new particle swarm optimization method enhanced with a periodic mutation strategy and neural networks ［J］. IEEE Transactions on Evolutionary Computation, 2013, 17 (3): 436 – 452.

［215］Schweizer M. Mean – variance hedging for general claims ［J］. Annals of Applied Probability, 1992, 2 (1): 171 – 179.

［216］Schal M. On quadratic cost criteria for option hedging ［J］. Mathematics of Operations Research, 1994, 19 (1): 121 – 131.

［217］Hubalek F, Kallsen J, Krawczyk L. Variance – optimal hedging for processes with stationary independent increments ［J］. Annals of Applied Probability, 2006, 16 (2): 853 – 885.

［218］Kallsen J, Pauwels A. Variance – optimal hedging for time – changed Lévy processes ［J］. Applied Mathematical Finance, 2011, 18 (1): 1 – 28.

［219］Mittnik S, Paolella M S, Rachev S T. Diagnosing and treating the fat tails in financial return data ［J］. Journal of Empirical Finance, 2000, 7 (3): 389 – 416.

［220］Kleinert H, Korbel J. Option pricing beyond Black – Scholes based on double – fractional diffusion ［J］. Physica A: Statistical Mechanics and Its Applications, 2016, 449 (5): 200 – 214.

［221］Charles C, Chen L J, Fuh C D. The pricing of risk and sentiment: A study of executive stock options ［J］. Financial Management, 2013, 42 (1): 79 – 99.

［222］Wong H Y, Guan P Q. A FFT – network for Lévy option pricing ［J］. Journal of Banking and Finance, 2011, 35 (4): 988 – 999.

［223］Chang C C, Chung S L, Stapleton R C. Richardson extrapolation techniques for the pricing of American style options ［J］. Journal of Futures Markets,

2007, 27 (8): 791 - 817.

[224] Andricopoulos A D, Widdicks M, Duck P W, Newton D P. Universal option valuation using quadrature methods [J] . Journal of Financial Economics, 2003, 67 (3): 447 - 471.

[225] Chen W N, Zhang J, Lin Y, Chen N, Zhan Z H, Chung H S H. Particle swarm optimization with an aging leader and challengers [J] . IEEE Transactions on Evolutionary Computation, 2013, 17 (2): 241 - 258.

[226] Goode J, Kim Y S, Fabozzi F J. Full versus quasi MLE for ARMA - GARCH models with infinitely divisible innovations [J] . Applied Economics, 2015, 47 (48): 5147 - 5158.

[227] Forsberg L, Bollerslev T. Bridging the gap between the distribution of realized (ECU) volatility and ARCH Modelling (of the Euro): The GARCH - NIG Model [J] . Journal of Applied Econometrics, 2002, 17 (5): 535 - 548.

[228] Wilhelmsson A. Value at Risk with time varying variance, skewness and kurtosis - the NIG - ACD model [J] . Econometrics Journal, 2010, 12 (1): 82 - 104.

[229] Huang A Y. Value at risk estimation by threshold stochastic volatility model [J] . Applied Economics, 2015, 47 (45): 4884 - 4900.

[230] Han C H, Liu W H, Chen T Y. VaR/CVaR estimation under stochastic volatility models [J] . International Journal of Theoretical and Applied Finance, 2014, 17 (2): 1 - 35.

[231] Stoyanov S V, Rachev S T, Fabozzi F J. CVaR sensitivity with respect to tail thickness [J] . Journal of Banking and Finance, 2013, 37 (3): 977 - 988.

[232] Georgiev K. Periodic portfolio revision with transaction costs [J] . Mathematical Methods of Operations Research, 2015, 81 (3): 337 - 359.

[233] Ruan X F. Equilibrium asset pricing under the Lévy process with stochastic volatility and moment risk premiums [J] . Economic Modelling, 2016 (54): 326 - 338.

[234] Menn C, Rachev S T. Calibrated FFT - based density approximations for

α – stable distributions ［J］. Computational Statistics and Data Analysis, 2006, 50 (8): 1891 – 1904.

［235］Scherer M, Rachev S T, Kim Y S, Fabozzi F J. Approximation of skewed and leptokurtic return distributions ［J］. Applied Financial Economics, 2012, 22 (16): 1305 – 1316.

［236］Kim Y S, Rachev S T. Computing VaR and AVaR in infinitely divisible distribution ［J］. Probability and Mathematical Statistics, 2009, 30 (2): 223 – 245.

［237］Gao C T, Zhou X H. Forecasting VaR and ES using dynamic conditional score models and skew student distribution ［J］. Economic Modelling, 2016 (53): 216 – 223.

［238］Choi J. Reward – risk momentum strategies using classical tempered stable distribution ［J］. Journal of Banking and Finance, 2015, 58 (9): 194 – 213.

［239］Liu B. , A new risk measure and its application in portfolio optimization: The SPP – CVaR approach ［J］. Economic Modelling, 2015 (51): 383 – 390.

［240］Kallsen J, Tankov P. Characterization of dependence of multidimensional Lévy processes using Lévy Copula ［J］. Journal of Multivariate Analysis, 2006, 97 (7): 1551 – 1572.

［241］Kalemanova A B, Schmid R W. The normal inverse gaussian distribution for synthetic CDOs pricing ［J］. Journal of Derivatives, 2007, 14 (3): 80 – 93.

［242］Göncü A, Yang H. Variance – Gamma and Normal – Inverse Gaussian models: Goodness – of – fit to Chinese high frequency index returns ［J］. North American Journal of Economics and Finance, 2016, 36 (4): 279 – 292.

［243］Göncü A, Karahan M O, Kuzubas T U. A comparative goodness – of – fit analysis of distributions of some Lévy processes and Heston model to stock index returns ［J］. North American Journal of Economics and Finance, 2016, 36 (4): 69 – 83.

［244］Adcock C J. Mean – variance – skewness efficient surfaces, Stein's lemma and the multivariate extended skew – student distribution ［J］. European Journal of Operational Research, 2014, 234 (2): 392 – 401.

［245］Anand A, Li T, Kurosaki T, Kim Y S. Foster – Hart optimal portfolios

[J]. Journal of Banking and Finance, 2016, 68 (7): 117 –130.

[246] Tsuchida N, Giacometti R, Fabozzi F J, Kim Y S, Frey R J. Time series and copula dependency analysis for Eurozone sovereign bond returns [J]. Journal of Fixed Income, 2014, 24 (1): 75 –87.

[247] Demarta S, McNeil A J. The t copula and related copulas [J]. International Statistical Review, 2005, 73 (1): 111 –129.

[248] Friend A, Rogge E. Correlation at first sight [J]. Economic Notes, 2005, 34 (2): 155 –183.

[249] Demarta S, Mcneil A J. The t copula and related copulas [J]. International Statistical Review, 2010, 73 (1): 111 –129.

[250] Patton A J. Estimation of multivariate models for time series of possibly different lengths [J]. Journal of Applied Econometrics, 2006, 21 (2): 147 –173.

[251] Deb K, Pratap A, Agarwal S, Meyarivan T. A fast and elitist multi – objective genetic algorithm: NSGA – II [J]. IEEE Transaction on Evolutionary Computation, 2002, 6 (2): 182 –197.

[252] Zitzler E, Laumanns M, Thiele L. SPEA – II: Improving the strength Pareto evolutionary algorithm [R]. Zurich, Switzerland: Swiss Federal Institute of Technology (ETH), 2002.

[253] 刘衍民, 邵增珍, 赵庆祯. 基于自适应拥挤网格的多目标粒子群算法 [J]. 计算机科学, 2011, 38 (4): 260 –262.

[254] 马锋, 魏宇, 黄登仕, 庄晓洋. 隔夜收益率能提高高频波动率模型的预测能力吗? [J]. 系统工程学报, 2016, 31 (6): 783 –797.